Drei deutsche Kaiser

Wilhelm I. – Friedrich III. – Wilhelm II.

PLOETZ

Drei deutsche Kaiser

Wilhelm I. – Friedrich III. – Wilhelm II.

Ihr Leben und ihre Zeit
1858–1918

Herausgegeben von Wilhelm Treue
Mit 16 Bildtafeln

KOMET

Lizenzausgabe für Komet Verlag GmbH, Köln

Besuchen Sie unsere Seite im Internet
www.komet-verlag.de

Umschlagmotiv: Archiv für Kunst und Geschichte, Berlin

Gestaltung und Umschlag: Joseph Pölzelbauer, Freiburg

Gesamtherstellung: Komet Verlag GmbH, Köln

ISBN 3-89836-345-7

Inhalt

Einleitung

In den sechs Jahrzehnten zwischen der Übernahme der Regentschaft durch (Kron-)Prinz Wilhelm (I.) und dem Ende der Monarchie im November 1918 spielte sich in Deutschland eine ganze Reihe von politischen, wirtschaftlichen und gesellschaftlichen Entwicklungen ab, die heute teils in Vergessenheit geraten sind, teils noch immer durch unsere Stellungnahme zur Geschichte unser gegenwärtiges Leben mitbestimmen.

Nachdem bereits der 1834 gegründete Deutsche Zollverein in dem nur locker organisierten Deutschen Bund von 1815 über Handel und Verkehr hinaus gewisse politische Strukturen geschaffen hatte, setzte seit der Thronbesteigung Wilhelms I. und der Übernahme der Ministerpräsidentschaft durch Otto von Bismarck im Jahre 1862 eine Straffung der preußischen Innen- und Außenpolitik ein, an der sich bald erkennen ließ, dass Bismarck und Wilhelm I. anders als ihre Vorgänger es als Preußens Recht und Aufgabe ansahen, einen den anderen Großstaaten in Europa vergleichbaren deutschen Nationalstaat zu schaffen.

Die ersten Etappen dieses zielbewusst vorangetriebenen Prozesses bildeten Preußens militärische Modernisierung in Bezug auf Organisation, Ausbildung und Bewaffnung als den Grundlagen politischer Macht. Der Erfolg der preußischen Regierung in den Kriegen von 1864 und 1866 sowie seine Anerkennung durch Erteilung der Indemnität durch den preußischen Landtag führten zur Schaffung des Norddeutschen Bundes, der bewusst als Vorform des kleindeutschen Nationalstaats angelegt war und der nach dem Sieg von Königgrätz Österreich-Ungarn, das bis dahin im Deutschen Bund eine große Rolle gespielt hatte, gegen den

Willen eines großen Teiles des Volkes aus der deutschen Politik verdrängte.

In den Jahren von 1867 bis 1870 wurden im Norddeutschen Bund nicht wenige politische, rechtliche und wirtschaftliche Strukturen geschaffen, die dem am 18. Januar 1871 gegründeten Deutschen Reich schnell zu einer beachtlichen inneren und äußeren Stabilität und Stärke verhalfen. Über der Kritik an Bismarcks Innenpolitik, die nicht nur durch das Sozialistengesetz gekennzeichnet war, sollte nicht vergessen werden, dass diese beim weitaus größten Teil des deutschen Volkes, auch bei der Arbeiterschaft, über die Amtszeit des Kanzlers hinaus Zustimmung fand.

Das Kaiserreich überstand bis in die 90er-Jahre, also fast ein Vierteljahrhundert ohne große Schwierigkeiten außenpolitische Spannungen sowie die innenpolitischen Auseinandersetzungen zwischen Konservatismus und Liberalismus, Zentralismus und Föderalismus. Erst gegen Ende des 19. Jahrhunderts begann – verschärft durch die politische Sprunghaftigkeit des Kaisers, seinen Mangel an Menschenkenntnis bei der Auswahl seiner Berater und durch seine Neigung zum „persönlichen Regiment" sowie seine immer wieder offen gezeigten Verachtung sowohl der Parlamente wie der Minister und der Bundesfürsten – die innenpolitische Schwächung des Reichs, die sich mit außenpolitischen Fehlern und der angesichts eines immer deutlicher drohenden Zweifrontenkrieges strategisch falschen Gewichtsverlagerung der Rüstung zur Flotte verband. Doch hat den Zusammenbruch der monarchischen Staats- und Gesellschaftsordnung 1917/18 die „Nebenregierung" der Obersten Heeresleitung während des Ersten Weltkrieges gewiss nicht weniger verschuldet als die Innenpolitik des Kaisers und seiner Kanzler von Bülow bis zum Prinzen Max von Baden.

Wirtschaftlich erlebte das deutsche Volk in den sechs Jahrzehnten den Übergang von einer noch überwiegend durch Landwirtschaft bestimmten und von ersten Anfängen der Schwerindustrie (hauptsächlich im Berliner Raum, in Schlesien sowie an Rhein, Ruhr und Saar) geprägten Wirtschaft zum großen Industrie-, Finanz- und Verkehrsstaat, der auf dem europäischen Kontinent an der Spitze stand, sich aber nicht mit dem gesamtwirtschaftlichen Gewicht und insbesondere nicht mit der Finanz- und Handelskraft des Britischen

Reiches und der USA vergleichen konnte. Angesichts dieser z. B. in den Exporterfolgen der Schwerindustrie und der chemischen Industrie offensichtlich werdenden wirtschaftlichen Stärke haben Wilhelm II. und seine einflussreichsten politischen und militärischen Berater diese außenpolitisch wichtige Tatsache übersehen, mindestens unterschätzt, was das ohnehin sehr hohe Selbstbewusstsein des Kaisers gefährlich verstärkte.

Die internationalen Vergleiche von Volkseinkommen und Volksvermögen, Seeschifffahrt und Handel, welche im Zusammenhang mit Wilhelms II. Regierungsjubiläum im Jahre 1913 Karl Helfferich und andere finanz- und bankpolitische Kenner der Weltwirtschaft angestellt haben, ließen einerseits die wirtschaftliche Kraft des Deutschen Reiches in Europa erkennen, die das Gefühl der politischen und gesellschaftlichen Überlegenheit der Hohenzollernmonarchie gegenüber den parlamentarischen und republikanischen Staatsformen der westlichen Großmächte stärkte, zeigten andererseits aber auch den Kennern deutlich die Dynamik dieser durch Geschichte und Bündnisse miteinander verbundenen älteren Nationalstaaten.

In Verbindung mit den hier angedeuteten Ereignissen und Entwicklungen nahm sowohl die Bevölkerung als auch ihre Mobilität sehr stark zu, fand eine berufliche und soziale Umschichtung – mit wichtigen innenpolitischen, wirtschaftlichen und militärischen Folgen – statt. Diese Bevölkerungszunahme beruhte auf mehreren Faktoren – hauptsächlich auf einer durchschnittlichen Vorverlegung des Eheschließungsalters und entsprechenden Erhöhung der Geburtenzahlen, auf der Abnahme der Kindersterblichkeit, auf der allgemeinen Verbesserung der medizinischen Versorgung und der hygienischen Verhältnisse, schließlich auf den Auswirkungen der Sozialversicherung und der jungen Sozialmedizin. Hinzu kam eine nicht unerhebliche, teils dauernde, teils vorübergehende Einwanderung.

Diesem Zuwachs stand eine alles in allem beträchtliche, aber im Laufe der Zeit stark abnehmende Auswanderung gegenüber, deren politische und wirtschaftliche Bedeutung zu verschiedenen Zeiten und unter verschiedenen Gesichtspunkten sehr unterschiedlich beurteilt wurde. Dem zweifellos entstehenden Verlust an Arbeitskraft, künftigen Geburten, Geldvermögen und militärischem Potenzial stand die Tatsache gegenüber, dass durch den Abzug politisch Unzufriedener eine gewisse gesellschaftliche Geschlossenheit erhalten blieb.

Auch die Binnenwanderung spielte eine bedeutende Rolle. Sie war generell vom Lande in die Städte, danach von diesen in die Großstädte gerichtet. Gleichzeitig wuchs auch die regionale Mobilität vom Osten in Richtung auf die Reichshauptstadt und von dort weiter in die großen Bergbau- und Industriereviere in Westdeutschland. Diese Verschiebung – zumeist vom Landproletariat zum städtischen Handwerks- und Industrieproletariat – war seit den 90er-Jahren im Allgemeinen aber auch von einer allmählichen Erhöhung der Löhne und einer Regelung der Arbeitszeiten sowie Verbesserung der Arbeitsbedingungen und Wohnverhältnisse begleitet. Doch blieben Erscheinungen wie die Massierung der Menschen in Mietskasernen, die industrielle und handwerkliche Ausbeutung, Heimarbeit, Tuberkulose und andere Seuchen hauptsächlich in Ballungsgebieten noch lange an der Tagesordnung.

Betrachtet man die allgemeine gesellschaftliche Entwicklung in Deutschland während jener Zeit aus unserer heutigen Perspektive, dann erkennt man von der Revolution im Jahre 1848/49 über das Sozialistengesetz von 1878 bis zur Niederlage und Revolution 1918/20 eine erstaunliche politische Stabilität der „Gesellschaft“. Sie beruhte zweifellos in erster Linie darauf, dass ein großer Teil des Volkes sich gar nicht politisch artikulieren wollte oder konnte, durch Existenzkampf, Erziehung zur „Staatserhaltung“ und – zumindest in Preußen durch das Dreiklassenwahlrecht – in seiner politischen Stellungnahme eingeschränkt wurde. Ob der „Klassenkampf“ die Klassen mehr trennte und stärker gegeneinander mobilisierte, als dass die lange militärische Dienstzeit zur viel zitierten „Schule der Nation“ wurde und das Empfinden nationaler Zusammengehörigkeit gegenüber äußeren und inneren „Feinden“ stärkte, dürfte kaum zu entscheiden sein. Die Reaktion auf den Ausbruch des Krieges im Sommer 1914 und auf die Osterbotschaft im Frühjahr 1917 zeigten, dass keine weit verbreitete Unzufriedenheit, mindestens keine leicht aktivierbare Kritik an jener Politik existierte, die in den Krieg geführt hatte bzw. die Niederlage wahrscheinlich machte.

Diese und viele andere Ereignisse und Entwicklungen bilden die Basis und den Hintergrund für eine Beschäftigung mit den Biografien der drei Kaiser, die in dem vorliegenden Band vereinigt sind.

Wilhelm I. war trotz eines – durch die Revolution von 1848 in Berlin erzwungenen – Aufenthalts in England noch ganz und gar ein mitteleuropäischer Fürst, als er den preußischen Thron bestieg. Politische und familiäre Beziehungen verbanden ihn mit dem Zarenreich, nicht mit Westeuropa. Bismarck fügte gewissermaßen die bonapartistisch-französische Dimension zu dieser traditionellen Einstellung hinzu. Frankreich wurde und blieb das Hauptobjekt seiner politischen Aufmerksamkeit. Er war daher keineswegs glücklich über die „englische Heirat" des Thronfolgers und die liberal-demokratische Mitgift, welche Viktoria nach Berlin und in die kronprinzliche Politik der 70er- und 80er-Jahre einbrachte.

Nur langsam wurde die Außenpolitik des Deutschen Reiches in Richtung auf Kolonialpolitik erweitert. Der seit dem Anfang der 80er-Jahre erstarkenden überseekaufmännischen Handels- und Plantagenexpansion hauptsächlich aus den Hansestädten bot Bismarck nur zögernd „Schutz". Weltpolitische Zielsetzungen verband er selbst damit so wenig, wie er glaubte, durch Siedlung in Afrika den wachsenden oppositionellen Druck gegen seine Innenpolitik verringern zu müssen. Das europäische Gleichgewicht stand im Vordergrund seiner Politik. Selbst Wilhelm II. hat in den ersten Jahren seiner Regierung eher die bismarcksche Sozialpolitik intensiviert und erweitert als einen „Neuen Kurs" in Richtung auf Weltpolitik eingeschlagen. Kiautschou sowie die Karolinen- und Marianeninseln blieben die einzigen Kolonien, die er „pachtete" bzw. erwarb, und zwar hauptsächlich als Stützpunkte für die Überseekreuzer einer Flotte, deren Ausbau der politisch größte Fehler seines persönlichen Regiments und seiner Fehleinschätzung der Entschlossenheit der englischen Regierung war. In diesem Zusammenhang hat der Kaiser bei den zahlreichen Spannungen zwischen den europäischen Großmächten mit seinen vielen verbal beleidigenden und politisch herausfordernden Fehlgriffen zur Isolierung beigetragen.

Es gibt wenig, was die drei Hohenzollern in diesen 60 Jahren gemeinsam gehabt haben. Der eine hat, ohne es von vornherein anzustreben, mehr als zwei Jahrzehnte mit Bismarck regiert, der zweite nach vieljährigem ehrgeizigem Warten schließlich 99 Tage todkrank den Thron innegehabt, ohne regieren zu können, der dritte annähernd 30 Jahre regiert – davon 28 Jahre ohne einen Kanzler und Ministerpräsidenten zur Seite, der ihn so kenntnisreich und genial beriet und vor Fehlern bewahrte wie Bismarck „seinen" König und Kaiser.

Wilhelm I. und Friedrich III. sahen ihrem Vorfahren Friedrich Wilhelm I. äußerlich ähnlich; auch innere Züge verbanden beide mit dem „Soldatenkönig"; Wilhelm II. dagegen, in jungen Jahren eine „moderne" Erscheinung, bekam im Alter eine Art „fritzesches" Gesicht. Das Verhältnis der drei preußischen Könige zu ihrer Kaiserwürde war sehr unterschiedlich. Wilhelms I. Einstellung zur Kaiserkrone folgte der des Bruders; er überließ die Regierung und Repräsentation des Reiches dem Reichskanzler. Friedrich III. hätte 1871 am liebsten Süddeutschland mit preußischen Truppen okkupiert, also gewissermaßen die Annexionen von 1866 fortgesetzt. Dass Wilhelm II. in Preußen das Dreiklassenwahlrecht als Herausforderung selbst für viele Monarchisten bis 1917 behauptete und dass er 1918 hoffte, König von Preußen bleiben zu können, entsprach durchaus seiner politischen Grundüberzeugung, die preußische Königswürde vom Kaisertitel trennen zu können.

Unterschiede zeigten sich auch in der Kulturpolitik der drei Kaiser. Wilhelm I. überließ die Künste und die Wissenschaften sich selbst bzw. dem zuständigen Ministerium. Friedrich III. und Viktoria dagegen spielten offiziell bereits als Kronprinz und Kronprinzessin und noch während der 99 Tage eine beachtliche Rolle als Protektoren von Museen, der Malerei, der Geschichts- und der Naturwissenschaften. Wilhelm II. förderte durch den Versuch, die Künste zu reglementieren, unbeabsichtigt das Aufkommen von Freier Bühne, Sezession, Expressionismus und Naturalismus in Deutschland. Er zeigte großes Verständnis für die Bedeutung der Technik sowie der technischen Lehr- und Forschungsanstalten, deren Position innerhalb der gesellschaftlichen Entwicklung er erkannte, aber, sprunghaft wie er war, nicht langfristig in seine Innenpolitik einordnete. Die Schul- und Universitätspolitik überließ er Männern wie Friedrich Althoff, der ein tüchtiger Fachbeamter war, jedoch eine moralisch angreifbare Gelehrtenpolitik trieb. Zweifellos haben die Universitäten, Hochschulen, Akademien, die Kaiser-Wilhelm-Gesellschaft und der Professorenaustausch mit den USA Preußen und Deutschland international ein hohes Ansehen im Bereich der Geistes- und Naturwissenschaft sowie der Technik eingebracht.

Alle drei Kaiser trugen in der Öffentlichkeit fast ständig Uniform – Wilhelm II. besaß schließlich einen ganzen Fundus für die verschiedensten Auftritte nicht nur in Heer und Marine, sondern auch etwa in der Technischen Hochschule zu Charlottenburg, vor Automobilisten, Eisenbahnern und Fliegern. Wilhelms I. Anfangsjahre wurden durch die „Heeresreform" bestimmt, die ihn 1862 fast zur Resignation und Abdankung bewog und erst 1866 durch das Indemnitätsgesetz des preußischen Landtags beendet wurde. Friedrich III. liebte Manöver und Inspektionsreisen zu Truppenverbänden und strebte 1866 und 1871 nach Feldherrenruhm. Bilder von Wilhelm II. im Zivilanzug lernte die breite Öffentlichkeit erst aus dem Exil in Holland kennen. Alle drei Monarchen waren letzten Endes menschlich und politisch „Soldatenkaiser".

Die drei Kaiserinnen haben alles in allem einen nicht ganz geringen Einfluss auf die Politik in diesen 60 Jahren ausgeübt. Augusta, seit 1848 und den Jahren in Koblenz mit rheinischen Liberalen wie Ludolf Camphausen und Abraham Oppenheim befreundet, und Kronprinzessin und Kaiserin Viktoria haben wiederholt und zuweilen mit sichtbarem Erfolg versucht, neben Bismarck bzw. über ihn hinweg Innen- und Außenpolitik zu treiben: beide eine liberale, weltoffene, gegen die Judenfeindlichkeit von Offizieren, Ministern und Großgrundbesitzern gerichtete – die eine aus dem „Geist von Weimar" und mit französischem Einschlag, die andere aus der Anhänglichkeit an die Eltern Viktoria und Albert heraus und in der Überzeugung, dass der englische Konstitutionalismus die Höhe aller politischen Weisheit sei. Diese nationalistische Engstirnigkeit der „Princess Royal" und Kaiserin trug wohl auch dazu bei, dass ihre Schwiegertochter Auguste Viktoria sich bemühte, Wilhelms II. Abneigung gegen das Englische zu bestärken. Im Dezember 1914 bezeichnete dieser in zeitweiliger Verkennung der historischen Ursachen des Krieges es als sein Ziel, „mit Frankreich gegen England loszugehen".

Auch hat er nie aufgehört, England einen wesentlichen Teil der Schuld am Ausbruch des Ersten Weltkrieges zuzumessen. So verlief die Entwicklung von Prinz Wilhelms (I.) Flucht (und Verbannung) im Jahre 1848 nach England über Friedrichs III. glückliche Ehe mit einer Engländerin und über Kaiser Wilhelms II. komplizierte Welt- und Flottenpolitik, über die Devise „Gott strafe England" schließlich zur Aufforderung der Königin der Niederlande Wilhelmina im Jahre 1940, er solle wie sie selbst vor den Nationalsozialisten nach England flüchten, in ein Land also, das 1918/19 seine Auslieferung als „Kriegsverbrecher" mitangestrebt hatte.

Prof. Dr. Dr. h. c. Wilhelm Treue

Kaiser Wilhelm I.

Kindheit und Jugend

„Gestern nachmittag", so berichtete die „Königlich Privilegierte Berlinische Zeitung" am 23. März 1797, „ward die Gemahlin des Kronprinzen Königl. Hoheit, zur Freude des Königl. Hauses und des ganzen Landes, von einem Prinzen glücklich entbunden. Einige Stunden nachher ward dieses frohe Ereignis durch das dreimalige Abfeuern von 24 im Lustgarten aufgefahrenen Kanonen der Hauptstadt bekannt gemacht". Die Geburt des Prinzen Wilhelm fiel noch in die Regierungszeit König Friedrich Wilhelms II. Die Französische Revolution stand in ihrem achten Jahr, und Napoleon Bonaparte errang seine großen Siege in Italien.

Wilhelms Eltern, der 26-jährige Kronprinz Friedrich Wilhelm und seine 21-jährige Gattin, Tochter des Herzogs von Mecklenburg-Strelitz, waren acht Monate später König und Königin von Preußen. Ein außerordentlich gegensätzliches Paar, denn dem nüchternen stark introvertierten Monarchen stand mit der Königin Luise eine Frau zur Seite, deren jugendliche Schönheit, gepaart mit Temperament und Lebensfreude, die Zeitgenossen in ihren Bann zog. Als eine „himmlische Erscheinung", deren Eindruck ihm niemals verlöschen werde, hat Goethe die Fürstin beschrieben, und Madame de Staël sah in der „schönen und tugendhaften Königin" das Idealbild einer Landesmutter, an deren Familienglück die ganze Nation Anteil nahm, sich damit identifizierte. Andere Zeitgenossen haben freilich ein weniger harmonisches Bild der königlichen Familie überliefert. Luises Freude an Äußerlichkeiten, an Festen und Garderoben scheinen den auf Sparsamkeit und Nüchternheit ausgerichteten König oft irritiert zu haben. Gottfried Schadow, dessen Werk das Bild der Königin im Sinne des Schönheitsideals seiner Zeit überliefert, sah die Dissonanzen der Königsfamilie recht scharf. Der König, „immer trocken, schüchtern, langweilig bis zum Entsetzen und besonders unschlüssig", sei der Königin gegenüber „kein angenehmer Herr" gewesen, so berichtet der Bildhauer, „das große Wesen, das man später von ihr gemacht, war ihm oft ärgerlich und genant."

Wilhelms Erinnerung hat die Zeit seiner Kindheit in freundlichen Bildern bewahrt. Die Königsfamilie – vier Söhne und drei Töchter – hielt ihren Lebensraum auf die Umgebung der Hauptstadt begrenzt. Die Schlösser in Berlin, Charlottenburg und Potsdam bildeten den „festen Wohnsitz", den man jedoch gern mit der ländlichen Einsamkeit des königlichen Gutes in Paretz im Osthavelland oder der Havelinsel Kaninchenwerder, der späteren Pfaueninsel, tauschte. In diese Idylle brach 1806 die militärische und politische Katastrophe der preußischen Monarchie, unter den Schlägen der napoleonischen Armeen. Als Neunjähriger flüchtete Prinz Wilhelm mit der königlichen Familie nach Königsberg und bald darauf nach Memel in den nordöstlichen Zipfel der Monarchie. Preußens Zusammenbruch nach Jena und Auerstedt ist von der älteren Geschichtsschreibung zu den prägenden Eindrücken des jungen Prinzen gerechnet worden, so wie der demütigende vergebliche Bittgang, mit dem die Königin Napoleon versöhnlich zu stimmen und die harten Bedingungen des Tilsiter Friedens zu mildern hoffte. Den frühen Tod der Königin Luise (sie starb 1810 an einer Lungenentzündung) haben schon die Zeitgenossen mit der Demütigung von 1807 in Beziehung gesetzt. Auch Wilhelm scheint diese Erklärung geglaubt zu haben und bewahrte diese Erinnerung bis ins hohe Alter. Mit seinem „Abschied" am Grabe der Toten zu Beginn des Krieges 1870 hat er der Luisen-Legende bewusst neuen Auftrieb gegeben.

1807 begann die militärische Ausbildung des Prinzen Wilhelm. Unter dem Kommando des Hauptmanns Oldwig von Natzmer, dem Wilhelm sein Leben lang freundschaftlich verbunden bleiben sollte, trat der noch nicht Zehnjährige in die preußische Armee ein, wurde zu seinem Geburtstag Fähnrich und erhielt als Weihnachtsgeschenk

1807 das Leutnantspatent. Wilhelm, so berichtet sein Erzieher Delbrück, habe „vollen Genuss an den militärischen Übungen" gefunden. Johann Friedrich Delbrück, ein Schüler Basedows, Rektor am Pädagogium in Magdeburg, war Erzieher der beiden ältesten Prinzen. Seine moderne philanthropische Konzeption entsprach den Erziehungsvorstellungen der Königin, die es als ihren heißesten Wunsch bezeichnete, ihre Kinder „zu wohlwollenden Menschenfreunden" zu bilden. Delbrücks Unterricht war vielseitig, ohne sich allerdings an den Curricula gymnasialer Ausbildung zu orientieren. Praktische Gartenarbeit und landwirtschaftliche Studien gehörten ebenso zu seinem Programm wie Religion, Deutsch, Geschichte, Geographie, Französisch und Mathematik. Wilhelm war ein kränkelndes Kind, im Gegensatz zu seinem 1 ½ Jahre älteren Bruder weniger begabt für wissenschaftlichen und künstlerischen Unterricht. Er sei dennoch „ein sehr kluges, komisches Kind, possierlich und witzig", so beschreibt ihn die Mutter, die in dem Zweitgeborenen den Vater wiedererkennt: „einfach, bieder und verständig. Auch in seinem Äußeren hat er die meiste Ähnlichkeit mit ihm, nur wird er, glaube ich, nicht so schön."

Preußens Geschichte zwischen 1807 und 1813 ist geprägt von der Reformpolitik, die, verbunden mit den Namen Steins und Hardenbergs, wesentliche Bereiche der Monarchie unter modernen Ideen reorganisierte, angefangen von der Kabinettsreform über die Agrarstruktur, die Selbstverwaltung der Städte bis hin zur Militär- und Bildungsreform. Die neuen Ideen, behutsam als „Revolution von oben" apostrophiert, hatten in der Aristokratie Preußens freilich mehr Gegner als Befürworter, was auf die politische Erziehung der königlichen Prinzen nicht ohne Einfluss geblieben ist. Da selbst der König nur unter dem Druck der Katastrophe von 1807 die neuen Ideen duldete, mochten sie auch den Prinzen nur ein provisorisches Mittel zur militärischen und politischen Konsolidierung der Monarchie bedeuten. Das bewährte Bündnis in der Koalition von 1813, das dem zögernden König abgerungen werden musste, und der Triumph der alliierten Armeen über Napoleon schienen die Richtigkeit der Reformpolitik zu erweisen, zugleich aber auch ihren Abschluss nahe zu legen.

Mehr noch als für den Kronprinzen wurden die „Befreiungskriege" für den Prinzen Wilhelm zum prägenden Erlebnis, und er wusste von ihrer überragenden Bedeutung bis zu seinem Lebensende mit Begeisterung zu sprechen. Auf den Schlachtfeldern Europas hatte man das Schicksal des Kontinents entschieden. Die Revolution und Napoleons Herrschaft waren niedergeworfen, Preußens Großmachtstellung wieder gesichert. Dem 16-Jährigen, der an den Feldzügen teilnahm, musste diese Art politischer Entscheidung durch das Schwert als die wirkungsvollste erscheinen, wobei das persönliche Kriegserlebnis in dem nach soldatischen Normen erzogenen Prinzen weitere Emotionen freisetzte. Seine „Feuertaufe" erhielt Wilhelm im Gefecht bei Bar-sur-Aube am 27. Februar 1814. „Dies war ein unbeschreiblich seliger Moment, die ersten kleinen Kugeln gehört zu haben und so recht warm aus dem Laufe", schrieb er verzückt seinem jüngeren Bruder Karl nach Berlin. Martialische Phrasen enthalten auch seine späteren Frontberichte. Blüchers Gefecht bei Laon war ihm bemerkenswert, weil nur mit dem Bajonett gekämpft wurde: „Es soll wunderschön gewesen sein in der mondhellen Nacht, das Schreien, Trommeln, Blasen der Hornisten, die alle Signale wie auf dem Exerzierplatz gaben, und die Musiken."

Nach dem Siege der Verbündeten verlebte Wilhelm einige Wochen in dem von den allierten Truppen besetzten Paris, schloss Freundschaft mit dem Großfürsten Nikolaus und schrieb begeistert über die Weltstadt mit ihren „himmlischen Balletts" und dem „Palais Royal, in welchem alles, alles zu haben ist. Nein, eine solche Stadt!!! Man kann sich keinen Begriff von machen", doch, so schloss er genügsam, „Berlin ist mir indes noch lieber." Ausgezeichnet mit dem Eisernen Kreuz, dem russischen Georgsorden und im Range eines Majors kehrte Wilhelm aus dem Kriege zurück.

Seine Offizierskarriere ging steil weiter: 1817 wurde er Oberst, erhielt sein Kommando bei der Garde-Infanterie und wurde 1820 mit dem Rang eines Generalmajors Kommandeur der 1. Gardedivision. 1825 ernannte ihn der König zum kommandierenden General des III. Armeekorps, und damit hatte der 28-Jährige die höchste militärische Dienststellung erreicht. Der jüngste unter den Armeekommandeuren, galt Prinz Wilhelm nach dem Tode Herzog Karls von Mecklenburg als der „erste General" der Monarchie, eine Würde, die außerhalb der strengen Anciennität lag und die er nur seiner Nähe zum Thron verdankte. Das militärische Desinteresse seines Bruders, des Kronprinzen, wies ihm dabei eine weitere Funktion zu: Er vertrat die Anliegen der Armee innerhalb des Hauses Hohenzollern, und das Offizierkorps fühlte sich durch ihn der Dynastie verbunden.

Der erste General der Monarchie

Der Wiener Kongress hatte Preußen ansehnliche Gebietsgewinne gebracht; es blieb zwar die kleinste unter den europäischen Großmächten, war aber von seiner Größe und Einwohnerzahl (1816: 10,4 Millionen) neben Österreich die dominierende Macht im Deutschen Bunde. Seine wirtschaftlichen und demografischen Voraussetzungen waren günstig, sodass bald abzusehen war, dass Preußen einmal die Frage der Hegemonie in Deutschland für sich entscheiden könne. An solche Umwälzung der Machtverhältnisse war jedoch zunächst nicht zu denken. Preußens Politik lief im Fahrwasser des von Metternich gesteuerten Restaurationskurses. Spätestens mit dem Karlsbader Beschlüssen 1819 war die Reformbewegung abgeblockt. Die konservativen Positionen hatten sich durchgesetzt, die Aristokratie ihre alten Elitefunktionen wieder in Händen.

Für Wilhelm gehörten konservatives Denken und Handeln zu den Selbstverständlichkeiten seines Lebens. Da seine politischen Vorstellungen ganz aus der Tradition erwachsen waren und kaum durch Reflexion infrage gestellt wurden, wirkte er auf die Zeitgenossen gefestigter als sein Bruder Friedrich Wilhelm. Für beide Prinzen hatte die aus der Reformzeit übernommene Hypothek der Verfassungsfrage kaum Verbindlichkeit. Die Hartnäckigkeit, mit der König Friedrich Wilhelm III. seine damals gegebenen Verfassungsversprechen ignorierte, deckte sich weitgehend mit ihren Ansichten, wobei auch hier Wilhelm gegenüber seinem Bruder die entschiedenere Position zeigte. Dennoch gehörte der Prinz innerhalb der konservativen Führungsschichten durchaus nicht zum extremen Flügel um die Minister Wittgenstein und den Herzog von Mecklenburg.

Der seit 1819 stärker werdende Konflikt um das Verhältnis von Landwehr und Heer zeigte den jungen General in einer gemäßigten Haltung. Er wollte auf die Zusatztruppe bewaffneter Bürger nicht verzichten, wenngleich das Prinzip der Volksbewaffnung unübersehbar aus dem Ideen-Arsenal der Französischen Revolution entliehen war. Doch die ideologischen Argumente kümmerten Wilhelm kaum: Es sei eine Ansicht von „Schwachköpfen", in der Landwehr eine revolutionäre Truppe zu sehen. Angesichts der schwachen finanziellen Ressourcen Preußens müsse man diese Kontingente erhalten und stärker mit den Linienregimentern verbinden, um in Kriegszeiten ein „formidables Heer" zu besitzen.

Ähnlich pragmatische Überlegungen bestimmten seine Argumentation auch in einer anderen militärorganisatorischen Streitfrage. Die dreijährige Rekrutenausbildung war nach 1830 aus finanziellen Gründen nicht mehr haltbar. Bei den Diskussionen um eine zweijährige Dienstzeit widersprach Prinz Wilhelm mit Engagement – wenn auch ohne Erfolg – jeder Verkürzung. Seine Argumente ähneln hier bereits jenen, die er 30 Jahre später in dem die Monarchie erschütternden Heereskonflikt äußern wird: Es gehe nicht allein um die technische Ausbildung der Rekruten, sondern mehr noch um ihre Erziehung zum „Soldatengeist". Dieser allein bestimme die Schlagkraft einer Armee: „Die Disziplin, der blinde Gehorsam sind aber Dinge, die nur durch lange Gewohnheit erzeugt werden und Bestand haben."

Die Julirevolution in Frankreich mit dem Sturz der Bourbonendynastie hat die politischen Vorstellungen des Prinzen schärfer profiliert. Er argumentierte jetzt als Legitimist: Der Bürgerkönig Louis Philippe von Orléans galt ihm als „Thronräuber", den die „ehrenvoll und rein dastehenden Fürstenhäuser Europas" isolieren sollten, denn „die Art, wie er zur Krone gelangte, wird die Geschichte mit unauslöschlichen Buchstaben als ein Unrecht verzeichnen".

Wilhelms latente Frankophobie sah sich bestätigt: „Ein Volk, was moralisch so tief gesunken ist wie das französische, kann sich erst zum Besseren wenden, wenn Katastrophen über dasselbe eingebrochen sein werden."

Die Kehrseite dieser Verachtung Frankreichs war seine wachsende Zuneigung zu Russland. Unbeeindruckt vom Aufstieg und Verfall der Ideen der Heiligen Allianz, hatte seine Russophilie weit über die Befreiungskriege hinaus einen festen Platz in seinen politischen Vorstellungen. Die Waffenbrüderschaft von 1813/15 und die Freundschaft zu Nikolaus, der seit 1826 das Zarenreich regierte, waren wesentliche Voraussetzungen dieser Bindung, die sich dann weiter vertieften. Im November 1817 reiste Prinz Wilhelm nach Russland, um seine Schwester Charlotte dem Großfürsten Nikolaus als Braut zuzuführen. Der Aufenthalt des „Brautführers" verlängerte sich auf sieben Monate. 1826 ging er abermals nach Petersburg, um seinen Schwager als den neuen Zaren zu begrüßen. Er sei „mit ganzem Herzen Russe" geworden, vermerkt E. Marcks, Wilhelms erster Biograf, und wenn man die guten Beziehungen der beiden Monarchien von ihrer dynastischen Seite her darstellen will, so wird man die Trias Nikolaus – Charlotte – Wilhelm als das Fundament jener Entente anzusehen haben, deren Fragmente noch bis in die Ära Wilhelms II. hinein wirksam geblieben sind.

Zwischen Wilhelms beiden Russlandreisen liegt ein biografischer Einschnitt, dessen Bedeutung für seine Lebensgeschichte nur schwer abzuschätzen ist: seine Liebe zu Elisa von Radziwill und das Scheitern dieser Verbindung. In Gefühlsangelegenheiten keineswegs zum Überschwang neigend, brauchte Wilhelm lange Zeit, um seine Zuneigung zu der sechs Jahre jüngeren Prinzessin Elisa, die ihm als Jugendgespielin vertraut war, wahrzunehmen; seine Schwester Charlotte habe ihm dabei die Augen geöffnet, das Geheimnis seiner Seele erraten, „welches ich mir selbst noch nicht gestanden habe". Seit 1820 war die Verbindung der beiden für die „Gesellschaft" das bevorzugte Thema, die unglückliche Romanze zweier „Königskinder", die nicht zueinander finden durften, denn nach dem königlichen Hausgesetz galten die Radziwills als nicht ebenbürtig. Zwar war Elisas Mutter eine gebürtige preußische Prinzessin, eine Nichte Friedrichs des Großen; der „Makel" lag beim Fürsten Radziwill, der als einer der reichsten Magnaten Polens – und seit Jahren Statthalter des preußischen Königs in Posen – keine Souveränitätsrechte vorweisen konnte, die den strengen Maßstäben der Hohenzollern genügten. Wilhelm reklamierte Anspruch auf seine Gefühle: „Elisa ist meinem Lebensglück unentbehrlich." Er mochte wohl auch hoffen, dass die russische Reichsunmittelbarkeit der Fürstenfamilie zu einer Kompromisslösung ausreichen könnte. Die Rechtslage war außerordentlich komplex, und sechs Jahre hindurch legten die Juristen kontroverse Gutachten vor, um die Frage der „Ebenbürtigkeit" zu lösen, die für die preußische Thronfolge vielleicht bedeutsam werden konnte. Bei der tendenziellen Polenfeindschaft im preußischen Adel war auch die Herkunft der Radziwills ein nicht zu unterschätzendes Problem. Die Entscheidung lag beim König. Nach langem Zögern verbot Friedrich Wilhelm III. 1826 seinem Sohn die ersehnte Verbindung, und Wilhelm fügte sich dem väterlichen Machtspruch aus Gründen der Staatsräson: „Ich werde Ihr Vertrauen rechtfertigen", ließ er den König wissen, „durch Bekämpfung meines tiefen Schmerzes und durch Standhaftigkeit in dem Unabänderlichen diese schwere Prüfung bestehen."

Kritik an den Prinzipien des Hausgesetzes kam nicht über seine Lippen. Wilhelm unterwarf sich den Normen einer Tradition, die er weder ändern konnte noch wollte. Als Sechzigjähriger bekennt er sich zu seiner Jugendliebe und bezeichnet sie als „den lebendigen Grund" seiner späteren Lebensrichtung: „Der Kampf und der Schmerz der Entsagung stählte diesen Grund, drückte aber meinem ganzen Leben den tiefen Ernst auf, der mich nicht wieder verlassen hat. Und so lernte ich Gottes Fügungen im Schmerz preisen.

Die Kinderlosigkeit des Kronprinzenpaares, die bei den Erwägungen des Erbfolgerechts in den Radziwill-Gutachten schon eine Rolle gespielt hatte, wirkte sich jetzt zunehmend auf die politische und dynastische Bedeutung des Prinzen Wilhelm aus: Man begann in ihm den künftigen König von Preußen zu sehen, und der König drängte immer energischer auf seine Verheiratung. Es gab auch schon einen konkreten Vorschlag: Augusta, die jüngere Tochter des Großherzogs von Sachsen-Weimar. Die Verlobung der älteren Weimarer Prinzessin Maria mit Wilhelms Bruder Karl im Winter 1826 bot Gelegenheit, diesen an den „Musenhof" zu delegieren. Wilhelm klagte: Mit solchem Ansinnen werde ihm „das Leben nicht leicht gemacht". Er wusste, dass ihn die russische Verwandtschaft der Weimarer (die Großherzogin Maria Pawlowna war eine Schwester des Zaren) schon während seiner Elisa-Zeit für eine spätere Verbindung mit der damals noch 14-jährigen Prinzessin Augusta ins Auge gefasst hatte. Jetzt ließ er sich widerstandslos in die geplante Heirat ziehen.

Er nörgelte etwas: „Im Äußern“ sei Augusta mit ihrer Schwester Marie nicht zu vergleichen; dagegen gefiel ihm „ihr lebhafter Blick und ihr lebendiges Wesen“, sie sei „voller Verstand und Kenntnisse und kurzum: eine sehr interessante Erscheinung“. Dies schrieb er der Fürstin Radziwill aus Weimar, die das begreiflicherweise als „indelikat“ empfand.

Im Oktober 1828 war Wilhelm bereit, die Weimarer Partie zu akzeptieren; „…, so beschloss ich meinen Angriff direkt zu machen“, meldete er militärisch knapp seinem Vater. Wilhelm erhielt das Jawort der 17-jährigen Augusta, die klug genug war, die Wunde seiner unglücklichen Liebe zu respektieren: „Möchte ich Ihnen doch jemals die ersetzen können, die ich ersetzen soll!“ Am 11. Juni 1829 feierte man Hochzeit, und eine Gedenkmünze sollte die Erinnerung daran festhalten: „Guilelmus Borussiae et Augusta Vinariae Principes“. Es war keine Liebesheirat, und Wilhelm betonte auffällig oft, seine Ehe sei „mehr durch Vernunft als durch das Herz diktiert“.

Seine Vorstellungen von einer Ehe hatte der Prinz zuvor in einem Brief an die Schwester Charlotte skizziert. Es gäbe nichts Schrecklicheres, meinte er, „als gegenseitig aneinander gefesselt zu sein, ohne Achtung vielleicht sogar, oder auch nur ohne Freundschaft“.

Die 59 Ehejahre des Paares basierten vorwiegend auf den hier genannten Empfindungen; sie verliefen vielleicht harmonischer, als die resignierenden Bemerkungen von 1829 erwarten ließen. 1831 wurde ein Sohn geboren, Friedrich Wilhelm, der Preußens Thronfolge sicherte, dann aber nur 99 Tage regieren sollte. Eine Tochter, die selbstverständlich den Namen Luise erhielt, kam sieben Jahre später zur Welt. „Nur“ zwei Kinder, das war wenig für einen Hohenzollern. Einige Biografen wissen von illegitimen Söhnen zu berichten, die dem Bilde ihres Vaters glichen, „… sie waren kräftige, stattliche Erscheinungen“ (Börner).

Seit 1837 bewohnte das Prinzenpaar das ehemalige „Palais Tauentzien“ Unter den Linden, das nach Plänen Schinkels durch K. F. Langhans im klassizistischen Stil neu gestaltet war. Augusta hatte das Interieur nach ihren Vorstellungen einrichten lassen. Dem biedermeierlichen Berlin war das etwas zu elegant. Augustas Bad im maurischen Stil war auch Wilhelm zu aufwändig. Er bevorzugte „seine“ Badewanne, die wöchentlich aus einem Hotel ausgeliehen wurde. Im

Schlafzimmer ließ er sich ein Feldbett aufstellen, womit deutlich die Grenze gegen Augustas Luxus gezogen war. Berlin gewöhnte sich nur langsam an das Kronprinzenpalais; 1848 wurde es vorübergehend als „Nationaleigentum" requiriert. In der Kaiserzeit hieß es schon das „alte Palais", und Wilhelm bewohnte es bis zu seinem Tode. Das Schloss diente zu Repräsentationszwecken, und als Sommersitz hatten ihm Schinkel und Persius im Babelsberger Park ein Palais im neugotischen Zeitgeschmack errichtet. Augusta hatte es schwer, mit Berlin und Potsdam vertraut zu werden. Der Weimarerin, die mit Goethe in Briefwechsel stand, war der preußische Adel oft zu ungebildet. Sie hielt ihre Kritik nicht zurück und machte sich Feinde. Berlin sei ein „Fegefeuer", schrieb sie nach Weimar. Depressive Stimmungen wechselten mit zwanghafter Energie. Wilhelm kritisierte, dass sie sich an die schwierigsten Diskussionen wage. „Ihr Verstand ist so gereift und ihre Urteilskraft so scharf", dass sie zwar mühelos mithalten könne; doch setze sie sich dem Verdacht aus, „dass der Verstand über das Herz regiert", gebe sich den unerwünschten „Anstrich einer femme d'esprit". Aus diesem Grunde, so vertraute er seiner Schwester Alexandrine an, habe er ihr „empfohlen, ihre sehr gereiften Geistesgaben … in Einklang mit ihrem Alter und ihrem Geschlecht zu halten".

Hinter dieser mehr allgemeinen Kritik verbarg sich ein handfester Gegensatz, bei dem es immer mehr um politische Themen ging. Augusta war zwar weit von den Ansichten der bürgerlichen Opposition entfernt, doch neben der legitimistischen Doktrin des Prinzen wirkte sie als die „liberalere", und so überrascht es nicht, wenn Karl August Varnhagen von Ense, der scharfe Kritiker der Restaurationspolitik, lebhaft für sie Partei ergreift: Sie interessiere sich für „Tatsachen und Ansichten" und spreche „ihre Meinungen bescheiden und geläufig aus, im angenehmsten Deutsch, in dessen Tone Gebieterisches und Weiches sich vermischte". Sie halte es für das erste Prinzip einer Fürstenerziehung, „durch zeitgemäße Reformen den Revolutionen vorzubeugen", erklärte sie dem Major Albrecht von Roon, Wilhelms späterem Kriegsminister, und forderte ihn auf, unter dieser Leitidee die militärische Erziehung ihres Sohnes zu übernehmen. Roon lehnte ab! Der französische Gesandte Bresson war überzeugt, dass diese Fürstin in Preußen eine Verfassung durchsetzen werde, sobald Wilhelm König geworden sei. Ähnliches mochte auch König Ernst August von Hannover gemeint haben, als er Augusta eine „kleine Jakobinerin“ nannte.

Der Thronfolger

Friedrich Wilhelm III. starb am 7. Juni 1840 nach einer Regierungszeit von 43 Jahren. Prinz Wilhelm stand nun als Kronprinz an der Seite seines königlichen Bruders, dessen Regierungsantritt „frohe Tage der Erwartungen“ (Treitschke) auslöste. Die Forderung nach einer Verfassung drang dabei immer stärker ins Zentrum der politischen Debatten. Der alte König hatte noch kurz vor seinem Tode seinen Nachfolger zu binden versucht und ihm befohlen, die Provinzialverfassung von 1823 zu erhalten. Wilhelm hatte an der Redaktion des politischen Testaments maßgeblich mitgewirkt und erreicht, dass eine „Gesamtrepräsentation“ nur mit Zustimmung sämtlicher Agnaten eingeführt werden durfte. Mit diesem „Vetorecht“ unterlief er in den Folgejahren mehrfach die Reformpläne seines Bruders: „Alle Institutionen, die den konstitutionellen sich nähern oder in diese überzugehen drohen, sind für Preußen nicht annehmbar“, belehrte er im November 1845 den König. Seine Position hatte seit dem Thronwechsel sichtbar an Machtfülle gewonnen. Als Kronprinz mit dem offiziellen Titel „Prinz von Preußen“ hatte er die Nebenfunktionen seines Bruders übernommen, von denen der Vorsitz im Staatsministerium und im Staatsrat die bedeutendsten waren.

Bei aller Kritik gegenüber dem König bewahrte er Loyalität; hatte der Monarch entschieden, so war er bereit zu gehorchen, auch wenn er vorher der Entscheidung widerraten hatte. Ein Bruderzwist im Hause Hohenzollern sollte um jeden Preis vermieden werden. Nun hatte Friedrich Wilhelm IV. gewiss nicht die Absicht, seinem Lande eine Repräsentativverfassung zu geben. In seiner bildhaften Rhetorik, mit der er sich auffallend von seinem einsilbigen Vater unterschied, hat er mehrfach seine Abneigung gegen das „Blatt Papier“, das den Fürsten von seinem Volk trenne, ausgesprochen. Doch gerade auf eine Verfassung richtete sich die allgemeine Erwartung: Er sollte die Versprechen seines Vaters einlösen. Die liberale Publizistik ließ erkennen, dass die Zeit des geduldigen Wartens zu Ende ging. Die Stimmung schlug um, als Johann Jacoby in seiner Kampfschrift erklärte, dass das Volk berechtigt sei, eine Verfassung nunmehr „als erwiesenes Recht" zu fordern.

Friedrich Wilhelm IV. hatte recht enge Vorstellungen vom Umfang politischer Partizipation; sie sollte beratend und streng auf die Provinzialstände beschränkt, auf keinen Fall aber am Modell des süddeutschen Konstitutionalismus orientiert sein. Wilhelm hielt bereits eine ständische Gesamtvertretung für zu weitgehend, blieb aber mit seiner rigiden Verweigerungspolitik im Staatsministerium isoliert. Die Einberufung des „Vereinigten Landtags" musste er hinnehmen, aber diese Neuerung kam ihm vor wie „das Grab des alten Preußen". Mehr noch irritierte ihn die Nachgiebigkeit, mit der Friedrich Wilhelm dem Drängen der Verfassungsbewegung wich und damit die Hoffnungen der Liberalen anstachelte, „wenn immer nur Tropfen für Tropfen kleine Gewährungen aus dem verborgenen Borne königlicher Gnade herniedersickerten" (Treitschke). Diese „schiefe Ebene" der Zugeständnisse führte den König über die Berufung der Vereinigten Ausschüsse (1842) zum Vereinigten Landtag (1847) und nach heftigen Konflikten zur Gewährung der Periodizität (6. März 1848). Die Opposition des Prinzen von Preußen gegen die Verfassungspläne des Königs blieb der Öffentlichkeit nicht verborgen. Varnhagen sprach vom Ehrgeiz eines „Mitregenten", und den Volksmassen galt er als „Scharfmacher". Schon während der Hungerunruhen 1847 wandte sich der Volkszorn gegen ihn, man zerschlug die Fensterscheiben seines Palais.

Die Märzrevolution hat diese Entwicklung verschärft und auch seinen Konflikt mit dem König auf einen neuen Höhepunkt getrieben. Friedrich Wilhelm IV. ließ sich angesichts der Märzbewegung durch seinen Innenminister Ernst von Bodelschwingh zu einer umfangreichen Reform bestimmen. Während sein Gesandter von Radowitz in Wien über eine Bundesreform verhandelte, machte der König unter dem zunehmenden Druck der Berliner Märzbewegung weitgehende Versprechen, u. a. die Zusage einer Verfassung. Auch Wilhelm beugte sich dem Zwang zur Reform und unterzeichnete das

Patent vom 18. März. Der Sturz Metternichs hatte ihn gelehrt, dass seine Verweigerungspolitik nicht mehr durchzusetzen war. Jetzt bleibe nichts übrig, „als sich an die Spitze der Bewegung zu stellen". Auch das Pressegesetz, das die Aufhebung der Zensur anordnete, hat Wilhelm unterzeichnet, wenngleich mit stärkstem Vorbehalt, denn die Pressefreiheit, so meinte er, mache „in wenig Zeit Deutschland zur Republik". Hier scheint die Grenze seiner Bereitschaft zur Reform erreicht, die ihm ohnehin nur Mittel zum Zweck war. „Darin liegt also die ganze Staatskunst: Das Nötige erkennen und anwenden", bekannte er in einem Brief an die Zarin.

Außerhalb des Tolerierbaren lagen für ihn auch die beständigen Demonstrationen und Massenversammlungen in der immer unruhiger werdenden Hauptstadt. Seit dem 13. März versuchte man, durch gezielten Militäreinsatz die Bevölkerung einzuschüchtern, heizte dadurch aber die Stimmung nur noch weiter an. Die Soldaten schossen in die Menge, und es gab die ersten Toten auf den Straßen der Hauptstadt. Die Berliner haben diese Vorgänge in besonderem Maße dem Prinzen von Preußen angelastet, obgleich dieser kein Kommando führte. Am 10. März hatte der König seinen Bruder zum Militärgouverneur der Westprovinzen ernannt, da allgemein mit einem Angriff französischer Revolutionsarmeen gerechnet wurde. Wilhelm blieb jedoch zunächst in der unruhigen Hauptstadt. Die „selbstständige Ausführung" der Militäreinsätze hatte der Monarch dem Gardegeneral von Prittwitz übertragen, mit dem der Prinz in enger Verbindung stand und dadurch Einfluss auf den Militäreinsatz behielt. Dabei kam es am 15. März zu einem öffentlichen Streit mit dem Militärgouverneur von Berlin, dem liberalen General von Pfuel, dem Wilhelm vorwarf, die Truppen zu demoralisieren, weil er das Schießen in die Menge verhindert hatte.

Hatte der König in diesem Streit noch die Partei Pfuels ergriffen (der Prinz musste sich bei dem Gouverneur entschuldigen), so schwenkte er in den Krisenstunden des 18. März ins andere Lager. Die auf dem Schlossplatz versammelte Menge, die zunächst der Reformpolitik des Königs zugejubelt hatte, war angesichts der im Schlosshof aufgestellten Soldaten zur Protestversammlung geworden. Jetzt wurde Prittwitz an Stelle Pfuels zum Oberkommandierenden aller in und um Berlin stehenden Truppen ernannt. Er erhielt den verhängnisvollen Befehl, den Schlossplatz zu säubern, um „dem dort herrschenden Skandal endlich ein Ende" zu machen. Mit dieser Aktion löste der König ungewollt den Barrikadenkampf aus. Die wilden Gerüchte dieser Nacht wollten indes im Prinzen von Preußen den Anstifter des Blutvergießens sehen. Er habe vom Fenster des Schlosses aus durch ein verabredetes Zeichen das Signal zum Angriff auf das Volk gegeben, und auf seinen Befehl hin sei die Artillerie zur Niederkämpfung der Barrikaden eingesetzt worden. Der „Kartätschenprinz" – mit diesem fürchterlichen Namen schien die politische Karriere des Thronfolgers besiegelt, nicht nur in den Augen des Volkes, sondern auch bei einigen Mitgliedern der preußischen Führungsschicht, die das Projekt einer Abdankung Friedrich Wilhelms und einer Regentschaft Augustas für ihren unmündigen Sohn ins Auge fassten.

Über den Rückzug der Truppen aus Berlin, der in dem Kompetenzenwirrwarr des 19. März angeordnet wurde, ist es zwischen dem König und seinem Bruder zu scharfem Wortwechsel gekommen. Varnhagen, der durch Pfuel und den Grafen Königsmarck, Wilhelms Adjutanten, zumeist gut informiert war, überliefert, dass der Prinz den König angefahren habe: „Bisher hab ich wohl gewusst, dass Du ein Schwätzer bist, aber nicht, dass Du eine Memme bist! Dir kann man mit Ehren nicht mehr dienen!" Damit habe er ihm den Degen vor die Füße geworfen. Die Szene mag sich weniger theatralisch zugetragen haben; das Zerwürfnis ist jedoch belegt, und Wilhelm ging wenige Tage später auf Befehl des Königs außer Landes. Zunächst jedoch flüchtete er aus Berlin, hielt sich zwei Tage auf der Pfaueninsel versteckt und wartete auf eine Gelegenheit zum militärischen Gegenschlag. Da sich der König noch in Berlin befand, sein Schicksal also ungewiss schien, hielt Wilhelm einen Thronwechsel für möglich und ordnete an, dass sich alle Truppen um die Hauptstadt konzentrieren und seinen Befehl abwarten sollten, da er „sobald als möglich in deren Mitte erscheinen werde, um die Zügel der Regierung ergreifen zu können".

Friedrich Wilhelm IV. hatte sich – im Gegensatz zu seinem Bruder – für eine politische Lösung entschieden. Er machte Frieden mit der Revolution und ließ seinen Bruder in „geheimer Mission" nach England reisen. Als Kaufmann verkleidet, erreichte Wilhelm am 27.

März London, wo sich die Emigranten von 1848 ein Stelldichein gaben. „Ich bin wie vernichtet! Gar keine Aussicht in die Zukunft!“, klagte er seiner Schwester, der Zarin. Doch schon Anfang April hatte sich Wilhelm auf die neue Zeit umgestellt: „Was hinter uns liegt, ist vorüber!“, schrieb er aus London. Er werde dem „neuen Preußen“ seine Kräfte ebenso willig leihen wie dem alten. Das koste zwar Überwindung, sei aber „die Aufgabe jedes Patrioten“. Augusta trug maßgeblich zu seiner Rückkehr bei, indem sie ihm die Formel seiner Unterwerfung unter den Konstitutionalismus diktierte: „Es ist mir noch eingefallen“, schrieb sie am 24. Mai, „ob nicht … von Dir die Schlusswendung so gefügt werden könnte: ‚und sehe ich dem Augenblick entgegen, wo ich mit Eurer Majestät die Verfassung, welche Sie mit Ihrem Volke zu vereinbaren im Begriffe stehen, werde beschwören können‘.“ Es gelte, Monarchie und Dynastie zu retten; das sei eine Aufgabe, „für die kein Opfer groß genug sein kann“.

Wilhelm unterwarf sich. Am 8. Juni erschien er in Generalsuniform in der Berliner Nationalversammlung, wo ihm der Platz eines Abgeordneten des Posener Wahlkreises Wirsitz zukam. Er werde der konstitutionellen Monarchie seine Kräfte weihen, wie es das Vaterland von ihm erwarte, erklärte er den Abgeordneten, die sehr unterschiedlich auf dieses Bekenntnis reagierten. Ohnehin hatte die Nachricht von seiner Rückkehr die Monarchie in zwei Lager gespalten: galt er den einen als Inbegriff des alten Preußen, so den anderen als Führer der Konterrevolution. Wilhelm war keines von beiden. Bei der Niederwerfung der Berliner Revolution im Herbst 1848 blieb er im Hintergrund. General Wrangel besetzte am 10. November Berlin, vertrieb die Nationalversammlung und verkündete den Belagerungszustand. Der Prinz stand ganz im Lager der Gegenrevolution, zählte dort aber zu den Gemäßigten. „Die konstitutionelle Basis musst Du ausdrücklich festhalten“, ermahnte er den König, und seinem Weimarer Schwager gab er die Belehrung, dass die Regierung maßvoll und gesetzlich vorgehen müsse, „bis zur Erschöpfung“.

Wilhelms Vorstellung von Legalität schloss das Verfassungswerk der Paulskirche aus. In anonymen Beiträgen zur „Wehrzeitung“, die ihm auch später als politisches Sprachrohr diente, bekämpfte er Pläne des Wehrausschusses, die Armee unter die Kontrolle des Reiches zu stellen. Im April 1849 sekundierte er seinem Bruder, als dieser die vom deutschen Parlament angebotene Kaiserkrone zurückwies. Friedrich Wilhelm IV. ließ seine wahren Motive bekanntlich nur einen kleinen Freundeskreis wissen: Die Nationalversammlung habe nicht das Recht, die „tausendjährige Krone deutscher Nation" zu vergeben, „das mach ich mit meinesgleichen ab". Wilhelm reagierte flexibler, suchte die Kaiserdeputation zu beschwichtigen und gewann auch deren Beifall, wobei ihm Augusta erfolgreich assistierte. Sie sei „vielleicht der klarste politische Kopf und das wärmste patriotische Herz am Hofe zu Berlin", schwärmte der Abgeordnete Karl Biedermann. Der Prinz sah die Kaiserfrage allerdings auch unbefangener, ihn plagten nicht die Skrupel einer Tradition, die – wie sein Bruder es meinte – die Kaiserwürde dem Hause Habsburg zuwies. Selbst einem Konflikt mit Österreich sah der Thronfolger gelassener entgegen als der König. „Wer Deutschland regieren will, muss es sich erobern", schrieb er am 20. Mai 1849 seinem Freund Natzmer, und „dass Preußen bestimmt ist, an die Spitze Deutschlands zu treten, liegt in unserer ganzen Geschichte – aber das Wann und Wie, darauf kommt es an."

Nach 1815 hat Prinz Wilhelm oftmals seinem Herzenswunsch Ausdruck gegeben: Es möge ein Krieg kommen, in dem er sich bewähren könne. Jetzt gab ihm die Revolution Gelegenheit, seine Feldherrnkunst zu zeigen. Sachsen, Baden, die Pfalz und einige Städte Westfalens standen seit dem Mai 1849 in Aufruhr. Der Kampf ging um die Anerkennung der Reichsverfassung. Am 8. Juni ernannte Friedrich Wilhelm IV. seinen Bruder zum Oberkommandierenden einer Operationsarmee, die den Aufstand in der Pfalz und in Baden niederwerfen sollte, wo sich sogar die Armee auf die Seite der Revolution geschlagen hatte. Mit einer überlegenen Streitmacht rückten die Preußen in Südwestdeutschland ein, doch die „Insurgenten" leisteten zähen Widerstand. Sie seien „ausgezeichnete Schützen", klagte Wilhelm, der Kampf sei also „nicht so ganz leicht, wie man glaubt". Gleich zu Beginn der Kampagne war er bei Ingelheim um Haaresbreite einem Attentat entgangen. Er dankte Gott, der ihn vor „Meuchelmord" bewahrt habe, und meinte lakonisch, dass man sich an solche Gefahren gewöhnen müsse. Am 23. Juli kapitulierten die Reste der Aufständischen in der Reichsfestung Rastatt. Kriegsgerichte fällten erbarmungslos ihre Urteile, um das widerspenstige Baden zur

Räson zu bringen, das, wie der preußische Gesandte aus Karlsruhe schrieb, in den nächsten Jahren „mit dem Stock regiert" werden müsse. Entsprechend energisch fielen Wilhelms Vorschläge aus, als er das „pazifierte" Großherzogtum seinem Landesherrn zurückgab, denn „die Opfer, welche Preußen gebracht", sollten nicht umsonst gewesen sein. Am 12. Oktober kehrte der Prinz nach Berlin zurück, hochdekoriert mit preußischen und badischen Auszeichnungen. „Unsere Institutionen haben sich bewährt", erklärte er dem preußischen Abgeordnetenhaus, „vor allem auf militärischem Felde". Damit empfahl er die Armee „der steten und besonderen Sorgfalt der Kammern".

Die militärischen Aufgaben des Prinzen von Preußen blieben auch in den Folgejahren auf die Westprovinzen konzentriert. Im Herbst 1850 rechnete er allerdings mit einem neuen Feldzug; es drohte Krieg mit Österreich. Preußens Versuch, auf der Grundlage der revidierten Reichsverfassung eine Deutsche Union zu bilden und das Erbe der Revolution anzutreten, hatte zum Konflikt mit der Donaumonarchie geführt. Wilhelm gab sich kriegsbereit, er forderte die Mobilmachung, die er dem zaudernden König auch abzuringen vermochte. Jetzt aber griff Russland ein und zwang die preußische Politik, zum vormärzlichen System des Deutschen Bundes zurückzukehren und auf die Union zu verzichten. Der Vertrag von Olmütz (29.11.1850) beendete die ehrgeizige Deutschlandpolitik des preußischen Außenministers Radowitz und seines Königs. Wilhelm empfand die Bedingungen dieser Kapitulation als „moralische Schläge ins Gesicht der Armee", und er fürchtete, dass sich aus dieser Schmach „schwere Folgen für die Person des Königs und für die allgemeine Achtung Preußens ergeben würden". Sein „Nein" zu Olmütz deckte sich weitgehend mit der öffentlichen Meinung; die Regierungspolitik war unpopulär.

Zu den Verteidigern des Vertrages gehörte Otto von Bismarck, der seine Apologie mit dem Konzept einer „Realpolitik" verband, die sich allein am „staatlichen Egoismus" orientierte. Es sei leicht für einen Staatsmann, erklärte der konservative Landtagsabgeordnete, „mit dem populären Wind in die Kriegstrompete zu stoßen ... und es dem Musketier, der auf dem Schnee verblutet, zu überlassen, ob sein System Sieg und Ruhm erwirbt". Solcher Einsatz lohne aber nur bei einem dauerhaften Kriegsziel, und das sei die Unionsverfassung keineswegs. Das in dieser Erklärung liegende Prinzip der Realpolitik war für die Vorstellungswelt des Prinzen von Preußen ein fremder Begriff. Olmütz blieb für ihn die Schande Preußens. Es hatte ihn ohnehin Überwindung gekostet, seine Identität als Thronfolger mit dem konstitutionellen System in Einklang zu bringen. Es gebe wohl keinen größeren Gegner der Verfassung als ihn, schrieb er an die Zarin, „aber kann man immer gegen den Strom schwimmen?". Der Kampf um die Revision der vom König oktroyierten Verfassung nahm ihn jetzt stärker in Anspruch. Entschiedener, aber auch aufrichtiger als sein Bruder kämpfte er darum, die Verfassung mit dem monarchischen Prinzip zu verbinden, vor allem wollte er „dem unhaltbaren Konstitutionalismus die Spitzen" abbrechen, wodurch man ihn erst „regierbar und lebensfähig" mache. Mit einer konservativ modifizierten Verfassung könne man sich arrangieren, und das bedeutete praktisch, die revidierte Verfassung zu beschwören, wogegen sich Friedrich Wilhelm IV. immer noch sträubte.

Die konservativen Führungsschichten Preußens standen sich in der Reaktionsphase nach 1848 zerstritten gegenüber. Es dominierte die bürokratische Variante des Unterdrückungssystems mit polizeilicher Überwachung, Pressezensur und massiver Wahlbeeinflussung, nach dem Ministerpräsidenten „Ära Manteuffel" genannt. Das ideologische Forum der Reaktion stellte die „Neue Preußische Zeitung", nach dem Eisernen Kreuz ihrer Titelseite als „Kreuzzeitung" bekannt. Die Anhänger dieser „kleinen, aber mächtigen Partei" bildeten den engeren Beraterkreis des Königs, die Camarilla um die Brüder Gerlach, waren aber auch im Ministerium vertreten. Schließlich gab es noch eine gemäßigte Gruppierung der Konservativen, die sich um das „Preußische Wochenblatt" sammelte. Ihr Führer, August von Bethmann Hollweg, verkörperte den Typus des aus großbürgerlichen Verhältnissen in die Aristokratie aufgestiegenen Politikers. Daneben prägten Altadlige wie Bunsen, Usedom, Pourtalès und Goltz den Charakter der „Wochenblattpartei". Mit ihrer konsequenten Ausrichtung auf die Verfassung deckten sich die Ansichten dieser Partei weitgehend mit der neuen politischen Überzeugung des Kronprinzen.

Als Militärgouverneur der Westprovinzen war Wilhelm im März 1850 nach Koblenz übergesiedelt, wo er im Barockschloss der früheren Kurfürsten von Trier residierte. Die politische Kultur der Rheinprovinz kam den neu gewonnenen Ansichten des Kronprinzen entgegen; umgekehrt wirkte der „Koblenzer Hof" anziehend auf die Elite des Rheinlands und brachte sie den Hohenzollern näher. Jedenfalls gehörte es zu Wilhelms Absichten, die Integrationskraft der Dynastie nach Koblenz zu transferieren. Seine Annäherung an die „Wochenblattpartei" wurde von Augusta lebhaft unterstützt. Mit dem geistigen Zentrum der Universität Bonn schuf sich die Kronprinzessin ihre eigene „Gesellschaft", die in Anlehnung an Weimar bewusst vom Berliner Hofe abgegrenzt war. Ihr Sohn, Friedrich Wilhelm, bezog die Bonner Universität, eine revolutionäre Ausbildung für einen Hohenzollern.

Die politische Umorientierung des Kronprinzen sollte nicht ohne Auswirkungen auf die Monarchie bleiben. Erste Signale kamen von der „Kreuzzeitungspartei", die Wilhelms Anlehnung an die liberalkonservative Strömung mit scharfer Kritik quittierte und ihn als „Prince Egalité" mit den Ideen der Französischen Revolution zu verbinden und damit zu diffamieren suchte. Davon war Wilhelm weit entfernt; Konstitutionalismus war für ihn primär ein Prinzip der Revolutionsabwehr. Diese Haltung wird besonders deutlich in seiner Kritik am neuen Kaisertum Napoleons III. Man sei ihm Dank schuldig, denn durch die Stabilisierung der französischen Verhältnisse verhindere er das Anwachsen der Anarchie in Europa. Sympathien verdiene der Usurpator aber ebenso wenig wie sein Onkel Napoleon I.

Die große europäische Krise nach 1853, die schließlich in den Krimkrieg münden sollte, zeigt den Prinzen von Preußen auf der Seite der Westmächte. Ein Zerwürfnis mit ihnen sei „ein Ruin unseres Welthandels", und sein allzeit militärisches Denken ließ ihn hinzufügen: „Woher soll dann das Geld – der Kredit zum Kriegführen kommen?" Russlands Niederlage und den Tod seines alten Freundes, des Zaren Nikolaus, nahm er ohne Schmerzen hin. Den Pariser Frieden von 1856 nannte er eine sehr ernste Demütigung, die Russland aber verdient habe. Wilhelms frühere Zuneigung war unverkennbar einer kritischen Einschätzung des Zarenreiches gewichen, und dieser Wandel stand in engem Zusammenhang mit seiner innenpolitischen Neuorientierung. Die Camarilla, so warf er dem Ministerpräsidenten vor, treibe Preußen in Russlands Arme, ohne Rücksicht auf die öffentliche Meinung und die Interessen des Landes, und zwar „mit Hilfe russischen Geldes, was bis in die Vorkammern des Königs rollt".

Der Ausbruch des Krimkrieges wirkte sich sogleich auf die preußische Innenpolitik aus. Die „Kreuzzeitungspartei" verschärfte ihre russophile Politik und setzte personalpolitische Veränderungen in der Monarchie durch. Die prowestlichen Diplomaten Bunsen und Pourtalés wurden aus ihren Ämtern entfernt und der Kriegsminister Hermann von Bonin wegen antirussischer Tendenzen durch den hochkonservativen Grafen Waldersee ersetzt. Das Revirement rührte empfindlich an die Interessen des Prinzen. Der Wechsel im Kriegsministerium war ein militärpolitischer Akt, und Wilhelm sah eine besondere Provokation darin, dass man die Entlassung Bonins ohne Konsultation des Thronfolgers und „ersten Offiziers der Armee" verfügt hatte. Das Ganze sei eine Intrige. zürnte er gegenüber Manteuffel. „Alle Personen, die mit mir vertraut sind, sind in wenig Wochen beseitigt, verabschiedet, fortgeschickt; weil man mir nicht direkt zu Leibe konnte, so mussten jene büßen. Das lasse ich mir nicht gefallen … Das geht über die Geduld!" In einem ungewöhnlich scharfen Brief an den König forderte Wilhelm, dass man Bonin als Kriegsminister wieder einsetze, sonst würde er als Zeichen seines Protestes ungeachtet der gegenwärtigen Krise Urlaub nehmen. Die Camarilla drängte den König, die „Rebellion" des Prinzen von Preußen nach dem Militärstrafrecht zu ahnden, doch Friedrich Wilhelm IV. wollte keine Staatskrise. Er war bereit, den Protest seines aufsässigen Bruders zu ignorieren, und schickte ihn für vier Wochen zur Kur nach Baden-Baden. Wilhelm erkannte rasch, dass er sich politisch übernommen hatte. Seine Briefe an die Geschwister zeigen ihn kleinlaut. Mit einem Entschuldigungsbrief suchte und erhielt er Versöhnung. Doch die war nur noch äußerlich; der politische Gegensatz zum König hatte durch die Bonin-Krise erheblich an Schärfe gewonnen.

Seit 1854 war Wilhelm Inspekteur der Infanterie mit dem Range eines Generalobersten. Er widmete sich der neuen Aufgabe voll

Interesse und arbeitete intensiv für die einheitliche Bewaffnung der Armee mit dem Zündnadelgewehr, aber auch für die Wiederherstellung der dreijährigen Dienstzeit. Dass er mit dieser neuen Aufgabe von seinem politischen Engagement abgelenkt werden sollte, war offensichtlich, doch scheint Wilhelm diese Kompetenzabgrenzung auch akzeptiert zu haben; er wollte kein Frondeur sein. Aber er wollte auch keine Politik unterstützen, die ihm falsch erscheine, erklärte er Roon. Da er kein Beamter sei, könne er auch nicht seine Entlassung fordern, wenn ihm die Anordnungen des Königs missfielen. So entschied er sich für eine passive Opposition. Seine frühere Neigung, innenpolitische Probleme notfalls mit militärischer Gewalt zu lösen, war nach den Erfahrungen von 1848 geschwunden. Bajonette, so schrieb er 1851, seien nur gut gegen die „Bündnisse der Zeit, aber nicht gegen die Wahrheit, die in der Zeit liegt". Dieser Wahrheit wollte er offen bleiben, und er verargte es den hochkonservativen Standesgenossen, keine Lehren aus der Revolution gezogen zu haben. Die Intrigen, mit denen sich das Reaktionssystem am Leben zu erhalten suchte, waren ihm verhasst. „Mein Gott, wohin ist unser Hof und unsere Familie gekommen", klagte er und sah ein Bild seiner Zeit, „das nichts als Fäulnis verrät". So erregte er sich 1856 über die Wahlbeeinflussungen durch die Regierung. Das sei „ein Zersetzungs- und Entsittlichungselement", man untergrabe mit solchen Mitteln den Boden, auf dem man selber stehe.

Wirksame Opposition ist aus Wilhelms Kritik nicht entstanden; das Prinzip unbedingten Gehorsams des „ersten Untertans" war stärker als jede politische Anfechtung. Nur im vertrauten Kreise des „Koblenzer Hofes" ließ er die volle Schärfe seiner Kritik erkennen, und nicht zuletzt drückte sich seine Opposition in den familiären Bindungen aus, die Wilhelm in diesen Jahren für seine Kinder schuf. Seit 1855 war die Verbindung des Prinzen Friedrich Wilhelm, des späteren Kaisers Friedrich, mit der englischen Königstochter Viktoria geplant. Die Ehe wurde 1858 geschlossen, und für Jahrzehnte galten diesem Paar die Erwartungen des deutschen Liberalismus. Wilhelms Tochter Luise heiratete 1858 den Großherzog Friedrich von Baden, den Liberalen unter den deutschen Fürsten, der 13 Jahre später Wilhelm zum Deutschen Kaiser ausrufen wird.

Der Prinzregent

Wilhelms Rolle an der Spitze der preußischen Monarchie und des deutschen Kaiserreiches war eine „Spätkarriere". Im Januar 1857 erreichte der Prinz sein 50. Militärdienstjahr, und der bald folgende Geburtstag drängte den 60-Jährigen zu einer Lebensbilanz. In einer „Letztwilligen Aufzeichnung" erinnerte er sich des Höhepunktes seiner bisherigen Laufbahn: der Niederwerfung der badisch-pfälzischen Erhebung von 1849. Damals habe er „Ordnung und Zucht" in Deutschland herstellen können. Nun aber, so meinte er, sei er beim Schlusskapitel seiner Biografie. Ein ruhiger Lebensabend schien sich anzukündigen: „... einige Jahre werde ich es vielleicht noch mitmachen können, aber das Gute liegt doch wohl dahinter bereits" (April 1857). Wilhelms Schicksal sollte anders verlaufen; der große Abschnitt seiner geschichtlichen Bedeutung lag noch vor ihm. Im Sommer 1857 erkrankte Friedrich Wilhelm IV., und der Prinz von Preußen wurde mit der Stellvertretung des Königs beauftragt. Die Krankheit des Monarchen, ein Gehirnleiden, dessen Symptome sich schon früher gezeigt hatten, erwies sich bald als unheilbar. Die Thronfolge war damit in nächste Nähe gerückt.

Für den Fall der dauernden Regierungsunfähigkeit des Königs sah die preußische Verfassung im Artikel 56 die Regentschaft des Thronfolgers vor. Königin Elisabeth und die hochkonservative Camarilla waren jedoch nicht bereit, solcher Machterweiterung des Prinzen von Preußen zuzustimmen, und sie fanden darin die Unterstützung der Regierung Manteuffel. Die selbstständige Stellung des Regenten hätte dem Prinzen freie Hand für eine eigene Politik gegeben, und mit Recht fürchtete man hierbei einen Kurswechsel. So wurde die Stellvertretung mehrfach verlängert und an die Loyalität des Prinzen appelliert, den kranken König nicht vorzeitig zur Resignation zu drängen. Die eindeutige Verfassungsbestimmung ließ sich auf die Dauer jedoch nicht umgehen, zumal das Regentschaftsproblem in den anstehenden Landtagswahlen leicht zum Wahlkampfthema werden konnte. So stimmte im Herbst 1858 die Mehrheit des Kabinetts Manteuffel notgedrungen dem Wechsel zu. Am 7. Oktober erwirkte die Königin einen Erlass des Monarchen, in dem dieser seinen Bruder aufforderte, die Regentschaft zu übernehmen. Faktisch bedeutete er die Abdankung Friedrich Wilhelms IV.

Gegen den heftigen Widerspruch der Hochkonservativen ließ Wilhelm die Notwendigkeit der Regentschaft auch durch den Landtag feststellen. Vor den vereinigten Kammern beschwor er sodann, die Verfassung „fest und unverbrüchlich zu halten“. Mit dieser konstitutionellen Absicherung seiner Regentschaft trat Prinz Wilhelm abermals in offenen Gegensatz zum Monarchen, der noch in einer letztwilligen Mahnung seine Nachfolger zur Verweigerung des Eides auf die Verfassung aufgefordert hatte.

Die Übernahme der Regentschaft, die Entlassung des Ministeriums Manteuffel und die Ankündigung liberaler Regierungsprinzipien wurden in Preußen und darüber hinaus in ganz Deutschland als Absage an die Reaktion freudig begrüßt. Die Bildung der neuen Regierung unter dem liberal-konservativen Fürsten Karl Anton von Hohenzollern-Sigmaringen erregte insofern Aufsehen, als mit Rudolf von Auerswald und Robert von Patow zwei Minister des Revolutionsjahres dem Kabinett angehörten. Obgleich die beiden „Achtundvierziger“ zum gemäßigten Flügel der Konstitutionellen zählten, stilisierte man sie zu aktiven Parteigängern des Liberalismus, die den fortschrittlichen Ideen zum Durchbruch verhelfen würden. Die Reaktionszeit schien überwunden, eine „Neue Ära“ hatte begonnen.

Die Bestätigung dafür glaubte man in der programmatischen Ansprache des Prinzregenten zu sehen, mit der dieser am 8. November 1858 dem neuen Ministerium die Richtlinien seiner künftigen Regierungspolitik wies. Das Programm gilt als selbstständige Schöpfung des Prinzen und sucht – wie auch die Kabinettsbildung – einen Ausgleich zwischen den liberalen Ideen der Zeit und den konservativen Grundpositionen des Prinzen. „Es soll nur die sorgliche und bessernde Hand angelegt werden, wo sich Willkürliches oder gegen die Bedürfnisse der Zeit Laufendes zeigt.“ Ein Katalog der Reformpläne gibt zu erkennen, welche Themen dem Regenten von Wichtigkeit schienen. Eine erste Gruppe umfasst allgemeine Ziele, die auf die nähere Zukunft ausgerichtet waren: Selbstverwaltung, Handel und Verkehr, Justiz und Besteuerung. Großes Aufsehen erregte die Kritik an der engen Verbindung von kirchlicher Orthodoxie und staatlicher

Unterdrückung. Dieser Angriff richtete sich gegen die wohl unpopulärsten Maßnahmen der Reaktionszeit. Die Religion, so versicherte der Regent, dürfe nicht „zum Deckmantel politischer Bestrebungen" werden. „Alle Heuchelei, Scheinheiligkeit, kurzum alles Kirchenwesen als Mittel zu egoistischen Zwecken ist zu entlarven."

Eine zentrale Stellung nimmt die Forderung nach einer Heeresreform ein. Die Armee habe „Preußens Größe geschaffen und dessen Wachstum erkämpft". Nach nunmehr 44 Jahren sei jedoch eine Reorganisation unumgänglich, und dabei dürfe man nicht an Geld sparen. „Preußens Heer muss mächtig und angesehen sein, um, wenn es gilt, ein schwerwiegendes politisches Gewicht in die Waagschale legen zu können." Der am meisten zitierte Satz des Programms betraf die deutsche Frage: „In Deutschland muss Preußen moralische Eroberungen machen, durch eine weise Gesetzgebung bei sich … und durch Ergreifung von Einigungselementen, wie der Zollverband es ist." Dieser Satz hat die liberalen Erwartungen wohl am lebhaftesten angefacht, sodass man die kritischen Bemerkungen Wilhelms zu den „überspannten Ideen" des Liberalismus, von dem sich die Regierung nicht „fort und fort treiben lassen" dürfe, gern zu überhören bereit war. Eine unvoreingenommene Betrachtung der Regierungserklärung lässt wohl erkennen, dass sich liberale Programmatik und konservative Beschwichtigung die Waage hielten, und „von einem Bruche mit der Vergangenheit" sollte „nun und nimmermehr die Rede sein". Dennoch ist dieses Programm überwiegend als Bekenntnis zu einer neuen Politik aufgefasst worden.

Bei den Neuwahlen zum Abgeordnetenhaus fanden die Verheißungen der Regierungserklärung, die „wie ein frischer Luftzug in der stickig gewordenen Atmosphäre des preußischen Staates" wirkten (Bußmann), ihre erste Bewährung. Da die neue Regierung auf die bisher geübte staatliche Wahlbeeinflussung verzichtete, konnte sich die Agitation der liberalen und nationalen Opposition wirkungsvoll entfalten. Die Konservativen verloren 74 % ihrer Stimmen und schmolzen auf eine Minderheit zusammen. Die Liberalen dominierten mit 55 % der Mandate. Sie bildeten zwar keine einheitliche Partei, einigten sich aber darauf, die Politik der neuen Regierung nicht durch überhöhte Forderungen zu erschweren. „Nur nicht drängen", lautete ihre Parole. Auch außerhalb Preußens löste das neue Programm lebhafte Stellungnahme aus: voller Anerkennung war man im liberalen Lager; misstrauisch reagierten dagegen die meisten Regierungen der Einzelstaaten. Nur Herzog Ernst von Sachsen-Coburg-Gotha und Großherzog Friedrich von Baden, Wilhelms Schwiegersohn, begrüßten Preußens „Neue Ära". Die Hoffnungen des liberalen Deutschland blieben jedoch unerfüllt; den Ankündigungen folgten nicht die erwarteten Reformen. Zwei Gesetzentwürfe des Jahres 1859, die, wie der Regent versicherte, im Wesentlichen von ihm entworfen waren, scheiterten am Einspruch des Landtags. Das Herrenhaus verwarf die Reform der Grundsteuer als zu liberal, dem Abgeordnetenhaus war dagegen der Gesetzentwurf über die Zivilehe zu konservativ. Trotz dieses sichtbaren Misserfolgs blieb der neuen Regierung die Sympathie großer Teile des Bürgertums vorläufig erhalten.

Das Jahr 1859 stand im Zeichen eines europäischen Krieges, und die nationalen Erwartungen schoben sich in den Vordergrund. Der Kampf des mit Frankreich verbündeten Königreichs Piemont-Sardinien gegen die österreichische Herrschaft in Oberitalien für die Errichtung des italienischen Nationalstaates erregte die deutsche Öffentlichkeit auf das Lebhafteste. In der politischen und militärischen Isolation der Donaumonarchie sah man eine ideale Ausgangslage für die ersehnte Umgestaltung des Deutschen Bundes, wenn nicht gar für die Gründung des deutschen Nationalstaats. Gegenüber den kühnen Projekten, die angesichts dieser Möglichkeiten von Politikern und Publizisten in ganz Deutschland entworfen wurden, blieb die preußische Politik auffallend passiv. Im Gegensatz zum König war der Regent nicht von der Idee eines historisch bedingten Führungsanspruchs der Habsburger bestimmt, doch fühlte er sich der Bundesverfassung verpflichtet. Der Rat Bismarcks, Preußen sollte jetzt mit den „ganzen Armeen nach Süden aufbrechen, die Grenzpfähle im Tornister mitnehmen" und sie am Bodensee oder an der Mainlinie einschlagen, musste die legalistische Denkweise des Regenten zutiefst irritieren. Zugleich aber mochte es ihn in seiner Entscheidung bestätigen, diesen gefährlichen Ratgeber von seinem Posten als Bundesbevollmächtigten aus dem Zentrum der deutschen Politik abberufen und „an der Newa kaltgestellt" zu haben. Mehr

Rücksicht auf den Legalismus des Prinzregenten zeigte der Vorschlag Helmuth von Moltkes, den Wilhelm als den neuen preußischen Generalstabschef (seit 1857) übernommen hatte. Moltke plädierte für einen Nationalkrieg gegen Frankreich. Mit seinem Sieg werde Preußen auch den Führungsanspruch in der deutschen Frage durchsetzen können. Die so unterschiedlichen Projekte der beiden Männer, die bald an der Spitze der preußischen Reichsgründungspolitik stehen sollten, entsprachen den kontroversen nationalpolitischen Diskussionen dieser Krisenzeit. Preußen müsse „jetzt rasch, kühn und energisch mit beiden Füßen einspringen ‚schrieb der Historiker Droysen, ein Wortführer des deutschen Liberalismus, und forderte Waffenhilfe für den Kaiserstaat gegen das napoleonische Frankreich. Mit dieser Auffassung drückte er die Überzeugung der großen Mehrheit in Nord- und Süddeutschland aus.

Außenminister von Schleinitz, politischer Vertrauter der Prinzessin Augusta, leitete die preußische Außenpolitik mit betonter Vorsicht. Auch der Prinzregent bewegte sich nur zögernd auf dem ihm unvertrauten Terrain der europäischen Diplomatie. Man entschloss sich zu einer Politik der „bewaffneten Vermittlung“. Preußen mobilisierte seine Armee, verzögerte aber die von Österreich geforderte Bundeshilfe. Wilhelm rechnete mit seiner Wahl zum Bundesfeldherrn, die Österreich am 7. Juli 1859 beantragte. Er hoffte, nach der allgemein erwarteten Niederlage der Österreicher an der Spitze einer starken deutschen Armee den Frieden Europas diktieren zu können. „Mit einem Minimum an Einsatz zielte er auf ein Maximum an Vorteil – eine Methode, mit der andere Staaten Weltreiche erobert haben“ (Huber). Doch seine Rechnung ging nicht auf. Mit den blutigen Junischlachten von Solferino und Magenta hatte der Krieg bereits seinen Höhepunkt überschritten. Eine endgültige militärische Entscheidung war nicht gefallen, denn angesichts der drohenden Ausweitung des Konflikts zeigten die beiden Hauptmächte lebhaftes Interesse an einem Kompromissfrieden. Für Österreich waren Preußens „Begehrlichkeiten“ in der deutschen Frage das Hauptmotiv, den Kampf um Oberitalien zu beenden. Man war bereit, die Lombardei dafür als Preis zu zahlen.

Mit dieser Entwicklung hatte man in Berlin nicht gerechnet. Für Preußen war bei der ganzen Krise nichts herausgekommen. Mit der

Verzögerung der Bundeshilfe hatte man zwar Europa vor der Ausweitung eines Krieges bewahrt, dessen Ausmaß sich jeder Berechnung entzog. Doch solcher Pazifismus lag keinesfalls in Wilhelms Absichten, und die Zeitgenossen waren weit davon entfernt, ihm für den Frieden zu danken. Man tadelte die verzögerte Mobilmachung als eine „zu spät erfüllte Pflicht" und kritisierte den borussischen Egoismus des Prinzen als „undeutsche Selbstsucht".

Wilhelm reagierte auf solche Vorwürfe mit großer Betroffenheit. Seine Reformpolitik des folgenden Jahres zeigt, wie sehr ihn die Kritik in nationalpolitischen Handlungszwang gebracht hatte. In zwei Denkschriften, die er im Frühjahr 1860 entwarf, nahm er noch einmal die Idee der Bundesreform auf, schlug mehrere technische Modernisierungen nach preußischem Muster vor und forderte eine Aufteilung des Bundesheeres in zwei von Preußen bzw. Österreich geführte Kontingente. Die Souveränitätsrechte der deutschen Fürsten sollten dabei unbeschadet bleiben. Es lag jedoch auf der Hand, dass ein solcher Dualismus der Wehrverfassung die selbstständige Politik der Mittelstaaten beenden würde; sie protestierten natürlich gegen die preußischen Vorschläge. Österreich schloss sich ihrer Opposition an, und selbst in Preußen erhob sich Kritik: Der Bundestagsgesandte Graf Usedom erklärte die Pläne seines Herrn rundheraus für schädlich.

Die Bundesreformpläne des Prinzregenten waren „tot geborene Vorschläge" (E. Marcks), und die Anfänge seiner „deutschen Politik" gerieten zum Misserfolg. Auch die drei Begegnungen, die Wilhelm noch im gleichen Jahr mit den Kaisern von Frankreich, Österreich und Russland arrangierte, halfen seiner Bundesreformpolitik nicht weiter. Der Erfolg dieser Kaisertreffen lag vielmehr auf dem Gebiet der europäischen Politik, unterstrichen sie doch den Anspruch des neuen preußischen Herrschers, an der Gestaltung der Geschicke des Kontinents mitzuwirken. Vor allem die Begegnung mit Napoleon in Baden-Baden, wo Wilhelm, noch ehe er die preußische Krone trug, als Sprecher der deutschen Monarchen auftrat, ließ erkennen, in welchem Maße Preußens Führungsanspruch aus seiner europäischen Politik hergeleitet werden konnte. Wilhelm konfrontierte Napoleon mit der Besorgnis der deutschen Öffentlichkeit, die nach der Annexion von Savoyen und Nizza ähnliche Kompensationswünsche

Frankreichs für die rechtsrheinischen Gebiete des Deutschen Bundes befürchtete. In einer Ansprache vor den versammelten deutschen Fürsten betonte der Prinzregent bei dieser Gelegenheit die Rolle Preußens als deutscher Schutzmacht, die „den Territorialbestand sowohl des Gesamtvaterlandes als der einzelnen Landesherren zu schützen" bereit sei.

Die deutsche Nationalbewegung nahm das patriotische Bekenntnis mit Wohlwollen auf. Nach 1848 in die Defensive gedrängt, hatte sie durch die Gründung des italienischen Nationalstaats starken Auftrieb erfahren. So konnte sich im Sommer 1859 aus einer losen Übereinkunft liberaler und demokratischer Politiker in Eisenach eine neue Organisationsform herausbilden, die unter dem Namen „Deutscher Nationalverein" zum wichtigsten Agitator der deutschen Einheitsbewegung der folgenden Jahre werden sollte. Auf das Preußen der „Neuen Ära" setzte der Verein seine größten Hoffnungen. Die „Einführung einer starken und freien Gesamtverfassung Deutschlands" wollte man der führenden Militär- und Wirtschaftsmacht durchaus zutrauen, nachdem sich diese so eindeutig zu ihrem Auftrag der „moralischen Eroberungen" bekannt hatte. In Coburg, der Residenz des liberalen Herzogs Ernst, errichtete der Nationalverein seine Zentrale. Die vertrauten Beziehungen zwischen dem Prinzregenten und dem Coburger Fürsten galten als weitere Bestätigung dafür, dass dem Regenten der „Neuen Ära" die Initiative zu einer liberalen und nationalen Einigungspolitik übertragen werden dürfe. Darunter verstand man nicht weniger als die Einberufung einer deutschen Nationalversammlung und die Errichtung einer Zentralregierung. So beschloss die erste Generalversammlung des Vereins, die Zentralgewalt dem „Oberhaupt des größten reindeutschen Staates" zu übertragen, „wenn die preußische Regierung die Interessen Deutschlands nach jeder Richtung tatkräftig wahrnimmt und die unerlässlichen Schritte zur Herstellung der deutschen Macht und Einheit tut".

Die hohen Erwartungen, die die deutsche Nationalbewegung auf Preußen setzte, waren ein Kredit auf Treu und Glauben. Der Regent gewährte dem Nationalverein keine nennenswerte Unterstützung. Petitionen, in denen man ihn ersuchte, die deutsche Zentralgewalt herzustellen, ignorierte er oder beschied sie ausweichend: Achtung vor dem Rechte der Bundesfürsten, so ließ er Stettiner Bürger wissen, gehöre zu den Überzeugungen seiner Regierung, die sich nicht durch „Kundgebungen" des nationalen Bewusstseins von ihrem Wege abbringen lassen werde. Andererseits lehnte er es ab, den Nationalverein polizeilich verfolgen und verbieten zu lassen, wie es in Sachsen, Hannover und Kurhessen geschah. Er hatte seine Lektion von 1848 gelernt und belehrte jetzt den König von Bayern: Man könne den nationalen Idealen „nicht ungestraft ins Gesicht schlagen".

Die Anziehungskraft, die Preußen auf die deutsche Nationalbewegung von 1859 ausübte, ging nicht von seinem Regenten aus. Die starke Wirtschaftsmacht und die militärische Bedeutung der norddeutschen Großmacht waren die entscheidenden Gründe, derentwillen man die preußische Führung über Deutschland akzeptierte. Ein großer Teil der Publizistik hatte auf Preußen gesetzt. Im Bildungsbürgertum waren es vor allem Historiker, die dem Staat der Hohenzollern Analogien für die Rolle einer Hegemonialmacht lieferten und mit ihren Zeitschriften („Preußische Jahrbücher", „Historische Zeitschrift", „Grenzboten") die Idee der kleindeutschen Reichsgründung vorbereiteten. Dem Regenten war so viel national motivierter Borussismus nicht geheuer; vor allem schien ihm „der Zeitpunkt für die unitarische Bewegung so ungünstig wie möglich gewählt" (Sybel). Wilhelm war unverändert Legitimist: Seine Prinzipien erlaubten es nicht, einer „Tendenz" zu folgen, die „mit Hintansetzung der Interessen und Rechte der deutschen Fürsten" die nationale Einheit zu erzwingen suchte. Eine „Volksbeglückung von unten herauf", so schrieb er seinem Freund Ernst von Coburg, sei das Letzte, was er wünsche, denn das sei „die Repetition des schmählichen Anfangs von 1848". Es war sein Trauma der Revolution, das ihn hinderte, sich in seiner Reformpolitik auf die Nationalbewegung zu stützen, denn nur mit Mühe, so bekannte er in einem Brief an Augusta, sei „das Nationale von dem Revolutionären zu unterscheiden".

König von Preußen

Am 2. Januar 1861 starb Friedrich Wilhelm IV.; Wilhelm, der Thronerbe, war nunmehr König von Preußen. Seine Herrscherzeit begann mit einem Konflikt. Der neue König wünschte, dass die Thronfolge mit einer Erbhuldigung der Stände nach der Tradition der vorkonstitutionellen Zeit ihren zeremoniellen Höhepunkt finden sollte. Gegen einen solchen Staatsakt erhoben die meisten Minister schwere Bedenken, denn eine Huldigung der Stände war ein Akt des alten Lehnsrechts und musste daher als Affront gegen die preußische Verfassung gesehen werden. Dieses „Verfassungsproblem von erheblichem Rang" (Huber) konnte letztlich in einem Kompromiss gelöst werden: Man einigte sich auf eine Krönung, die verfassungsrechtlich unbedenklicher schien. In Preußen hatte der Krönungsakt keine Tradition; seit der Begründung der Königswürde durch Friedrich I. (1701) hatte er nicht mehr stattgefunden. Als ein monarchisches Gegengewicht zur Konstitution griff Wilhelm jetzt auf diesen Staatsakt zurück. „Die Herrscher Preußens empfangen ihre Krone von Gott", belehrte er am Vortage der Krönung die Mitglieder des Landtags. „Ich werde deshalb morgen die Krone vom Tische des Herrn nehmen und sie mir aufs Haupt setzen. Dies ist die Bedeutung des Königtums von Gottes Gnaden, und darin liegt die Heiligkeit der Krone, welche unantastbar ist." Am 18. Oktober 1861 krönte er sich in Königsberg zum König von Preußen. Die liberale Öffentlichkeit nahm diese Zeremonie mit Befremden hin. Wenn Gustav Freytag, der populäre Wortführer des kleindeutschen Liberalismus, dazu vermerkte, dass dieser Tag den König „von seinem Volk getrennt habe", so protokollierte er damit den Abschluss eines Prozesses, der schon 1860 eingesetzt hatte. Ins Bewusstsein der Öffentlichkeit rückte diese Entfremdung allerdings durch einen anderen Vorgang, der seit dem Winter 1859/60 Regierung und Parlament beschäftigte: die Reorganisation der Armee.

Von keinem Regierungsakt hat Wilhelm so nachdrücklich als seinem „eigenen Werk" gesprochen wie von der Heeresreform. Sie bot ihm die Möglichkeit, seine Sachkompetenz als erster General der Armee mit der Autorität des Monarchen zu verschmelzen, gleichsam eine neue Identität zu schaffen. Die starke persönliche Betroffenheit erklärt sein Engagement in den Reformdebatten, wobei sich sachliche Kompetenz mit politischem Starrsinn vermischte; was zum Ausufern des Konfliktes zu einem Streit um die preußische Verfassung und die Stellung seines Monarchen nicht unwesentlich beitrug.

Die Forderung nach einer Reform der preußischen Armee gehörte bereits zu den Anliegen der Novembererklärung. Da die Mobilmachung während des italienischen Krieges die Unzulänglichkeit der geltenden Wehrverfassung nur zu deutlich gemacht hatte, bestand über die Notwendigkeit einer Reform zunächst auch allgemeines Einverständnis. Die im Kriegsministerium ausgearbeiteten Vorschläge waren kontrovers. Wilhelm entschied sich für den radikalsten Entwurf, der auf einer Denkschrift Albrecht von Roons gründete. Den Widerspruch seines Kriegsministers Bonin konnte Wilhelm nicht ausräumen; so entließ er im Dezember 1859 jenen Mann, zu dessen Militärpolitik er sich noch vor wenigen Jahren bekannt und für den er seinen schärfsten Konflikt mit dem König gewagt hatte. Roon, der neue Kriegsminister, legte dem Kabinett ein Programm vor, das über organisatorische Veränderungen hinaus die völlige Umstrukturierung großer Teile der Armee vorsah und den bezeichnenden Titel führte: „Bemerkungen und Entwürfe zur vaterländischen Heeresverfassung". Traten schon im Ministerrat heftige Kontroversen hervor, so zeigten vollends die Debatten im Abgeordnetenhaus, dass das Reformprogramm zum Kristallisationspunkt eines politischen Konfliktes werden musste.

Hauptziel der Heeresreform war es, die Präsenzstärke der Armee dem Bevölkerungswachstum anzugleichen. Preußen hatte sich seit 1815 von acht auf achtzehn Millionen Einwohner vermehrt. Die Truppenstärke war in diesem Zeitraum lediglich um 11 % gestiegen, denn die Armee konnte aus Kostengründen nur eine begrenzte Zahl an Rekruten (40 000 pro Jahr) einberufen; so blieb die Hälfte der Wehrpflichtigen unausgebildet. Um das Rekrutenkontingent voll auszuschöpfen und damit zugleich eine größere Wehrgerechtigkeit zu schaffen, wurde mit der Aufstellung von 49 neuen Regimentern begonnen. Die Präsenzstärke der Armee stieg dadurch von 151 000 auf 212 000 Mann, was etwa 1,2 % der Bevölkerung entsprach. In dieser Kernfrage konnte man noch weitgehend mit einer Zustimmung der öffentlichen Meinung rechnen.

Es hatte von jeher zu den Grundansichten des Prinzen Wilhelm gehört, dass „ein Soldat drei Jahre dienen muss, um dem Geist nach Soldat zu sein" (1833). Auf dieses Prinzip war auch Roon eingestellt und hatte es mit seinem „Verjüngungskonzept" der Armee verbunden: Nach dreijähriger Dienstzeit sollten die ausgebildeten Soldaten weitere fünf Jahre als Reservisten zur Verfügung stehen, also zwei Jahre länger als bisher. Es war allgemein bekannt, dass die Forderung einer dreijährigen Dienstzeit der innersten Überzeugung des Regenten entsprach. So biss sich an dieser Frage der Streit im Parlament fest. Doch dahinter verbarg sich ein anderes Problem, das Schicksal der Landwehr. Von der militärischen Führung als eine „politisch falsche Institution" eingeschätzt, sollte sie im Zuge der Reorganisation weitgehend reduziert werden. Im liberalen Verständnis war die Landwehr das „Volk in Waffen", und man sah in ihr zugleich das Gegengewicht zum „Königsheer". Diese Vorstellung enthielt mehr Ideologie als politische Realität, doch hinter ihr stand ein Geschichtsbild: der Mythos der Befreiungskriege. Er schien die Landwehr unantastbar zu machen, was sich bis zu der Überzeugung steigern mochte, der Bürger habe ein „Recht auf Landwehr". Auch für die militärische Führung war das Streitobjekt ein Politikum. Gegen „innere Verstimmung und revolutionäre Bewegungen", so erklärte Roon, könne man die Landwehr ohnehin nicht einsetzen, wie einige Befehlsverweigerungen 1849 gezeigt hätten. Wolle man ihre politische Zuverlässigkeit erhöhen, so müsse man auch ihre Autonomie aufheben und die Landwehrbataillone im Mobilmachungsfall mit den Einheiten des Feldheeres verbinden. Mit dem Abzug der drei Reservistenjahrgänge hatte man bereits einen Anfang gemacht, die Mannschaftsstärke der Landwehr zu reduzieren.

Der Heereskonflikt trennte den König weiter von den Liberalen und brachte ihn den Ultrakonservativen näher, die in einer Entbürgerlichung der Armee die wichtigste Zukunftsmaßnahme für das Offizierskorps und die Parteien erblickten. „Lassen sich die Liberalen diese Maßregel gefallen", vermerkte Leopold von Gerlach im Dezember 1859, „so haben sie keine wahre Kraft." In der Tat reagierte die Majorität des Abgeordnetenhauses maßvoll auf die Herausforderung der Roonschen Wehrvorlage, hoffte sie doch, mit dem liberalen Flügel des Ministeriums einen Kompromiss zu finden. Man forderte allerdings die Begrenzung der Dienstzeit auf zwei Jahre und die Erhaltung der Selbstständigkeit der Landwehr. Doch dieses Angebot hielt König Wilhelm für unannehmbar. Er reagierte mit einer taktischen Wendung: Die Armeeorganisation unterstehe allein der Kommandogewalt des Monarchen; man könne bei der Ausführung der Reformpläne also auf eine Mitwirkung der Kammern verzichten. Die Regierung ließ die Wehrvorlage daher fallen und begann neue Regimenter aufzustellen und vermehrt Rekruten einzuberufen. Dem Landtag wurden nur noch die Kosten zur Bewilligung vorgelegt: neun Millionen Taler zur Finanzierung der Aufrüstung bis 1861.

Dem Wort des Finanzministers Erasmus von Patow vertrauend, es handle sich bei diesem außerordentlichen Etat lediglich um ein Provisorium, war das Abgeordnetenhaus nahezu einstimmig bereit, die geforderten Gelder für das laufende Jahr zu bewilligen. Damit hatte man den Konflikt jedoch nur aufgeschoben. Das „Provisorium" konnte 1861 noch einmal verlängert werden, doch schon zu diesem Zeitpunkt war zu erkennen, dass sich der Streit um die Heeresreform zu einem Verfassungskonflikt entwickelte, denn die Praxis der Regierungspolitik lief darauf hinaus, den Militäretat aus dem Entscheidungsbereich des Landtags auszuklammern.

Der Heereskonflikt zerstörte rasch die schmale Basis, die sich der Prinzregent mit dem Programm von 1858 in der liberalen Öffentlichkeit hatte schaffen können. Das Ende der „Neuen Ära" zeichnete sich ab. Ohnehin war die Politik Wilhelms und seines Ministeriums weit hinter den geweckten Erwartungen zurückgeblieben. Die „Schonzeit", die ihm die liberalen Fraktionen des Landtags eingeräumt hatten, war vorbei, und die Versäumnisse seiner Politik wurden jetzt immer stärker eingeklagt. Heereskonflikt und Krönungsfeier erschienen den enttäuschten Liberalen nun wie Vorzeichen einer neuen Reaktionswelle. In der Publizistik erinnerte man sich des „Kartätschenprinzen", und am 14. Juli 1861 kam es sogar zu einem Attentat. Der Leipziger Student Oskar Becker schoss mit einer Pistole auf König Wilhelm und verletzte ihn am Hals. Becker gab als Motiv an, der König von Preußen verhindere die Einigung Deutschlands. Wie in einem Zerrbild spiegelt sich hier in der wirren

Tat eines Einzelgängers das gesunkene Ansehen des neuen Preußenkönigs, der bei seinem Regierungsantritt hohe Erwartungen geweckt hatte, die er dann gründlich enttäuschte.

Auch die Hoffnungen des Nationalvereins auf Preußens Initiative zur Begründung der deutschen Einheit wichen jetzt der Resignation. Die liberale Bewegung nahm wieder radikalere Züge an. Aus der Opposition des preußischen Landtags bildete sich 1861 eine neue Fraktion, die sich im Juni als „Deutsche Fortschrittspartei" organisierte. Als erste deutsche Partei im modernen Sinne umfasste sie Abgeordnete vom demokratischen bis zum altliberalen Lager. In ihrem Programm stellte sich die neue Partei konkrete Ziele, die sich auf den Konflikt bezogen: zweijährige Militärdienstzeit, Erhaltung der Landwehr, Ministerverantwortlichkeit und liberale Selbstverwaltung. Die Forderung des Nationalvereins, Deutschlands Einheit unter einer preußischen Zentralgewalt zu schaffen, wurde beibehalten. Die Fortschrittspartei erklärte sich eindeutig zum Prinzip der konstitutionellen Monarchie, ergänzt durch die Bekräftigung, dass die Verfassung das „unlösbare Band ist, welches Fürst und Volk zusammenhält". Die Dezemberwahlen 1861 brachten der neuen Partei einen überwältigenden Sieg. Mit 104 Mandaten wurde sie stärkste Partei des Abgeordnetenhauses; weitere 91 Stimmen der Altliberalen und 48 linksliberale Abgeordnete unterstützten die neue Oppositionsmehrheit. Damit war eine parlamentarische Konstellation entstanden, die bis 1866 die Mehrheitsverhältnisse des Abgeordnetenhauses bestimmen sollte.

Die Radikalisierung der Opposition drängte den König stärker in das konservative Lager, wo man mit Genugtuung feststellte, dass die Konzeption der „Neuen Ära" wie ein Morgennebel verschwunden war. In der Person des Kriegsministers von Roon verfügten die Konservativen über einen äußerst tatkräftigen Berater, der zunehmend Einfluss auf die politischen Entscheidungen des Königs gewinnen konnte. Roons Appell an Wilhelms monarchische Pflichten erwies sich als ein besonders wirksames Mittel der Beeinflussung des Monarchen. Der Verzicht auf die Heeresreform, so ließ Roon den König wissen, würde ihm das Vertrauen der Armee entziehen und damit „die festeste Säule" des Staates untergraben. „Das überlebe ich nicht!", kommentierte Wilhelm diese düstere Prognose und gab zu erkennen, wo er im Konfliktfall stehen werde. Ein weiterer Angriff Roons richtete sich gegen die liberalen Berater des Königs, die ihn mit der Vision einer drohenden Revolution „einzuschüchtern" versuchten. Das ging nicht nur gegen die „Liberalen" im Ministerium, sondern auch gegen die Königin, deren Einflusssphäre durch den Kronprinzen Friedrich Wilhelm und mehr noch durch die Prinzessin Viktoria verstärkt worden war. „Allen unglücklichen Königen, von denen die Geschichte meldet", bedrängte der Minister den Monarchen, sei es ebenso ergangen: Sie glaubten an das Gespenst, und das habe sie ruiniert. „Ich beschwöre Ew. Majestät, glauben Sie nicht daran. Sprechen Sie ein Wort und das Phantom verschwindet. Das Wort heißt ‚Ministerwechsel'." Sodann müsse man dem Parlament „königliche Machtvollkommenheit" vorexerzieren, denn jedes Nachgeben führe „unwiderruflich auf die Pfade des Königtums von Volkes Gnaden".

Die Mahnrufe des Generals zeigten bereits bei der Eröffnung des Landtags im Januar 1862 erste Wirkung. Wilhelm beharrte auf der Heeresreform als dem „Recht der Krone", die mit diesem Instrument Preußens Macht und Sicherheit bewahren wolle. Gestärkt durch den letzten Wahlsieg, ging die Opposition zur Gegenoffensive über. Sie forderte die detaillierte Aufgliederung des Militäretats, um eine Verschleierung der Ausgaben dieses Ressorts zu verhindern, doch war mit dieser Forderung (Antrag Hagen) nicht an einen Bruch mit der Regierung gedacht. Der König erklärte den Antrag jedoch für einen „Übergriff" der Kammer auf die „Würde der Macht der Preußischen Krone". Er erkenne darin das Ziel der Majorität, die Legislative „in eine parlamentarische Regierung zu verwandeln". Am 11.3.1862 löste er den Landtag auf. Erstaunlicherweise erwartete Wilhelm von der Neuwahl eine gefügigere Mehrheit. Man müsse der Demokratie „energisch und entschlossen entgegentreten", schrieb er dem Großherzog von Weimar, und keinesfalls dürfe man auf die „Beeinflussung der Wahlen" verzichten. Diese Direktive war ein völliger Widerruf seiner Regierungskritik von 1856, in der er Wahlbeeinflussung als ein zerstörendes Element der Politik angeprangert hatte. Die liberalen Minister nahmen dies zum Anlass, ihren Rücktritt zu erklären. Wilhelm ernannte den Präsidenten des Herrenhauses, Prinz Hohenlohe-Ingelfingen, zum neuen Regierungschef, der ein rein konservatives Kabinett bildete. Die „Neue Ära“ gehörte zur Vergangenheit.

Roons beständige Mahnungen, der König müsse Herr sein und dürfe „keinen Zwang dulden“, hatten den Entschluss zum offenen Bruch mit dem Parlament entscheidend beeinflusst. Man war auch nicht unvorbereitet in den Kampf gegangen. Schon im Januar hatte Wilhelm durch die Ausgabe geheimer Marschbefehle dafür gesorgt, dass für den Fall eines Aufstandes in Berlin Truppen zur Niederwerfung bereitstanden. Er rechnete also auch mit dem Äußersten. Doch es kam zu keiner dramatischen Entwicklung. Die Maiwahlen bestätigten den Trend des Vorjahres, die Fortschrittspartei gewann weitere Stimmen und verfügte mit den übrigen Abgeordneten der liberalen Opposition jetzt über eine Zweidrittelmehrheit, während die Konservativen auf elf Mandate zusammenschmolzen. Dieses Plebiszit war eine so klare Absage an die Politik des Königs, dass selbst das neue Ministerium jetzt zu einem Kompromisskurs drängte.

Bezeichnenderweise gehörte auch Roon zu den Befürwortern eines Ausgleichs. Er war der Meinung, dass man vom militärischen Standpunkt aus auf die dreijährige Dienstzeit am ehesten verzichten könne, und bot der Kammer dieses Opfer an, um ihre Zustimmung zum Etat sicherzustellen. Doch der Minister hatte nicht mit dem Widerstand des Monarchen gerechnet. „Wir müssen jetzt durch“, forderte dieser. Er dulde keine Verzögerung und werde um keinen Preis die zweijährige Dienstzeit hinnehmen. Dies sei das „Todesurteil“ für die Armee, belehrte er die Minister, denn eine verkürzte Ausbildung – und hier wiederholte er sein Glaubensbekenntnis von 1833 – „vernichtet den Geist jeder Truppe“.

Der Kompromiss scheiterte, und das hatte zur Folge, dass das Parlament alle Ausgaben für die Heeresreform in Höhe von sechs Millionen Talern strich und die Regierung aufforderte, die Aufstellung der neuen Regimenter rückgängig zu machen. Das Ministerium Hohenlohe sah keine Möglichkeit, die Reorganisation der Armee fortzusetzen, wenn ihm mit dem Etat „die verfassungsmäßige Grundlage der Verwaltung entzogen“ werde. Mit dem Rücktritt der Minister August Freiherr von der Heydt und Albrecht Graf Bernstorff zerbrach das Kabinett. Dieses Fiasko hatten viele vorausgesehen. Der alte Generalfeldmarschall von Wrangel hatte schon im Sommer prophezeit, der König müsse dann „aus der Majorität des Abgeordnetenhauses – ein Ministerium nehmen; d. h. aus der Fortschrittspartei … Wer kann uns vor diesem Unglücksfall raten?" Wilhelm hatte Wrangels Befürchtung zurückgewiesen: „Wird nicht geschehen", hatte er am Rande der Wrangelschen Aufzeichnung notiert. Jetzt ließ er wissen, dass er eher bereit sei, die Krone niederzulegen, als in der Frage des Armeebudgets und der Dienstzeit nachzugeben. In dem undatierten Entwurf einer Abdankungserklärung zeichnete er noch einmal seine Auffassung von der Entstehung der Konfliktsituation nach, die ihm mit der Würde seines königlichen Amtes nicht vereinbar schien, und stellte fest: „Es bleibt Uns daher kein anderer Ausweg übrig, als auf die Ausübung Unserer Königlichen Rechte zu verzichten und dieselben dem recht- und gesetzmäßigen Nachfolger zu übergeben, der noch keine geschichtliche und bindende Vergangenheit hat. Wir legen demnach hiermit die Krone Unseres Königreiches nieder und übertragen dieselbe auf Unseren viel geliebten Sohn, den Kronprinzen Friedrich Wilhelm." Wie weit es dem König mit diesem Abdankungsplan ernst war, ist schwer zu entscheiden. Sein fester Wille, dem väterlichen Testament zu folgen und die monarchische Gewalt ungeschmälert zu erhalten, lag im Widerstreit mit seiner Bindung an die 1858 beschworene Verfassung. König Wilhelm befand sich in Gewissensnot. Das schließt nicht aus, dass er nebenher auch die taktischen Nebeneffekte seines Abdankungsplans berechnet hätte: Auf die schwankend gewordenen Minister konnte die „Drohung" mit dem Liberalismus des Thronfolgers durchaus Wirkung zeigen. Manches weist darauf hin, dass Wilhelm den Kampf noch keineswegs aufgegeben hatte. „Ich werde bis ans Äußerste gehen, ehe ich diesen Schritt tue", versicherte er am 19. September der Königin. Zugleich rief er den Kronprinzen zu sich in die Babelsberger Sommerresidenz, hörte die Meinung seines Sohnes, der sich entschieden gegen die Abdikation des Königs unter dem Druck des Parlamentes aussprach, und schickte den Prinzen nach drei Tagen wieder fort. So war der Thronverzicht vorbereitet.

Ehe Wilhelm ihn aussprach, wollte er einen letzten Versuch wagen, den er mit der Bemerkung, „bis ans Äußerste" gehen zu wollen, bereits angedeutet hatte: die Aufstellung eines Kampfministeriums unter Otto von Bismarck. Roon förderte diese Kandidatur und stand seit Längerem in ständiger Verbindung mit seinem Protegé, der schon im Frühjahr auf dem Sprunge war, in das neue Kabinett einzutreten, und seither als Gesandter in Paris ungeduldig auf seine Berufung wartete. Wilhelms Zögern, Bismarck mit einem Ministeramt zu betrauen, hatte seine Ursache vor allem im politischen Ruf des Kandidaten, der seit seinem Eintritt in die Politik (1847) in geradezu klassischer Weise den Typus des reaktionären Junkers zu verkörpern schien. So hatte schon Friedrich Wilhelm IV. seiner Verwendung als Minister widerraten: „Riecht nach Blut! Nur zu gebrauchen, wenn das Bajonett schrankenlos waltet." Als preußischer Gesandter am Bundestag und später am Zarenhofe konnte Bismarck durch kluge Ratschläge sein Ansehen als ein ebenso energischer wie origineller Politiker aufbauen; Sympathien erwarb er sich dabei weniger, denn zu unverhüllt zeigte sich sein Anspruch auf ein Ministeramt, zu deutlich seine Verachtung gegenüber den derzeitigen Inhabern. Fraglos war Bismarck seit dem Scheitern der „Neuen Ära" dem Monarchen wieder näher gekommen, hatte den Tiefpunkt seiner Karriere, „an der Newa kaltgestellt" zu sein, spätestens im Krönungsjahr überwunden. Die Öffentlichkeit sah in ihm freilich unverändert den gewalttätigen Junker. Er habe, das gestand man ihm zu, wohl vieles gelernt, sei aber dennoch „nur ein Abenteurer vom allergewöhnlichsten Schnitt", so jedenfalls beurteilte ihn der bekannte Publizist Ludwig von Rochau in der Wochenschrift des Nationalvereins und stellte lapidar fest: „Mit der Verwendung dieses Mannes ist der schärfste und letzte Bolzen der Reaktion von Gottes Gnaden verschossen."

Gefährlicher als die Kritik der Öffentlichkeit war für Bismarck das vernichtende Verdikt der Königin. In einer eigenhändigen Aufzeichnung vom Juli 1862 hatte sie sein Werben für einen Thronwechsel nach der Märzrevolution als hochverräterisches Verhalten gegen König Friedrich Wilhelm in der Märzrevolution gewertet. Auch seine Politik als Bundestagsgesandter wurde von ihr heftig kritisiert: Sie hielt ihn für „frivol und anmaßend" und meinte, dass er trotz unverkennbarer Talente „großen Anfechtungen ausgesetzt" bleibe. Bismarck kannte seinen schlechten politischen Ruf und meinte, gerade daraus lasse sich in der gegenwärtigen Krise politisches Kapital schlagen. Seine Ernennung zum Minister, so drängte er Roon am 15. Juli

1862, müsse auf das ermüdete Abgeordnetenhaus wie ein neues Bataillon „in der ministeriellen Schlachtordnung" wirken, „besonders wenn vorher etwas mit Redensarten von Octroiren und Staatsstreichen gerasselt ist, so hilft mir meine alte Reputation von leichtfertiger Gewalttätigkeit, und man denkt ‚na nu geht's los'". Bismarck wusste aber auch, dass der König das Votum Augustas nicht ohne weiteres ignorieren werde. „Er hielt mich für fanatischer, als ich war", so erklärte er sich den Vorbehalt des Monarchen.

Auf dem Gipfel der Septemberkrise gelang es Roon, seinen Kandidaten endgültig durchzusetzen. Er rief Bismarck aus Frankreich zurück, um ihn im geeigneten Moment dem König zu präsentieren.

Immer noch war Wilhelm bedenklich; sein Misstrauen wuchs, als man ihm berichtete, dass der neue Kandidat bei seiner Ankunft in Berlin bereits mit dem Kronprinzen gesprochen hatte: „Mit dem ist es auch nichts, er ist ja schon bei meinem Sohne gewesen." Dennoch kam es am 22. September 1862 zu jener denkwürdigen Unterhandlung zwischen Bismarck und König Wilhelm, die neben ihrer politischen Bedeutung auch für die Herrscherbiografie Wilhelms von allergrößter Tragweite sein sollte.

Den Verlauf des Babelsberger Gesprächs unter vier Augen hat allein Bismarck der Nachwelt überliefert, in Gesprächen mit Zeitgenossen und vor allem in seinen Memoiren. Mehr literarisch als dokumentarisch geriet die Unterredung dabei zu einem theatralischen Auftritt, wobei sich der Autor die Bravourrolle sicherte. Der König, so berichtet Bismarck, habe das Gespräch mit der Klage eröffnet, er finde keine Minister mehr, die bereit seien, die Regierung zu führen, „ohne sich und mich der parlamentarischen Mehrheit zu unterwerfen. Ich habe mich deshalb entschlossen, die Regierung niederzulegen." Bismarck versicherte daraufhin seine feste Bereitschaft, gemeinsam mit Roon ein neues Kabinett zu bilden und nötigenfalls auch gegen die Majorität des Landtags zu regieren: „Lieber mit dem Könige untergehen, als Eure Majestät im Kampfe mit der Parlamentsherrschaft im Stiche zu lassen." Wie stark Bismarck den Babelsberger Dialog auf die Psyche des Königs hin gestaltet hat, zeigt vor allem jener berühmte Satz: „Ich fühle wie ein churbrandenburgischer Vasall, der seinen Lehnsherren in Gefahr sieht." Die Unterredung dauerte mehrere Stunden. Da der Autor seine eigene Rolle sehr dominierend überliefert hat, erscheint die Rolle des Königs auffallend passiv. Sie erhält ihren Höhepunkt in Wilhelms Zusage: „Dann ist es meine Pflicht, mit Ihnen die Weiterführung des Kampfes zu versuchen, und ich abdicire nicht." Ein ausführliches Regierungsprogramm, das Wilhelm zur Unterredung mitgebracht hatte, wurde von dem neuen Berater, der darin den Versuch einer Einflussnahme durch die Königin witterte, respektlos als „Elaborat" zur Seite gefegt: Es gehe jetzt nicht um politische Nuancen, sondern um die Frage „Königliches Regiment oder Parlamentsherrschaft ... und dass die Letztere unbedingt und auch durch eine Periode der Dictatur abzuwenden sei". Bismarck hat seine Überlieferung mit aufschlussreichen Antizipationen verbunden. Er lässt den König reagieren, wie dieser in den folgenden 26 Jahren ihrer Zusammenarbeit zumeist reagiert hat: aus Einsicht in die politische Überlegenheit seines „Vasallen", dessen Royalismus ihm hinreichend Garantie gab, auch einer unorthodoxen und mit hohen Risiken befrachteten Politik zu vertrauen. Insofern war die Babelsberger Aussprache in der Tat eine Art „Rollenverteilung", die sich dann für ein Vierteljahrhundert bewähren sollte. Begreiflicherweise bezog sich Bismarck gern auf dieses Schlüsselerlebnis. „Der alte Herr war schwer zu etwas zu bringen", so beschrieb er später das ‚Geheimnis' seiner Einflussnahme auf den Monarchen, „aber wenn man ihn gewonnen hatte, so hielt er auch an dem Entschlusse fest. Er war treu, gerade, de relation sûre. Man konnte ganz auf ihn bauen." Diese Erfahrung stand dann auch am Anfang ihrer Zusammenarbeit: Am Folgetag der Babelsberger Unterredung ernannte der König Bismarck zum Staatsminister und interimistischen Vorsitzenden des Ministerrates; bald darauf erfolgte seine definitive Berufung zum Regierungschef und Außenminister.

Der schärfste Gegner des neuen Ministerpräsidenten innerhalb der preußischen Herrschaftsschichten war die Königin Augusta, die, einer Bemerkung des Kronprinzen zufolge, in ihm ihren „Todfeind" sah. Wilhelm fühlte sich veranlasst, der Königin gegenüber seine Wahl zu rechtfertigen: Er habe in den letzten sechs Monaten niemanden gefunden, der bereit gewesen sei, „der eisernen Stirn" der Opposition mit gleicher Härte entgegenzutreten. Augustas Befürchtung, Bismarck „stürzt uns sämtlich in das maßloseste Unglück", schien freilich mit den ersten politischen Schritten des neuen Ministers ihre Bestätigung zu finden. Vor der Budgetkommission des Landtags hatte er die Notwendigkeit der Heeresreform mit den preußischen Bedürfnissen nach territorialer Veränderung motiviert und dabei geäußert: „Nicht durch Reden und Majoritätsbeschlüsse werden die großen Fragen der Zeit entschieden – das ist der große Fehler von 1848 und 1849 gewesen –, sondern durch Eisen und Blut." Angesichts der Konfliktsituation war diese Bemerkung, die ein Reichstag nach 1870 mit Beifall quittiert hätte, ein schwerer politischer Fehler, und die Doktrin von „Eisen und Blut" ist dann auch von Bismarckgegnern aller Zeiten mit Erfolg gegen ihren Autor verwendet worden. Die Öffentlichkeit griff den Satz sofort auf und brandmarkte ihn als Ausdruck zynischer Gewaltpolitik. Heinrich von Treitschke, damals noch im liberalen Lager stehend, empörte sich über den „flachen Junker", dessen „Gemeinheit nur noch durch die Lächerlichkeit überboten" werde. Der König, der in diesen Tagen zur Kur in Baden-Baden weilte, stand unter dem Einfluss Augustas. Bismarck versuchte sofort, dieser Gefahr entgegenzuwirken. Er fuhr dem zurückkehrenden Monarchen entgegen und fand ihn verdüstert durch die Vision der Königin: Er sehe genau voraus, wie alles endigen werde. „Da vor dem Opernplatz, unter meinen Fenstern, wird man Ihnen den Kopf abschlagen und etwas später mir." Mit psychologischem Einfühlungsvermögen konnte Bismarck – nach eigenem Bericht – dem König ein soldatisches Verständnis seiner Rolle vermitteln, indem er ihm die Lage eines Offiziers suggerierte, „der die Aufgabe hat, einen bestimmten Posten auf Tod und Leben zu behaupten, gleichviel, ob er auf demselben umkommt oder nicht".

Was der Memoirenschreiber Bismarck an diesem Gespräch unter vier Augen auch erfunden haben mag: Es gelang ihm, den König ganz auf seine Seite zu bringen. Der Kampf gegen die Opposition konnte eröffnet werden. Am 13. Oktober wurde der Landtag geschlossen, nachdem das Abgeordnetenhaus dem Haushalt die Zustimmung verweigert hatte. Der König und sein Kabinett waren einig in dem Vorhaben, ohne parlamentarisch bewilligten Haushalt zu regieren. Wilhelm legitimierte diesen Entschluss mit der pragmatischen Überlegung, dass er „als guter Hausvater das Haus weiterführen" müsse. Er stellte jedoch in Aussicht, durch „spätere

Rechenschaft" der Verfassung Genüge zu tun; er wollte keinen Verfassungsbruch. Der Ministerpräsident argumentierte vor dem Abgeordnetenhaus mit einer Lückentheorie: Die Verfassung gebe keinen Aufschluss darüber, was zu geschehen habe, wenn eine der drei Gewalten sich der Vereinbarung des Budgets entziehe. Es trete damit ein Konflikt ein, der zur Machtfrage werde, und „wer die Macht in Händen hat, geht dann in seinem Sinn vor, weil das Staatsleben auch nicht einen Augenblick stillstehen kann". Der politische Spielraum, der sich aus dieser mechanistischen Vorstellung ergab, war nicht sehr groß. Auflösung des Landtags und Neuwahlen brachten keine Änderung. Das Konfliktministerium forderte den König auf, eine verschärfte Pressekontrolle einzuführen. Wilhelm zögerte, die Analogie zur Ära Manteuffel war ihm zu offensichtlich. Schließlich willigte er ein: Zeitungen sollten nach zweimaliger Verwarnung ohne Gerichtsverhandlung durch die Regierung verboten werden können. Das Gesetz wurde auf dem Verordnungswege erlassen und am 3. Juni publiziert.

Noch vor seiner Veröffentlichung forderte der Kronprinz den König auf, solchem Verfassungsbruch zu widerstehen. Es war nicht nur der Einfluss der Prinzessin Viktoria, der Friedrich Wilhelm aus seiner sonst bekundeten politischen Zurückhaltung trieb; das „System Bismarck" war ihm zutiefst verhasst, und gegen das Konfliktministerium richtete sich auch ein öffentlicher. Angriff des Kronprinzen in den Folgetagen. „Ich habe mich also laut als Gegner Bismarcks und seiner unheilvollen Theorien bekannt", notierte er in seinem Tagebuch, „und habe also der Welt bewiesen, dass ich sein System nicht angenommen oder gebilligt habe." Die Situation war der „Rebellion" des Prinzen Wilhelm in der Bonin-Krise nicht unähnlich, und wie damals endete der politische Vorstoß des Jüngeren mit seiner Niederlage. Eine schwere dynastische Krise war die Folge. „Du steckst eine Fahne auf, die … die Nation auffordert, zwischen Vater und Sohn zu wählen!", klagte Wilhelm den Prinzen an. Die hochkonservative Militärpartei forderte, den aufsässigen Thronfolger mit mehrjähriger Festungshaft zu bestrafen. Bismarck empfahl dem König eine versöhnliche Haltung, um den dynastischen Konflikt nicht unnötig zu verschärfen. Wilhelm folgte diesem Ratschlag. Ohnehin hatte das Zerwürfnis zwischen Vater und Sohn weite Kreise gezogen. Dass Prinzessin Viktoria und der englische Hof eine konstitutionelle Entwicklung Preußens anstrebten und in diesem Sinne auf den Thronfolger einwirkten, war öffentlich bekannt. Zugleich aber hatte auch die Königin wieder in den politischen Streit eingegriffen und Wilhelm von seinem Ministerpräsidenten zu trennen versucht. Bismarck ging gestärkt aus diesem Konflikt hervor und Wilhelm reagierte scharf auf die politischen Ambitionen der Königin: Es bestünden „solche Divergenzen der Ansichten zwischen uns", schrieb er ihr, „dass eine Angleichung der Ansichten unmöglich erscheint".

Der Heeres- und Verfassungskonflikt war in eine Sackgasse geraten, aus der innenpolitisch kein Weg zu führen schien. Erst seine Verknüpfung mit der nationalen Frage und deren Lösung in den europäischen Konflikten von 1864 bis 1866 bereitete schließlich jenen Kompromiss vor, mit dem die zutiefst zerstrittenen Parteien befriedet werden konnten. Dabei zeigte sich, dass die politischen Entscheidungen vom Monarchen immer mehr auf den Ministerpräsidenten übergingen. Der König verzichtete auf eigene politische Initiativen. Wohl blieb er oberste Befehlsinstanz, aber er hatte aufgehört zu regieren. Die Königin äußerte sich „entsetzt" über seine politische Passivität: „Einmal wird er erwachen und leiden, falls er die Fähigkeit besitzt, die Ungeheuerlichkeit seiner Fehler, die Art, in der seine Schwächen ausgenutzt werden, zu erkennen."

Der Konflikt um Schleswig-Holstein und der dänische Krieg von 1864 zeigen beispielhaft, in welchem Maße Wilhelm die eigenen Konzepte der sachlichen Überlegenheit, mehr noch der Durchsetzungskraft seines Ministers zu opfern bereit war. Die Eingliederung Schleswigs in den dänischen Gesamtstaat hatte die durch das Londoner Protokoll von 1852 mühsam ausbalancierte Rechtslage empfindlich verletzt. Die deutsche Nationalbewegung reagierte wie 1848 mit der Forderung nach einer militärischen Lösung, die den Verzicht Dänemarks auf die beiden Fürstentümer zum Ziele hatte. Wilhelm stimmte für diese „patriotische" Richtung, allerdings mit dem Bedenken, dass man sich dabei auch „mit einzelnen revolutionären Elementen" einlassen müsse. Bald aber schwenkte er auf das Konzept Bismarcks um, der den Konflikt streng nach der europäischen Rechtslage behandeln wollte. Der Vorteil lag auf der Hand: Die europäischen

Mächte konnten einer vertragsorientierten Politik nicht in den Rücken fallen, wohl aber einer einseitigen nationalen Aktion, was Preußen schon 1848 in Malmö hatte erfahren müssen. Der am 1. Februar 1864 eröffnete Krieg gegen Dänemark hatte formal den Charakter einer „Bundesexekution", wobei Preußen und Österreich die Hauptlast des Kampfes trugen. Die Erstürmung der schwer befestigten Düppeler Schanzen durch die Preußen (18. April) bildete den militärischen Höhepunkt des Krieges. Nach Aussage seines Adjutanten hatte Wilhelm den Angriff gefordert, um nach der bisher „schlappen Kriegsführung" der Welt zu zeigen, „dass die preußischen Truppen noch im Stande sind, Festungen zu stürmen". Die politische Bedeutung dieses Bravouraktes war die Beschleunigung der Friedensverhandlungen. Dänemark musste am 30. Oktober im Wiener Frieden Schleswig-Holstein und Lauenburg an Preußen und Österreich abtreten, die hier ein provisorisches „Kondominium" errichteten, damit allerdings die Grundlage zum Machtkampf von 1866 legten.

Das kurzfristige Kriegsbündnis von 1864 konnte den preußisch-österreichischen Dualismus in der deutschen Frage nur verdecken. Die seit 1865 getrennte Verwaltung des „Kondominiums" (Österreich in Holstein und Preußen in Schleswig) vertiefte den Gegensatz, und Bismarck nutzte jede Möglichkeit, Österreichs Lage zu erschweren. Wilhelm, der vor 1858 oft und gern Kriegswünsche bekannt hatte, stand jetzt an Kriegsbereitschaft seinem Minister nach. Mahnungen, den drohenden Bruderkrieg zu vermeiden, kamen aus den deutschen Herrscherhäusern, der Aristokratie und dem bürgerlichen Lager. „Der abscheuliche Bismarck hetzt und treibt den König zum Krieg", klagte die Kronprinzessin, und hinter vielen „Warnungen" stand auch die Sorge, Preußen sei der kriegsgeübten österreichischen Armee nicht gewachsen. Wilhelm stellte sich nach langem Zögern auf die Seite der Kriegspartei, denn auch die Österreicher schienen entschlossen, dem Konflikt nicht auszuweichen und sich nicht „ohne Schwertstreich … aus wohlerworbenen Stellungen verdrängen" zu lassen. Mitte Mai war des Königs Entschluss zum Kriege gefasst. „Du wirst Dich an den Gedanken gewöhnen müssen, dass es auf einen Existenzkampf Preußens abgesehen ist", versuchte er Augusta zu erklären; siegesgewiss war er nicht: „Sollten wir unterliegen, so wollen wir es mit Ehre tun."

Diplomatisch war der Krieg gut vorbereitet. Russland war durch die Konvention von 1863 Preußen wohlwollend verbunden, mit Italien stand Preußen im Bündnis, das übrige Europa wahrte Neutralität. Eine Initiative zur Bundesreform sollte die deutsche Frage in den Konflikt einbeziehen: Preußen beantragte ein aus allgemeinen Wahlen zu bildendes deutsches Parlament als Organ einer Verfassungsberatung. Wilhelm fürchtete das Revolutionäre dieses Vorschlags, doch beruhigte ihn die Versicherung Bismarcks, dass ein solches Parlament wertvoller sei als ein neues Armeekorps. Im Vertrauen auf die Popularität des Reformvorschlags in der nationalen Öffentlichkeit besetzten dann am 7. Juni preußische Truppen das von Österreich verwaltete Holstein. Veranlasst durch diese Aggression, beschloss die Mehrheit des Bundestages am 14. Juni die Bundesexekution gegen Preußen, das daraufhin die Bundesverfassung brach und seinen Austritt aus dem „ewigen" Bund erklärte. Ohne Kriegserklärungen standen die deutschen Staaten damit im Bruderkrieg. Am 21. Juni eröffnete die preußische Armee den Feldzug und marschierte in Böhmen ein.

Wilhelm war oberster Kriegsherr; die eigentliche Kommandogewalt hatte er dem Chef des Generalstabs Helmuth von Moltke übertragen, der auch das strategische Konzept des Feldzugs entworfen hatte. Die getrennt operierenden preußischen Heeresteile sollten für die Entscheidungsschlacht zusammengeführt werden, was nach bisherigen Kriegserfahrungen hohe Risiken in sich barg und von Teilen der militärischen Führung entsprechend kritisiert wurde. Es war Wilhelms Verdienst, Moltkes „strategischen Genius" (Delbrück) richtig eingeschätzt und den General konsequent mit der notwendigen Befehlsgewalt ausgestattet zu haben. Die Entscheidungsschlacht bei Königgrätz (3. Juli) wurde zum Triumph des Strategen. Der König, erst jetzt an die Front gekommen, wählte seinen Beobachtungsstand inmitten des feindlichen Feuers und erlebte – wie 1814 bei Bar-sur-Aube – „die Kugeln recht warm aus dem Laufe". Er habe sich dabei „ruhig und behaglich wie am Kreuzberg" gefühlt, berichtete Bismarck, der den Monarchen begleitete. Die Schussgeschwindigkeit der Zündnadelgewehre, auf deren einheitliche Einführung Wilhelm seinerzeit gedrängt hatte, trug nicht unwesentlich zum Siege bei. Die Verluste der Österreicher waren fast fünfmal so hoch wie die der Preußen. Königgrätz war Wilhelms erste große Schlacht und sie war kriegsentscheidend.

Auch auf den deutschen Kriegsschauplätzen blieb Preußen siegreich; schon wenige Wochen nach Kriegsbeginn war vom Friedensschluss die Rede; kaum zu früh, denn Russland und Frankreich begannen sich bereits in die Verhandlungen einzuschalten. Doch nun war der siebzigjährige König, der sich nur widerwillig in den Krieg hatte drängen lassen, ein begeisterter Kämpfer: Er wollte Österreich niederwerfen und an der Spitze seiner Armee in Wien einmarschieren, um den Frieden zu diktieren. Es bereitete Bismarck unsägliche Mühe, den Starrsinn des Monarchen zu brechen, ihm klarzumachen, „dass wir nicht allein in Europa leben, sondern noch mit drei Nachbarn". Die Zeitgenossen berichten von emotionalen Ausbrüchen auf beiden Seiten. Der Kronprinz, mit dem sich der König auf dem Schlachtfeld ausgesöhnt hatte, vermittelte zwischen den Streitenden. Wilhelm sah sich isoliert. Er wollte nicht glauben, „dass vom Besiegten nicht das zu erlangen ist, was Armee und Land zu erwarten berechtigt sind", aber er fügte sich: „So muss der Sieger an den Thoren Wiens in diesen sauren Apfel beißen und der Nachwelt das Gericht dieserhalb überlassen." Bismarck hat diese Randbemerkung des Königs in einer stark abweichenden, dramatisierenden Fassung überliefert, in der die Erregung über die Nikolsburger Verhandlungen noch nachklingt.

Der Friedensschluss war alles andere als ein „saurer Apfel". Zwar blieben Österreich und Sachsen von Gebietsabtretungen verschont, doch Preußen konnte sein Territorium gewaltig vergrößern: Schleswig, Holstein, das Königreich Hannover, Kurhessen, Nassau und Frankfurt waren der Siegespreis. Solche Annexionspolitik war revolutionär, und Bismarck hat sie auch bei diesem Namen genannt: „Soll Revolution sein, so wollen wir sie lieber machen als erleiden." Dem legitimistischen Denken Wilhelms bereitete die Vertreibung der rechtmäßigen Dynastien von ihren Thronen Gewissensbisse, doch der preußische Zugewinn lohnte die Skrupel: Preußens Territorium war um 26 % gewachsen und zählte 4,6 Millionen Untertanen mehr. Vor allem aber: Die zerrissenen Landesteile der Monarchie waren nun zu einem Block zusammengefügt. Freilich, die Annexionspolitik war weit entfernt von dem einstigen Bekenntnis zu den

„moralischen Eroberungen", die man in Deutschland machen wollte. Es gab Kritik in der deutschen Öffentlichkeit über den borussischen Egoismus; stärker aber äußerte sich die Erwartung, dass nach der Ausschaltung Österreichs eine neue Phase der Nationalpolitik beginnen werde. In Preußen war die innenpolitische Lage in Bewegung geraten. Am 3. Juli, dem Tage von Königgrätz, hatte die liberale Opposition bei den Neuwahlen zum Abgeordnetenhaus eine gewaltige Niederlage erlitten. Eine schwere Identitätskrise des deutschen Liberalismus schloss sich an. Die Faszination, die von der „Erfolgspolitik" Bismarcks ausging, bildete den Kristallisationspunkt einer „Selbstkritik", wie sie der Liberale Hermann Baumgarten 1867 vortrug: Nachdem wir gesehen haben, dass diese viel geschmähten Junker für das Vaterland zu kämpfen und zu sterben wissen trotz dem besten Liberalen, werden wir … uns bescheiden, neben dem Adel eine ehrenvolle Stellung zu behaupten."

Bismarck drängte den König, nicht durch Härte, sondern durch Kompromissbereitschaft die Konfliktlage aufzulösen, doch gab dieser nur widerstrebend seine Zustimmung. Am 1. September ersuchte er den Landtag, der Regierung für die seit 1862 ohne gesetzlichen Etat geführte Verwaltung Indemnität zu erteilen. Die Abstimmung wurde zum glänzenden Erfolg für die Regierung, und gleich im doppelten Sinne: Das Abgeordnetenhaus nahm die Indemnitätsvorlage mit 230 zu 75 Stimmen an und beendete damit den Verfassungskonflikt. Zugleich spaltete sich ein rechter Flügel der Liberalen ab und konstituierte sich als Nationalliberale Partei, die die „Pflichten einer wachsamen und loyalen Opposition" mit der Bereitschaft verband, die Deutschlandpolitik der Regierung zu unterstützen. Damit war ein parteipolitisches Fundament geschaffen, das die Politik der Reichsgründung tragen sollte. Wilhelm sah diese Erfolge etwas vereinfacht als Lohn seiner Unnachgiebigkeit: „Wir sehen bei uns", schrieb er zum Ende des Jahres seiner Schwester Luise, „was Konsequenz zuletzt über eine völlig vergiftete Gesellschaft durchzusetzen vermag! Die Radikalkur eines Krieges kann freilich nicht immer oder oft angewendet werden."

Der Ausbau des Norddeutschen Bundes mit der – freilich begrenzten – Einflussnahme des Liberalismus auf die Entstehung seiner Verfassung war ein Prolog zur Reichsgründung von 1871.

Wilhelm, dem die Verfassung das Präsidium des Bundes und damit seine völkerrechtliche Vertretung einräumte, hielt sich von den Verhandlungen auffallend zurück. Er scheute vor dem Prinzip der „Revolution von oben", nach dem sein Ministerpräsident, nunmehr als norddeutscher Bundeskanzler, den Weg zum deutschen Nationalstaat beschritt. Wesentlich war dem König, dass das preußische Wehrsystem nördlich der Mainlinie eingeführt wurde und sich die seinem Oberbefehl unterstehende Heeresmacht entsprechend erweiterte. Die politischen Entscheidungen zog der Kanzler nahezu diktatorisch an sich. Wilhelm klagte: „Bismarck verträgt durchaus keinen Widerspruch mehr, sodass man über viele Dinge nicht mehr diskutieren kann." 1869 kam es erneut zu einer Krise, die Bismarck zur weiteren Stärkung seiner Stellung nutzen konnte. Der König wies sein Rücktrittsgesuch ab: „Wie können Sie nur daran denken … Mein größtes Glück ist es ja, mit Ihnen zu leben und immer fest einverstanden zu sein! … Ihr Name steht in Preußens Geschichte höher als der irgendeines preußischen Staatsmannes. Den soll ich lassen? Niemals."

Der Ausbruch des Krieges von 1870 verdeutlicht das Ausmaß der Entscheidungsgewalt Bismarcks, der auf den erfolgreichen Abschluss der Nationalstaatsbildung drängte. Seiner Initiative entsprang die spanische Thronkandidatur des Prinzen Leopold von Hohenzollern-Sigmaringen, aus der sich der Deutsch-Französische Konflikt entwickeln sollte, „den Bismarck keineswegs planmäßig herbeigeführt hat, dem er aber auch nicht ausgewichen ist" (Bußmann). Wilhelm, der zur Kur in Ems weilte, nahm die Gefahr dieser Entwicklung kaum wahr, so zeigt es jedenfalls seine Korrespondenz mit der Königin. Er klagte über die Vielzahl der Telegramme, und es fiel ihm „ein Stein vom Herzen", als er vom Verzicht Leopolds hörte. Dann beschwerte er sich über die „Insolenz" der französischen Politik, die ihn dazu treiben wolle, „als reuiger Sünder vor der Welt auf(zu)treten, in einer Sache, die ich gar nicht angeregt". Sein denkwürdiges Gespräch mit dem französischen Botschafter Benedetti verlief dennoch ganz in den Formen diplomatischer Höflichkeit. Erst Bismarcks Redaktion des königlichen Berichts (Emser Depesche) gab diesem Gespräch vom 13. Juli den Anschein, Benedetti habe durch besondere Zudringlichkeit den

Abbruch der Verhandlungen provoziert. Mit der Publikation dieses Textes wurde für die deutsche Öffentlichkeit der bisher dynastische Streitfall zu einer Frage von nationaler Bedeutung. Frankreich seinerseits sah die bismarcksche Provokation als eine „schwere Beschimpfung" an und antwortete mit der Kriegserklärung. Die Wogen nationaler Begeisterung gingen auf beiden Seiten des Rheins hoch. Wilhelm, der am 15. Juli nach Berlin zurückreiste, wurde unterwegs von den jubelnden Massen gefeiert. „Mich erfüllt eine komplette Angst bei diesem Enthusiasmus", bekannte er der Königin, „denn was für Chancen bietet nicht der Krieg, wo all dieser Jubel oft verstummen könnte und – müsste!" Er jedenfalls meinte, vor Gott „mit ruhigem Gewissen" sagen zu können, „dass ich diese Katastrophe nicht verschulde!".

Deutscher Kaiser

Die süddeutschen Staaten traten aufgrund der 1866 abgeschlossenen „Schutz- und Trutzbündnisse" an der Seite des Norddeutschen Bundes in den Krieg gegen Frankreich ein und unterstellten vertragsgemäß ihre Truppen dem Oberbefehl des Königs von Preußen. Wilhelm war damit der oberste Kriegsherr Deutschlands; er befehligte ein Heer, das bald auf 1,3 Millionen Soldaten anwuchs. Der Reichstag des Norddeutschen Bundes betonte in einer Adresse sein Vertrauen in die „erfahrene Führung des greisen Heldenkönigs". Wilhelm begnügte sich mit diesem Ehrentitel. Die drei Operationsarmeen unterstanden separaten Befehlshabern (eine Armee kommandierte der Kronprinz), und die strategische Gesamtleitung lag beim Generalstabschef Moltke in bewährten Händen. Der König ließ es sich nicht nehmen, in die ersten Gefechte einzugreifen, was vom Generalstab mehr „störend" als hilfreich angesehen wurde. Wie die älteren preußischen Generäle unterschätzte Wilhelm die hohe Feuerkraft der französischen Waffen. So wurden vor allem die ersten Siege bei Weißenburg, Spichern, Vionville und Gravelotte (4./18. August) mit fürchterlichen Verlusten erkauft. Die strategische Planung Moltkes setzte sich jedoch durch, und es gelang, 300 000 Mann der französischen Armee in Metz und bei Sedan einzukreisen. Unter den Kapitulierenden von Sedan befand sich auch Napoleon III., der am 1. September seinen Degen in die Hände des Königs von Preußen legte: „Da es mir nicht vergönnt war, in der Mitte meiner Truppen zu sterben.“ Wilhelm antwortete wie beim ritterlichen Turnier: „Mein Herr Bruder! Indem ich die Umstände, unter denen wir uns begegnen, bedauere, nehme ich den Degen Eurer Majestät an.“ Die Bestimmungen der Kapitulation wurden geregelt; Napoleon ging mit 39 Generälen in die Gefangenschaft. Frankreich erklärte sich nun zur Republik.

Der Krieg ging jedoch weiter, denn die Republik war nicht bereit, Elsass und Lothringen an den Sieger abzutreten. Wilhelm blieb bei seiner Armee. Es gelang, ohne größere Schwierigkeiten Paris, damals die stärkste Festung Europas, einzuschließen; die Belagerung der ausgehungerten Hauptstadt zog sich jedoch über Monate hin. Der zähe Widerstand der Pariser löste in der deutschen Führung, die in Versailles ihr Hauptquartier aufgeschlagen hatte, einen schweren Konflikt aus. Bismarck verlangte die Beschießung und Erstürmung der Stadt, um den Krieg im Hinblick auf die politische Lage in Europa rasch abzuschließen. Moltke und die Generäle forderten die Fortsetzung der militärisch unproblematischen Belagerung. Die Entscheidung lag beim König; der sprach sich für Bismarck aus – zum Entsetzen seiner Generäle.

Paris kapitulierte nach dreiwöchiger Kanonade. Zehn Tage vorher, am 18. Januar 1871, stand der König von Preußen im Mittelpunkt jenes Staatsakts, der als Proklamation des deutschen Kaiserreiches für die Zeitgenossen die Erfüllung der nationalen Forderungen seit dem Vormärz bedeutete. Der Zeremonie war minutiöse diplomatische Arbeit vorausgegangen. Die süddeutschen Monarchen mussten für den Kaiserplan geworben werden, wobei der König von Bayern besonders anstrengend und kostspielig war. Im Gegensatz zum Kronprinzen hatte Wilhelm die seit November laufenden Verhandlungen ohne größeres Interesse hingenommen. Er verband mit der Kaiserkrone unerfreuliche Erinnerungen an 1848 und wollte sein preußisches Königtum durch den neuen Titel nicht verdunkelt sehen. Positiv schien ihm lediglich der Umstand, dass die Krone diesmal von den deutschen Fürsten angeboten wurde. Ludwig II. von Bayern stellte diesen Antrag im „Kaiserbrief", den Bismarck diktiert hatte. Wilhelm schwankte; vielleicht, so schrieb er an Augusta, sei es besser, „zurückzutreten und Fritz alles zu übertragen". Das schien aber überwiegend Verstimmung zu sein, Ärger über den mageren Titel „Deutscher Kaiser", den Bismarck als das äußerste Zugeständnis der Fürsten akzeptiert hatte. So standen beide wieder einmal grollend gegeneinander, als am 18. Januar, dem Gründungstag der preußischen Monarchie, die feierliche Kaiserproklamation stattfand. Im Schloss Ludwigs XIV. waren die deutschen Fürsten (mit wenigen Ausnahmen) versammelt; ausgewählte Offiziere und 150 mit dem „Eisernen Kreuz" ausgezeichnete Soldaten drängten sich im Hintergrund des Spiegelsaals. Der Reichstag war nicht eingeladen; er hatte im Dezember 1870 eine Deputation abgeordnet, die dem König den Wunsch der Nation übermittelte, durch die Annahme der Kaiserkrone „das Einigungswerk zu weihen". Mit drei vom Blatt verlesenen Sätzen sprach Wilhelm die Fürsten an und erklärte sein Einverständnis, „mit Wiederherstellung des Deutschen Reiches die Kaiserwürde … zu übernehmen". Danach verlas Bismarck eine Proklamation an das deutsche Volk, „ganz grimmig verstimmt … in tonloser, ja geschäftlicher Art", und der Großherzog von Baden brachte das Hoch auf „Kaiser Wilhelm" aus, wobei er den unerwünschten Titel „Deutscher Kaiser" einfach fortließ. Er habe nun „den Charakter als Kaiser … so wie man charakterisierter Oberstleutnant usw. wird", kommentierte Wilhelm sein neues Amt.

Die Kaiserproklamation als rein militärische Zeremonie in „Feindesland" war kein gelungener Anfang für das neue Reich, und diese Bedenken teilte auch Augusta, die jetzt den Titel „Deutsche Kaiserin und Königin von Preußen" trug. Wilhelm hat ihre Einwände mehrfach zu korrigieren versucht, und die Schlussformel der Proklamation mochte letztlich auch die Kaiserin zufrieden stellen, denn sie verpflichtete die Träger der Kaiserkrone, „Mehrer des Deutschen Reiches" zu sein, doch „nicht an kriegerischen Eroberungen, sondern an den Gütern und Gaben des Friedens auf dem Gebiet nationaler Wohlfahrt, Freiheit und Gesittung". Das waren Erwartungen, die auch von einem großen Teil der Bevölkerung geteilt wurden, und sie mischten sich in den allgemeinen Überschwang, mit dem die Öffentlichkeit das „Einheitswerk" begrüßte, wobei man bereit war, über offenkundige Schwächen der Reichsverfassung hinwegzusehen und auf spätere Reformen zu hoffen.

Für die Symbolkraft des Kaisertitels besaß Wilhelm wenig Sinn. Ein neuer Kaiserkult, der oft die Grenzen des Geschmacks verletzte, scheint seine Reserviertheit nur vermehrt zu haben. Der 74-Jährige galt als die Integrationsfigur der deutschen Nation, und die bis in den Sommer 1871 währenden Siegesfeiern ließen ihn das ausgiebig spüren. Die Gründe für den Reichsenthusiasmus waren komplexer Natur. Der Sieg über Frankreich hatte ja nicht nur die nationale Einheit samt Elsass-Lothringen gebracht, sondern auch vier Milliarden Mark französischer Kriegsentschädigung, die teilweise als Investitionen in die Rüstung flossen und der florierenden Wirtschaft zu weiteren Aufträgen verhalfen. Die neue Reichswährung zeigte die Symbole von „Frieden" und „Wohlstand" auf ihren seit 1871 geprägten Goldmünzen, und bis zum Ausbruch der „Gründerkrise" 1873 galt es als erwiesen, dass mit dem Nationalstaat auch die Prosperität gesichert sei.

Wilhelm hat die innere Entwicklung des Reiches mit unterschiedlichem Interesse begleitet. Die wirtschaftlichen Probleme der heranwachsenden deutschen Industrienation blieben seiner mehr an der junkerlichen Ökonomie orientierten Vorstellung recht fremd. Erheblich stärkeren Anteil nahm er dagegen an der Entwicklung des Kulturkampfes. Hier war er, ähnlich wie sein Kanzler, Partei und kaum ein verständnisvoller Landesvater seiner 15 Millionen katholischen Untertanen. Doch die Nebenwirkungen auf die protestantische Kirche machten ihn bedenklich, zumal Bismarcks Kirchenpolitik vor allem bei den Liberalen und weniger bei den Konservativen ihre parlamentarische Stütze fand. Schon im Herbst 1872 drängte Wilhelm: „Wir müssen wieder auf den konservativen Boden zurückkehren, so wie es jetzt ist, kann es nicht weitergehen." Als summus episcopus der evangelischen Kirche war ihm die Unversehrtheit des Glaubens oberstes Gebot. Der Kulturkampf aber steigerte sich, und vor allem Preußen war von seinen Gesetzen betroffen, unter denen die Zivilehe Wilhelm am meisten bekümmerte. „Das Ehegesetz, über das ich so denke wie Sie", schrieb Wilhelm an den protestantisch-orthodoxen Roon, „ist mir nicht möglich zu hemmen, da auch der Fürst Bismarck sich für dasselbe entschied." Er unterzeichnete das Gesetz, ohne von seinen verfassungsrechtlichen Möglichkeiten Gebrauch zu machen.

„In allem, nur nicht dem Namen nach, bin ich Herr von Deutschland." Dieser Bemerkung Bismarcks (1885) korrespondiert der Stoßseufzer Wilhelms: „Es ist schwer, unter Bismarck Kaiser zu sein." Beide Äußerungen lassen die verfassungsrechtliche Paradoxie erkennen, die im Verhältnis zwischen Kaiser und Reichskanzler eingetreten war. Laut Artikel 15 der Reichsverfassung war der Kanzler „vom Kaiser zu ernennen", und wie wirkungsvoll damit Bismarck aus dem Amt gedrängt werden konnte, sollte sich in wenigen Jahren zeigen. Der Starrsinn des alten Kaisers, an dem sich oft die kleinen Streitigkeiten entzündeten, erwies sich für Bismarck als wirkungsvoller Schutz gegen die Bedrohung durch den Artikel 15: Wilhelm war nicht mehr flexibel genug für einen Wechsel im Kanzleramt, und Bismarck sorgte dafür, dass mögliche Kandidaten schon im Vorfeld eliminiert wurden (der Prozess gegen den Botschafter Arnim zeigte das mit greller Deutlichkeit). So hatte sich das einstige Verhältnis zwischen „Lehnsherr und Vasall" nach einem Jahrzehnt zu einem Lebensbündnis gewandelt, wobei die Rolle des „Herrn" nicht immer eindeutig festgelegt war. Bismarcks konservative Grundhaltung und seine historische Leistung als „Reichsgründer" und europäischer Staatsmann bildeten dabei die objektiven Maßstäbe der kaiserlichen Wertschätzung: Der Name Bismarck stehe „unauslöschlich in der Geschichte Preußens und Deutschlands verzeichnet". Der politische Erfolg seines Ministers legitimierte die Machtübertragung. „Schritt für Schritt hat Ihr Rat und Ihre Tat mich in den Stand gesetzt, Preußens Kraft zu entwickeln, Deutschland zur Einigung zu führen", so bilanzierte Wilhelm 1873 das Jahrzehnt ihrer Zusammenarbeit und sah darin auch eine Rechtfertigung, am Prinzip der Machtübertragung festzuhalten. Damit war für beide auch eine Frage der Arbeitsökonomie gelöst, die mit zunehmendem Alter drängend wurde. Wilhelms Fähigkeit, die komplexer gewordenen Probleme der Reichspolitik zu verstehen, war begrenzt, und nach einem Schlaganfall 1873 weiter rückläufig. Umgekehrt erleichterte er mit seinem Machtverzicht die Alltagsarbeit des Kanzlers, dessen Gesundheit immer öfter zu Sorge

Anlass gab. Für diesen war es freilich mehr als bloße Arbeitserleichterung, wenn der alte Kaiser ihn immer unumschränkter regieren ließ und er „selbst die Minister wählen und durch andere ersetzen" konnte. Wenngleich Bismarck die äußere Form der Machtausübung mit Sorgfalt als Willensakt des Monarchen zu wahren suchte und im Umgang mit diesem stets der „Diener" blieb, setzte sich doch in der Führungsschicht immer mehr die Auffassung durch, dass der Kanzler Herr aller politischen Entscheidungen sei. „Wenn wir nicht ... eine Dynastie hätten", so kommentierte General von Schweinitz, langjähriger Botschafter in Petersburg, „so würde Bismarck eine solche gründen und, wenn die Merowinger in Berlin regierten, so würde er ein Pippin sein."

Wilhelms Machtübertragung, die Voraussetzung der „Kanzlerdiktatur" (Lasker), wäre undenkbar gewesen, wenn nicht zwischen Kaiser und Kanzler weitgehendes Einverständnis geherrscht hätte hinsichtlich der Dominanz konservativer Prinzipien in Staat und Gesellschaft. Im Vergleich zu den doktrinären Überzeugungen des Kaisers zeigte Bismarcks Konservatismus hohe Flexibilität; er suchte – vor allem in der Innenpolitik – nach undogmatischen Wegen, die Wilhelm revolutionär erscheinen mussten. In der Außenpolitik war die konservative Übereinstimmung deutlicher ausgeprägt. Sie fand in der Orientierung auf das Drei-Kaiser-Verhältnis ihren sichtbaren Ausdruck. Dabei galt Russland zunächst als der bevorzugte Partner. Die russische Balkanpolitik und der drohende Konflikt des Zarenreiches mit Österreich führten auf dem Berliner Kongress zu einer Abkühlung der deutsch-russischen Beziehungen, die in einem taktlosen Beschwerdebrief des Zaren an seinen kaiserlichen Onkel ihren Ausdruck fand. Der als „Ohrfeigenbrief" in die Geschichte eingegangene Affront wurde zu einem wichtigen Argument Bismarcks, dem Kaiser das Bündnis mit Österreich, den Zweibund, als geschichtliche Notwendigkeit abzufordern: Die „unberechenbare Elementargewalt" eines von der „slawischen Revolution" erfassten Russland sei durch keine dynastische Verbindung auszugleichen; Österreich sei dagegen „sicherer, weil das Volk dafür ist" und tausendjährige Tradition die Donaumonarchie mit dem Reich als „das deutsche Vaterland" verbinde. Wilhelm sträubte sich „gewissenshalber", die politische Rochade zu vollziehen, doch als der Kanzler mit

Kaiser Wilhelm I.

Kaiser Wilhelm I. im Kreis seiner Familie.
Kronprinz Friedrich (ganz links), Viktoria, seine Frau (4. von links), Wilhelm I. (sitzend), Kaiserin Augusta (neben ihm sitzend), Wilhelm (rechts außen stehend), seine Frau Auguste Viktoria (2. von rechts, sitzend). (Gemälde von H. Haritzsch, um 1887)

Die Krönung Wilhelms I. zum König von Preußen am 18. Oktober 1861 in der Schlosskirche von Königsberg.
(Gemälde von Adolph von Menzel, 1861–65)

Die Kaiserproklamation zu Versailles am 18. Januar 1871. Links vom Kaiser stehend Kronprinz Friedrich, rechts vom Kaiser stehend Großherzog Friedrich I. von Baden. In weißer Uniform Bismarck, rechts von ihm Moltke. (Gemälde von Anton von Werner, 1877)

Ein einmaliges Dokumentarfoto (aufgenommen 1882), das vier Generationen der Hohenzollern-Dynastie zeigt: Kaiser Wilhelm I. hält seinen ersten Urenkel, den ältesten Sohn des späteren Wilhelm II. (rechts), auf dem Schoß. Links stehen Kronprinz Friedrich, der spätere Friedrich III.

Sterbeszene im Schlafzimmer von Kaiser Wilhelm I. am 9. März 1888.
Von links nach rechts: Helmuth von Moltke, Otto von Bismarck, Viktoria und Kronprinz Friedrich, über seinen Großvater gebeugt Wilhelm, rechts der Hofarzt.
(Nach einem Gemälde von Anton von Werner »Der alte Kaiser stirbt«)

der Rücktrittsdrohung seinen letzten Trumpf spielte, gab der Kaiser nach: „Bismarck ist notwendiger als ich."

Im Bereich der Innenpolitik verlief die Entwicklung genau umgekehrt: Bismarcks Zusammenarbeit mit den Liberalen endete zu jenem Zeitpunkt, an dem er mit dem Kaiser wegen des außenpolitischen Kurswechsels in Streit geriet. Des Kanzlers Abwendung vom Liberalismus hatte mehrere Gründe. Die Wirtschaftskrise und die damit aufkommende Kritik am Freihandelssystem nahm dabei eine zentrale Stellung ein. Wilhelm verstand wenig von Handels- und Zollfragen, doch Alfred Krupps düstere Vision einer baldigen Vernichtung der deutschen Schwerindustrie durch den Freihandel („die Eisenwerke werden den zerstörten Ritterburgen gleichen") nahm ihn für die neue Zollpolitik ein. Zugleich setzte er durch, dass Krupp mit einem 30-Millionen-Kredit saniert wurde. Die Sorge des Kanonenkönigs, „vielleicht wird meinem Nachfolger nichts übrig bleiben als die Kraft, nach Amerika auszuwandern", war gebannt, des Reiches Waffenschmiede gesichert.

Mit Ausnahme der kurzen Phase seiner Annäherung an die „Wochenblattpartei" sah Wilhelm den Liberalismus stets in gefährlicher Nähe zur Revolution. Die Märzrevolution war ihm der überzeugendste Beweis, und auch seine im Verfassungskonflikt gescheiterten liberal-konservativen Experimente schienen diese Auffassung zu bestätigen. Die „Reichstreue" der Nationalliberalen beeindruckte ihn wenig. „Zwischen Bebel und Bennigsen" wollte er – einem Bonmot Bismarcks zufolge – keinen Unterschied gelten lassen. Auch diese überspannte politische Konstruktion eines Zusammenwirkens von Liberalismus und Sozialdemokratie sah Wilhelm durch die Ereignisse bestätigt. 1878 wurde er kurz nacheinander das Opfer zweier Attentate. Am 11. Mai gab der Klempnergeselle Hödel zwei Revolverschüsse auf den in offener Kutsche fahrenden Kaiser ab, ohne ihn zu treffen. Am 2. Juni kam es zu einem Nachfolgeattentat. Dr. Nobiling, ein Mann aus bürgerlichen Verhältnissen, schoss mit einer Doppelladung Schrot auf den Monarchen und verletzte ihn schwer. An Kopf, Arm und Rücken getroffen, brach Wilhelm stark blutend zusammen. Die Motive der Täter konnten nie überzeugend aufgeklärt werden. Bismarck begnügte sich mit der Feststellung vager Beziehungen beider Attentäter zur Sozialdemokratie und behauptete eine allgemeine sozialistische Verschwörung. Bereits acht Tage nach dem ersten Attentat wurde dem Reichstag ein Ausnahmegesetz vorgelegt, das jedoch am Widerstand der Liberalen scheiterte. Nach dem Nobiling-Attentat wurde der Reichstag aufgelöst. Ein erbitterter Wahlkampf richtete sich nicht nur gegen die Arbeiterpartei, sondern auch gegen die Liberalen, die starke Verluste erlitten und daraufhin der zweiten Gesetzesvorlage, die alle sozialistischen und kommunistischen Vereine und ihre Presse verbot, am 18. Oktober 1878 ihre Zustimmung gaben.

Trotz seiner schweren Verletzung war Wilhelm nicht bereit, die monarchische Gewalt seinem Sohn anzuvertrauen. Bismarcks Rat folgend, beauftragte er den Kronprinzen lediglich mit der Stellvertretung und verlangte von ihm, die konservative Politik unverändert fortzusetzen. Faktisch bedeutete das für Bismarck einen Machtzuwachs, und dem Berliner Kongress präsidierte der Reichskanzler als Schiedsrichter Europas, ohne den Stellvertreter des Kaisers an den Verhandlungen zu beteiligen.

Wilhelm genas erstaunlich rasch von seinen Verletzungen, wie er sich fünf Jahre zuvor von seinem Schlaganfall erholt hatte. Am 5. Dezember übernahm er wieder seine monarchischen Pflichten. Sein immer schon sorgfältig gegliederter Arbeitstag erhielt im Alter einen etwas pedantischen Zuschnitt. Zwischen neun und zwölf Uhr war die Zeit der Vorträge, die neben dem Kanzler und den preußischen Ministern vor allem dem Chef des Militärkabinetts General Emil von Albedyll, einem der einflussreichsten Männer des Reiches, vorbehalten war. Die Verbindung zu den Ressorts der Zivilpolitik organisierte der Geheimrat Karl von Wilmowski, der als Chef des Zivilkabinetts Wilhelms besonderes Vertrauen genoss.

Einen Höhepunkt im Tagesablauf bildete jeweils der Aufzug der Wache um 12 Uhr. Der Kaiser trat dabei ans Fenster des „Alten Palais", grüßte seine Soldaten und zeigte sich dem Volke – ein Ritual, das der „Baedeker" als eine der Berliner Sehenswürdigkeiten verzeichnete. Am frühen Nachmittag konnten die Berliner ihren Kaiser aus nächster Nähe erleben, denn das war die Zeit seiner Kutschfahrt, die ihn meist über die „Linden" führte, eine Gewohnheit, die Wilhelm auch nach den Attentaten nicht aufzugeben bereit war. Bei zwei Gelegenheiten musste die Hauptstadt auf die kaiserlichen Ausfahrten verzichten: beim Manöver und den Bäderreisen. Auch hier blieb Wilhelm alten Gewohnheiten treu: drei Wochen Bad Ems, drei Wochen Gastein, wobei ausgewählte Geselligkeit nicht wenig zur Rekonvaleszenz beitrug. Seine Umgebung sah das nicht immer gern. General von Albedyll klagte über „die verrückten Weiber, die ihm immerfort sagen, dass er noch ganz der Alte ist". Für den 89-Jährigen sei das doch „ein schweres Unglück". Die fixe Idee, körperlich immer in Hochform sein zu müssen, scheint den alten Kaiser stark beherrscht zu haben. Er war – die Mutter beklagte es ja – kein gesundes Kind gewesen, und seine Mannesjahre hatten ihn mit Erkrankungen vieler Art beschwert, vor allem aber mit den sonderbarsten „Unfällen" (er selbst hat über hundert gezählt). Wilhelm kompensierte diese „Missgeschicke" durch forcierte Leistung. Bis zum 83. Lebensjahr ritt er während der Manöver beachtliche Strecken. Aufs Pferd kam er nicht mehr ohne Hilfe; es musste eine Leiter angelegt werden, doch versteckt im Gebüsch! Während der Krise 1887, als Bismarck einen Angriffskrieg Frankreichs für möglich erklärte, gab Wilhelm seinen staunenden Generälen zu verstehen: „Ich werde selbst das Kommando führen – wie weit ich komme, weiß Gott allein." Das war kurz vor seinem 90. Geburtstag.

Wilhelms letztes Lebensjahrzehnt war eine Zeit zunehmender Einsamkeit. Er war jetzt einer der letzten Veteranen der Befreiungskriege, und von seinen acht Geschwistern lebte nur noch die sechs Jahre jüngere Alexandrine, Großherzogin von Mecklenburg-Schwerin. Roon, sein Kriegsminister, der ihm immer mehr zum Freund geworden war, musste schon 1879 zu Grabe getragen werden. Auch Augusta war hinfällig geworden und konnte nur noch im Rollstuhl bewegt werden, was sie für ihre Umgebung noch anstrengender machte. Es gebe niemanden, so berichtet ihr Vorleser Laforge, „der nicht die Grausamkeit ihres Hochmuts und die Launen der gelangweilten Fürstin zu spüren bekommen hätte". Ihr Todfeind war nach wie vor Bismarck, und der vergalt ihr Gleiches mit Gleichem: „Ihre Intrigen", so erklärte er in aller Offenheit dem Minister Lucius, „grenzten an Landesverrat. In ihrer Borniertheit habe sie stets die Rolle der Gegenpartei, sowohl ihrem Gemahl wie ihm selbst gegenüber, eingenommen." Der Kaiser fürchte sich vor dem „Feuerkopf" und gehe ihr aus dem Wege. Das hatte vor Jahren schon die Kronprinzessin beobachtet: Wilhelm genieße ihre Abwesenheit „wie ein Schulbub seine Ferien".

Doch auch von seinem Sohn, in dem er den Bannerträger eines parlamentarischen Systems sah, hatte sich der Kaiser innerlich weit entfernt. Am Hof kursierte das Gerücht, „S. M. hat öfter geäußert: ‚Ich habe keinen Sohn mehr, der Kronprinz ist ein Fremder'" (Holstein). Um so intensiver wurden seine Beziehungen zum Enkel, dem Prinzen Wilhelm, in dem er „Sicherheit für die Zukunft der Armee" sah. Die Geburt seines Urenkels Wilhelm (1882) hatte ihn mit dynastischem Stolz erfüllt: „Gott sei gepriesen und vernehme unser Dankgefühl! Somit sind vier Generationen Könige lebend! Welch ein seltenes Ereignis!" In Hof- und Regierungskreisen stellte man sich schnell auf den bevorzugten Prinzen Wilhelm ein, dessen konservative Grundhaltung die Erwartung stärkte, dass mit dem kommenden liberalen Regiment des Kronprinzen der Geist des alten Preußen nicht verloren gehen werde. Mit fliegenden Fahnen ging man zum Prinzen Wilhelm über, als bekannt wurde, dass der Kronprinz unheilbar an Kehlkopfkrebs erkrankt sei und vermutlich nur noch kurze Zeit zu leben habe. „Gottes Wege sind wunderbar", notierte der gut informierte Diplomat Friedrich von Holstein bei Bekanntwerden dieser Nachricht (17. Mai 1887) in seinem Tagebuch. „Der eiserne Weg der Weltgeschichte bekommt eine unerwartete Wendung. Prinz Wilhelm vielleicht mit 30 Jahren deutscher Kaiser. Was wird das werden?"

Kaiser und Kronprinz hatten nur noch eine kurze Lebensfrist. Das Jahr 1888 wurde ihr Todesjahr. Wilhelm hatte einen schlechten Winter. Bei der Grundsteinlegung zum Bau des Nord-Ostsee-Kanals und einem Besuch der Flotte in Kiel hatte er sich eine schwere Erkältung zugezogen. Ein Rückfall am 6. März ergriff rasch mehrere Organe des geschwächten Körpers, und am 9. März starb Wilhelm, 13 Tage vor seinem 91. Geburtstag.

Wilhelms Tod erst hat seine große Popularität enthüllt. 200 000 Menschen nahmen Abschied an seinem Sarge, und das Begräbnis am 16. März, einem der kältesten Tage des Winters, glich einer Massenbewegung, überstrahlt von militärischem Pomp. Das Mausoleum im Schlosspark von Charlottenburg sollte seine letzte Ruhestätte sein, hier hatte er gewünscht, zu Füßen seiner Eltern beigesetzt zu werden.

Doch die wichtigsten Personen fehlten in dem Trauerzug: Augusta war an ihren Rollstuhl gefesselt; der Sohn, jetzt Kaiser Friedrich III., blickte als ein Todkranker vom Fenster des Charlottenburger Schlosses auf den Leichenzug. Bismarck und Moltke hatten es nicht gewagt, ihre labile Gesundheit dem rauen Winterwetter auszusetzen. So war die Rolle dem Kronprinzen Wilhelm zugefallen, als führender Repräsentant der Nation dem Sarge des toten Kaisers zu folgen, dessen Krone er nach drei Monaten tragen sollte.

Die hohe Achtung, die man dem Toten bezeugte, war mehr als der Respekt gegenüber einem erfolgreichen Herrscherleben. Die Trauer um seinen Tod ging weit über die näher betroffenen Herrschaftsschichten hinaus, war zu einem großen Teil echte Volkstrauer. Viele seiner Gegner begriffen seine konservative Position als ein notwendiges Regulativ, das ganz sicher den Weg der Nation in die Moderne verzögerte, andererseits aber den traditionellen Eliten Preußen-Deutschlands den Übergang in den bürgerlichen Nationalstaat erleichterte und insofern politisch integrierend wirkte. Dieses Ausbalancieren der Gegensätze, die Norbert Elias für das Zeitalter des Absolutismus mit dem Begriff „Königsmechanismus" belegt hat, war Kaiser Wilhelms I. historische Leistung, wenngleich er sie nicht aus einem theoretischen Entwurf, sondern aus dem Bedürfnis seines auf Harmonie und Beharrung orientierten Charakters erbrachte. Vor diesen an einer Herrscherpersönlichkeit des 19. Jahrhunderts wohl besonders geschätzten Charaktereigenschaften haben sich auch seine politischen Gegner mit Respekt verbeugt, zumal die Schlichtheit seines Wesens so sehr von seiner höfischen Umgebung abwich und bürgerlichen Wertvorstellungen zu entsprechen schien. Carl Schurz, Minister der Vereinigten Staaten, einst einer der mutigsten Demokraten der deutschen Revolution, der Wilhelms Truppen 1849 mit der Waffe gegenübergestanden hatte, feierte in einer Gedächtnisrede in New York den „Kartätschenprinzen" der Revolution: „Kaiser Wilhelm war ohne Vergleich der populärste Monarch, den dieses Jahrhundert gesehen, ja mehr noch, er war ein wahrhaft populärer Mann."

Prof. Dr. Günter Richter

Kaiser Friedrich III.

Die Eltern

Kaiser Friedrich III. wurde am 18. Oktober 1831 im Neuen Palais zu Potsdam als ältester Sohn des Prinzen Wilhelm geboren, den später die Krankheit und der Tod seines Bruders, König Friedrich Wilhelms IV., zum Regenten (1858) und König (1861) von Preußen machten. Friedrichs Mutter Augusta, fast 20 Jahre jünger als ihr Ehemann, war die Tochter Karl Augusts von Sachsen-Weimar und der Großfürstin Maria Pawlowna von Russland. Bei Augustas Geburt war Goethe, dem Hof zu Weimar eng verbunden, erst 62 Jahre alt. Während ihrer Kinder- und Jugendzeit in einem Milieu, das mehr von Kunst und Wissenschaft als von politischem Liberalismus geprägt war, schrieb Goethe, der für ihre Erziehung die besten Lehrer besorgte, die „Wahlverwandtschaften“, den „West-östlichen Divan“, die „Italienische Reise“, die „Campagne in Frankreich“, den „Zweiten Römischen Aufenthalt“, erschien 1827/30 die „Ausgabe letzter Hand“ in 40 Bänden, begegnete die herzogliche Familie zahlreichen Menschen der europäischen Elite in den Künsten und Wissenschaften. Dies war das Umfeld, in welchem die Prinzessin aufwuchs.

Augusta schloss am 11. Juni 1829 in Berlin die Ehe mit Wilhelm, dem zweiten Sohn König Friedrich Wilhelms III. und der Königin Luise. Er war, nach einem Flüchtlingsleben in der napoleonischen Zeit als „Soldatenprinz“ in Gardeuniform zu Danzig und Memel, nach dem Tod der Mutter in Berlin zumeist von Offizieren militärisch erzogen und nach kurzem Kriegseinsatz 1814 hauptsächlich in der

„Kriegskunst" ausgebildet worden. Der Theologe Christian Carl Josias von Bunsen, der später als Diplomat in London keine große Figur machte, hat 1822 den inzwischen zum Generalmajor avancierten Fünfundzwanzigjährigen als „würdig und ernst, aber auch artig und aufgeweckt" bezeichnet. Er war ein passionierter Berufsoffizier, der von seiner Mutter her ungewöhnlich empfindsam, auch anpassungsbedürftig war und sich als „Krüppel" bezeichnete, nachdem er bei einem Jagdunfall die Spitze des linken Mittelfingers eingebüßt hatte. Die Entwicklung der Künste unter dem Einfluss Goethes und des Jungen Deutschland, Rauchs und Schinkels sowie der Aufschwung der Wissenschaften durch die von Wilhelm von Humboldt geschaffene, geistig von Hegel bestimmte Friedrich-Wilhelms-Universität im Palais des Prinzen Heinrich zu Berlin berührten Wilhelms Leben nur so weit, wie sie militärpolitisch begreifbar waren. Seine einzige große Liebe war seit 1817 die 1803 geborene Prinzessin Elisabeth Radziwill, Tochter von Wilhelms Lieblingstante Luise, einer Nichte Friedrichs des Großen. Als Elisabeth von mehreren „Kommissionen" für nicht „ebenbürtig" erklärt worden war, beugte Wilhelm sich zur Überraschung seines Vaters 1826 ohne Widerspruch dem Befehl, auf die gewünschte Ehe zu verzichten. Der Vater zeichnete die schwindsüchtige Prinzessin mit dem Luisen-Orden aus, den preußische Frauen für Verdienste um das Vaterland erhielten. „Im Innern die Ruhe herzustellen, die nötig ist, um nach gewohnter Art tätig zu sein und durch Beruf und Pflichterfüllung sich entschädigt oder zufriedener zu sehen, dazu bedarf es der Zeit", schrieb Wilhelm am 29. Juni 1826, und ein paar Wochen später: „Das, was ich verlor, wie ich liebte, wie man zum ersten Mal liebt, das kehrt nie, nie zurück, dafür gibt es keinen Ersatz." Drei Jahre später warb er in aller Form in Weimar um Augusta – murrend, weil man „seit Jahren … nach mir geangelt" hatte, „und nun, wo es so weit ist, macht man die Preziöse".

Am 11. Juni 1829 fand die Hochzeit statt. Seiner Schwester Alexandrine schrieb Wilhelm über Augusta im März 1830: „Ihr Verstand ist so gereift und ihre Urteilskraft so scharf, dass sie sich zu oft in Diskussionen einlässt, die sie allerdings mit voller Umfassung des Gegenstands durchführt, die aber eigentlich über ihre Sphäre gehen, was ihr dann natürlich nicht nur Selbstgefühl gibt, dergleichen Diskussionen zu suchen, sondern ihr einen Anstrich von femme d'esprit gibt, der nicht erwünscht für sie ist, weil sie überhaupt schon in der Reputation immer stand, dass der Verstand über das Herz regiert. Dies ist nun glücklicherweise nicht der Fall, wie ich mit voller Wahrheit versichern kann, aber wer sie nur jene Diskussionen führen hört, wird jene Reputation begründet zu finden glauben, und das ist mir unlieb. Ich habe sie schon oft darauf aufmerksam gemacht und ihr auch namentlich empfohlen, ihre sehr gereiften Geistesgaben wenigstens dadurch in Einklang mit ihrem Alter und ihrem Geschlecht zu halten, dass ihre Äußerungen weniger als ein festes Urteil erscheinen als vielmehr als eine Meinung … Nur Strenge und Pflichterfüllung bringt einen da durch."

Mit diesem Urteil sind die Eltern des 1831 – am Jahrestag der Völkerschlacht bei Leipzig – geborenen, nach dem Großvater Friedrich Wilhelm getauften, aber Friedrich genannten ersten Sohnes präzis charakterisiert, von dem der Vater hoffte, dass er ihre Eigenschaften in sich vereinigen werde.

Kindheit und Jugend in Berlin und Bonn

Erst im Jahre 1838 erhielt Friedrich mit der Schwester Luise Gesellschaft in der Familie; danach folgten keine weiteren Geschwister mehr. Politisch erschien das nicht ganz unbedenklich, denn Wilhelms älterer Bruder, der Kronprinz, war zwar körperlich gesund, neigte jedoch zu Anfällen von Schwermut, unterbrochen – wie Augusta ihrem Bruder Karl Alexander schrieb – von den „gewöhnlichen Alltagsschwierigkeiten", und seine Frau, die Kronprinzessin Elisabeth, hatte keinen Thronerben geboren. Als am 7. Juni 1840 Wilhelms Vater Friedrich Wilhelm III. starb, bestieg Friedrich Wilhelm IV. den Thron – ein korpulenter 45-Jähriger, der wenig Soldatisches an sich hatte, red- und schreibselig war mit „vielleicht mehr Gemüt, als der Staat vertragen kann", wie Leopold von Ranke, der Historiker von Staaten und Dynastien, urteilte.

Erster in der Thronfolge war also nun Wilhelm, der Bruder des Königs, dem dieser den Titel „Prinz von Preußen" verlieh, zweiter dessen Sohn Friedrich, in der Familie „Fritz“ genannt. Sein Erzieher wurde 1844 der Archäologe Ernst Curtius, der in diesen Jahren an seinem Werk „Peloponnesos, eine historisch-biografische Beschreibung der Halbinsel“ arbeitete. Neben dem Zusammensein mit Curtius wurde zum Haupterlebnis des zum Jüngling heranwachsenden Knaben die Märzrevolution von 1848 in Berlin mit der Beschießung des Schlosses, bei der Kugeln über seinen und seiner Schwester Kopf in die Wand des Pfeilersaales einschlugen, schließlich die Flucht des als Diener verkleideten Vaters und der als Kammerfrau verkleideten Mutter am Abend des 19. März zur Zitadelle von Spandau. Der König „verbannte“ seinen Bruder, der inzwischen weiter zur Pfaueninsel geflüchtet war, wo Fritz in der Stube eines Gärtners eine Schere halten musste, mit der sein Vater sich den Bart stutzte. Am 22. März ging die als „Mission“ getarnte Flucht nach London weiter. Augusta blieb mit den Kindern in Potsdam, trug Hoftrauerkleidung und erklärte: „Ich bin eine Witwe mit zwei Waisenkindern.“ Fritz begann ein Tagebuch mit den Sätzen: „In diesem Augenblick nahm ich mir fest vor, auch in dem größten Unglück stets mit Ruhe und Festigkeit mich zu benehmen.“

In diesen Tagen kam der liberale Abgeordnete Georg von Vincke, dem Wilhelm 1854 alle Schuld an den Ereignissen in Berlin nach dem 18. März 1848 anlasten wollte, auf den Gedanken, der König solle abdanken, Wilhelm auf die Thronfolge verzichten und Augusta bis zur Volljährigkeit ihres 17-jährigen Sohnes Regentin werden. Sie war dem Gedanken nicht abgeneigt: Tat sich da die Perspektive auf, dass die später als „übersprungen“ bezeichnete Generation vorzeitig zur Regierung gelangte, beraten obendrein durch eine gebildete Intellektuelle, nur nicht – wie es dann später tatsächlich geschah – durch eine selbstbewusste, herrschsüchtige, an ihre Mutter gebundene Ausländern? Friedrichs „Gouverneur“ General von Unruh konnte jedoch Augusta leicht erklären, dass für einen solchen einzigartigen Wechsel entweder Wilhelm freiwillig verzichten oder sie selber ihren Mann gewaltsam verdrängen müsste – vom keineswegs sicheren Thronverzicht des Königs ganz zu schweigen.

In England lernte Wilhelm, leicht beeinflussbar, wie er schon immer gewesen war, den von den Engländern in ihrem Inselstaat entwickelten „Liberalismus“ als auch für das postrevolutionäre Preußen geeignetes Importgut anzusehen. Auch wandte er sich dem Verfassungsentwurf des gemäßigt liberalen Professors Dahlmann zu, der sich nach Ausbruch der Revolution in einer Adresse der Bonner Universität an den König für eine konstitutionelle Verfassung mit starker monarchischer Spitze eingesetzt hatte. Am 12. Mai 1848 erlaubte der König Wilhelms Rückkehr. Gegen wütende Berliner Demonstranten, die Wilhelm einen „Schlächtermeister" nannten und mit „Scheiße" auf ihn zu „schmeißen" drohten, blieb es dabei: Am 28. Mai verließ er London; am 30. schrieb er aus Brüssel: „Kein Land in der Welt" sei so sehr wie England „im Stande, in solchen Augenblicken Ruhe und Stärkung zu gewähren", er hoffe auf eine Verfassung.

Angesichts neuer Unruhen in Berlin am 31. Mai löste der König den Prinzen, ohne mit ihm über sein Vorhaben zu korrespondieren, zu dessen Verbitterung von der Führung des Gardekorps ab und unterstellte dieses dem General Prittwitz.

Am 8. Juni erschien der Prinz als Abgeordneter des Wahlkreises Wirsitz in der Preußischen Nationalversammlung und hielt eine kurze Ansprache, in der er der vom König beschlossenen neuen Regierungsform mit der Treue und Gewissenhaftigkeit seine Kräfte zu widmen versprach, die das Vaterland von seinem aller Welt offen vorliegenden Charakter zu erwarten berechtigt sei. Wenige Tage später jedoch erklärte er in Babelsberg dieses Manifest seiner Überzeugung nach für belanglos und bezeichnete sich am 14. Juni in Wesel vor Offizieren und Zivilisten als des Königs „ersten Untertan …, aber Recht, Ordnung und Gesetz müssen herrschen, keine Anarchie, dagegen werde ich mit meiner ganzen Kraft streben. Das ist mein Beruf". Kurz zuvor hatte Augusta ihrem Bruder Karl Alexander geschrieben: „… seine Ansichten können sich noch immer nicht den Zeitanforderungen anpassen, und er versteift sich dort, wo er besser täte, offen die Ursachen der Katastrophe einzusehen."

Zwei Tage später brach die Revolution erneut aus, sodass der König Berlin eine „Eiterbeule" nannte, die, „wie es mein ernster Wille ist, aufgeschnitten werden muss …". Den Schnitt führte im November auf Befehl des Königs General Graf von Brandenburg, ein unehelicher Sohn Friedrich Wilhelms II., durch einen Staatsstreich aus. Die Hohenzollern-Monarchie alter Art wurde gerettet, während Augusta noch ein zweites Mal bereit war, den Fortschritt herbeiführen zu helfen. Sie versuchte, Major von Roon, Chef des Generalstabes des VIII. Armeekorps in Koblenz, als Erzieher ihres Sohnes, des künftigen Königs, zu gewinnen: „Er muss die neuen Ideen in sich aufnehmen und verarbeiten, damit er das klare und lebendige Bewusstsein seiner Zeit gewinne und nicht außerhalb derselben, sondern in und mit ihr lebe", schrieb sie an den späteren einflussreichen Kriegsminister. Dieser lehnte es aber zu Wilhelms Beruhigung ab, eine solche Erziehung zum Liberalismus zu übernehmen.

Prinz Friedrich erlebte in Berlin die nun folgenden Ereignisse: Die weitere Entwicklung in der Paulskirche zu Frankfurt am Main ebenso wie das Liebäugeln seiner Mutter – entgegen der Auffassung des Vaters und des Onkels – mit der Vorstellung, wenn schon nicht Regentin in Preußen, dann vielleicht eines Tages demokratische Kaiserin von Deutschland zu werden. Als Augusta fürchten musste, der König werde am 3. April 1849 gegenüber der Paulskirchen-Deputation verletzend die aus „Dreck und Letten" (Lehm) gebackene „Bürgerkrone" ablehnen und alle Chancen verderben, bewog sie Wilhelm, die „Kaiserboten" mit dem Parlamentspräsidenten Simson an der Spitze am Vorabend des Empfanges auf ein uneingeschränktes Nein des Königs vorzubereiten. In Erinnerung an diesen Abend bezeichnete später der rheinische Liberale Karl Biedermann, Professor für Staatswissenschaft in Leipzig, angesehener politischer Publizist und erster Vizepräsident der Nationalversammlung, Augusta als „eine Frau, bei welcher Geist und Gemüt um den Vorrang streiten, vielleicht der klarste Kopf und das wärmste patriotische Herz am Hofe zu Berlin". Sie „bat, beschwor uns fast, mit tiefer Bewegung in ihrer Stimme und ihren Mienen, an dem glücklichen Ausgang unserer Sendung nicht zu verzweifeln, das Werk der Verständigung nicht vorschnell abzubrechen. Es werde, es müsse alles noch gut enden, das Ziel sei ja ein so herrliches, ein so notwendiges". Wilhelm beklagte dem Schwiegervater gegenüber diese „gewaltige Agitation" seiner Frau. Musste nicht der 18-jährige Sohn erkennen, was sich hier abspielte? War das nicht eine Art Vorbereitung des leicht Beeindruck- und Beeinflussbaren auf sein eigenes England-Erlebnis nur ein paar Jahre später?

Der König lehnte die Kaiserkrone ab. Noch einmal kam es zu einem Aufstand in Sachsen, zu Revolution und Krieg in Südwestdeutschland. Am 5. Juni 1849 ernannte Friedrich Wilhelm IV. auf Bitten des Königs von Bayern und des Großherzogs von Baden seinen Bruder Wilhelm zum Kommandierenden der Operationsarmee gegen die Revolutionäre. Dieser siegte, während seine Frau sich den Nationalkonstitutionellen in Gotha zuwandte. Dem Schwager in Weimar schrieb Wilhelm daraufhin mahnend, fast drohend: „Ich hoffe, sie wird sehr auf sich achten und im Zaume halten, damit sie mir meine gewonnene Stellung nicht verdirbt durch die Verfolgung anderer Prinzipien; ich hoffe, Deine Mama wird sie darauf aufmerksam machen ... Bei diesem Oppositionsgeist sehe ich ... große Unannehmlichkeiten voraus ... Erzähle dies der Mama, damit sie auf Augusta in ihrem Namen, nicht in dem meinigen wirke." Wilhelm gab also zu, dass sein Einfluss auf seine Frau geringer war als der ihrer eigenen Familie.

Der König legte am 6. Februar 1850 den Eid auf die revidierte Verfassung ab, und Wilhelm, der sich allzu sehr gegen den Volksgeist exponiert hatte, wurde als Militärgouverneur ins Rheinland abgeschoben: der „Kartätschenprinz" unter die rheinischen Liberalen!

Augusta fühlte sich glücklich im ehemals kurtrierischen Schloss zu Koblenz. Ihr Sohn hatte zwar vom 3. Mai 1849 ab ein paar Monate Dienst im 1. Garderegiment getan, war dann aber zu Beginn des Wintersemesters mit einem Oberst als Gouverneur, einem Adjutanten und dem Studenten Senft von Pilsach nach Bonn auf die Universität gezogen – der erste studierende Hohenzoller. Dort begeisterte ihn der Rechtslehrer und Jurist Clemens Th. Perthes, der Sohn eines der bedeutendsten wissenschaftlichen Verleger in Deutschland, der den Prinzen gegen den Zwiespalt von Revolution und Reaktion des Vaters im Liberalismus der Mutter bestärkte. Seit 1845 beschäftigte Perthes sich politikwissenschaftlich mit dem „Deutschen Staatsleben" vor und in der Zeit der Revolution von 1789, während Dahlmann, auf der Höhe seines politischen Ruhmes, in Bonn den Lehrstuhl für Deutsche Geschichte und Staatswissenschaften innehatte und mit seinen Büchern Fürsten wie den späteren Großherzog Friedrich I. von Baden entscheidend beeinflusste. Dahlmann war der erste politische Historiker der kleindeutschen Schule, als welcher er über seinen Tod im Jahre 1860 hinaus Einfluss auf Geschichtsbild und politische Zielvorstellungen in der Zeit Wilhelms I. und Bismarcks ausgeübt hat. Auch dem alten Ernst Moritz Arndt begegnete Prinz Friedrich in Bonn.

Doch darf man sich Friedrichs Universitätszeit nicht allzu studentisch vorstellen. Gesellschaftliche Ablenkungen, Reisen und Militärdienst verhinderten, dass der Prinz jemals ein „Semester" so erlebte wie einen zusammenhängenden Militärdienst. Immerhin tat er hier Blicke in die Welt, in der er später gemeinsam mit seiner Frau als Protektor von Museen und Gelehrten die historisch wohl bemerkenswertesten Leistungen seines Lebens vollbrachte, die ihm obendrein ganz unpolitisch und rein menschlich die größte Befriedigung bringen sollten.

Im Sommer 1851 verbrachte Friedrich erneut einige Monate beim Militär und nahm als Premierleutnant an der Enthüllung des Denkmals Friedrichs des Großen in Berlin teil. Bald darauf ernannte ihn der Zar bei russischen Manövern zum Chef eines Husarenregiments. Zwar „studierte" Friedrich offiziell noch immer, aber in Wirklichkeit war er zumeist auf Reisen: 1850 in die Schweiz, nach Südtirol und Oberitalien, von dort über Südfrankreich und Straßburg nach Bonn; 1851 zur Weltausstellung in London, wo er Königin Viktoria und den Prince Consort besuchte und dessen Berater, den Leib- und Hausarzt Baron von Stockmar, kennen lernte. Die Princess Royal Viktoria war damals zehn Jahre alt – die Königin fand den Prinzen „gut und liebenswürdig". Diese Reise bildete gewissermaßen das Ende von Friedrichs Studentenzeit; sein Gouverneur von Unruh stellte in einem seiner letzten Briefe an ihn abschließend fest, dass „Ihr Universitätsleben eigentlich nicht so ganz Ihren Neigungen entsprach, da Sie sich mehr zu militärischer Tätigkeit hingezogen fühlten". Tatsächlich war Friedrich in den folgenden Jahren fast ausschließlich Offizier; er wurde befördert, lernte nach der Gardeinfanterie 1854 die Gardeartillerie und die Gardekavallerie kennen, besuchte zwischendurch den russischen Hof, bald darauf Papst Pius IX., der ihn „charmant" fand, und hatte selbst das Gefühl, dass es ihm – wie seine Mutter es ausdrückte – an „energie intellectuelle" fehle. Das empfanden andere auch, und so empfahl Bismarck 1853 Leopold von Gerlach, den Prinzen dem Einfluss der Mutter zu entziehen und den erzieherischen Vorstellungen des Königs unterzuordnen. Hier also begann unauffällig der Kampf zwischen der

Weimarer Prinzessin und dem pommerschen Junker um den künftigen Herrscher.

Beide hatten ihre Argumente. Immer mehr vom Hofe beiseite gedrängt, an dem man ihr die in den Jahren 1848/49 gezeigte politische Einstellung nicht vergaß, zog Augusta sich auf den Geist von Weimar sowie die französische Kultur und Kunst zurück, die seit 1852 von Paris aus Europa eroberten; Augusta bevorzugte fortan das Französische, das damit die eine Seite ihres Wesens wurde, während die andere immer stärker Depressionen von „Reizbarkeit bis zur Hysterie“ bestimmten. So schien sie seit den 50er-Jahren in eine „aussichtslose Lage“ zu geraten, als ein Ereignis eintrat, das eine radikale Wendung am preußischen Hofe zur Folge haben musste.

Verlobung und Hochzeit

Seit Friedrichs erstem Besuch in England hatte der preußische Gesandte von Bunsen unermüdlich für eine Ehe mit der Princess Royal agitiert und dabei natürlich Augustas Förderung, aber auch Wilhelms Zustimmung gefunden, der in diesen Jahren eine Wendung zu den Westmächten für angebracht hielt. Im Sommer 1853 hatte man mit diesem Ziel, unter dem Vorwand der Besichtigung von Heeres- und Flottenmanövern, erneut den englischen Hof besucht; im September 1854 reiste Friedrich zur Erholung nach Ostende, von dort aber sofort weiter nach Dover. Am 14. September war er Gast der königlichen Familie auf Schloss Balmoral – einige Tage später hielt er um die Hand der 14-jährigen Viktoria an; am 19. September erhielt er das Jawort von den Eltern, von dem die Tochter vor ihrer Konfirmation nichts erfahren sollte. Doch schon am nächsten Tage zeigte sie Friedrich ihre Bewunderung so deutlich, „dass alles zum glücklichen Ende kam“, wie die Queen berichtete. Man mochte den jungen Mann gern, und Prinz Albert schrieb an Stockmar: „Große Geradheit, Offenheit und Ehrlichkeit sind vorzüglich hervorstechende Eigenschaften. Er scheint vorurteilsfrei und in hohem Grade wohlmeinend.“ Die eigene Mutter beurteilte ihn um diese Zeit folgendermaßen: „Charakterstärke und Geistesfähigkeit, namentlich Schärfe und Logik der Gedanken stehen nicht auf gleicher Höhe mit der Reinheit seines Herzens."

Friedrich reiste nun alle paar Monate nach England: Im Mai und November 1854, auf dem Heimweg über Paris, fiel er Kaiserin Eugenie angenehm auf. Im Januar 1856 wurde er Regimentskommandeur in Breslau, wo er mit Freude am geselligen Leben teilnahm. Zwischendurch schrieb er seinem Gouverneur Moltke, er hoffe sicher, „die Bürgerkrone aus Ölzweigen zu erreichen". Zeigte sich da schon Einfluss des englischen Milieus? Sein Arbeitszimmer stand voller Porträts seiner „Vicky". Im Juni 1857 wurde er Ehrenbürger von London; im November feierte er dort den Geburtstag seiner Braut. Am 25. Januar 1858 fand, da die Queen eine Reise nach Berlin ablehnte, die Hochzeit in London statt. Friedrich war 27 Jahre alt – sein Sohn Wilhelm, am 27. Januar 1859 geboren, sollte mit 29 Jahren Kaiser werden. Dessen erstes Kindermädchen war eine Engländerin, auf Rat des englischen Gesandten in Baden wurde 1866 der Calvinist Georg Hinzpeter sein erster Hauslehrer.

Der Kronprinz und die Krise von 1863

Inzwischen hatte König Friedrich Wilhelm IV., den ein Gehirnleiden quälte, am 23. Oktober 1857 seinem Bruder Wilhelm die „Stellvertretung" in der Leitung der Staatsgeschäfte übertragen. Für den Fall einer andauernden Regierungsunfähigkeit sah die Verfassung die Einsetzung einer Regentschaft vor, womit die Führung der Geschäfte dem Willen des Regenten unterstand, der dem etwa wieder gesundeten Herrscher keine Rechenschaft über seine Entscheidungen schuldig war. Am 6. Januar, 9. April und 25. Juni 1858 wurde die Stellvertretung verlängert. Am 7. Oktober 1858 legte Königin Elisabeth, die sich vergeblich bemüht hatte, in aller Form Mitregentin zu werden, dem König die Urkunde über die Regentschaft des Prinzen von Preußen zum Vollzug vor, die er bei klarem Bewusstsein unterschrieb. Prinz Wilhelm legte am 26. Oktober 1858 den Eid auf die

Verfassung ab und war nun in aller Form Regent. Augusta empfand sich jedoch als Mitregentin und sah sich als künftige Königin am Beginn einer neuen Ära. Sie plante bereits ein Kabinett aus ihrem Koblenzer Kreis, und tatsächlich nannte man die Regierung, die der Regent berief, „Augustas Ministerium". Prinz Albert meinte, es habe eine Revolution vom Throne aus stattgefunden. Der Regent hielt es für nötig zu betonen, er werde nicht von seiner Frau und deren liberaler Umgebung gelenkt. Aber seine eigenen parteipolitischen Beziehungen waren unübersehbar: Er stand den Altliberalen wie Bunsen und Duncker nahe.

Und der Sohn dieser Eltern, der Ehemann Viktorias, die Princess Royal war und blieb? Der englische Prinzgemahl besuchte seine Tochter in kurzen Abständen – gelegentlich in Begleitung der Queen, mehrerer Minister und Stockmars. In Berlin gewann man den Eindruck, dass die englischen Verwandten begannen, Preußen zu dirigieren; er war auch nicht ganz falsch. So schrieb am 9. August 1858 Prinz Albert an Carl Friedrich Graf Vitzthum, den mit ihm befreundeten sächsischen Residenten am Hofe der Queen: „Wir … sind genötigt, den privatlichen Charakter unserer Reise streng festzuhalten, da Inkonsequenzen in der Beziehung leicht persönliche Anstöße geben könnten." Angeblich wurde Viktoria von der preußischen Geheimpolizei beobachtet, ihre nach England gehende Post geöffnet.

Seitdem sein Vater Regent und damit praktisch König war, änderte sich Friedrichs Leben. Sein Tagebuch, das Viktoria regelmäßig las und gelegentlich mit eigenen Sätzen ergänzte, lässt das seit 1860 erkennen. Er nahm an Minister- und Kronratssitzungen teil, über deren Länge er wiederholt klagte, sowie an den Beratungen des Herrenhauses und besichtigte Truppen in Berlin und Potsdam. 1860 unternahm er Reisen nach Trier und Danzig und wurde in Königsberg Chef des 1. Infanterie-Regiments. Der Vater zog ihn zu Empfängen heran und suchte seine Selbstständigkeit zu stärken.

Am 2. Januar 1861 starb König Friedrich Wilhelm IV., wurde der Prinzregent König als Wilhelm I. und sein Sohn Friedrich Kronprinz: Das Interim, in dem der Heereskonflikt bereits begonnen hatte, war beendet. Die Regierungszeit Wilhelms I. begann mit einem staatsrechtlichen Dissens innerhalb des Kabinetts: Die konservativen und die liberalen Minister traten in offenen Gegensatz, da die liberalen die Wiedereinführung der Erbhuldigung der Stände ablehnten. Die Fronten formierten sich für die Krisis von 1861/62, die mit der Abdankungsidee des Königs und Bismarcks Berufung im September 1862 einen Höhepunkt und erst 1866 ein Ende finden sollte. Schon im Januar 1861 wurde Friedrich – wenigstens im Tagebuch – zu einer politischen Stellungnahme gezwungen: Er nannte die Adresse des Herrenhauses vom 23. Januar, die ein „starkes und selbstständiges preußisches Königtum" forderte, einen „unerquicklichen Ausdruck der Parteilichkeit". Als er 1862 dabei war, den Nachlass Friedrich Wilhelms IV. zu regeln, erlitt sein Vater am 14. März wegen „Intrigen" der feudalen Ultrakreuzzeitungsleute, die „das vortreffliche Ministerium" stürzen wollten, einen „heftigen Anfall von Nervenschwäche", und Friedrich selbst erregte sich über die „unseligen Junkertümler" mit ihren „heillosen Machinationen" gegen „die edlen Absichten" seines Vaters.

Im März 1861 reiste sein „liebes Frauchen" nach England, während Friedrich selbst angesichts der sich immer weiter verschärfenden Situation in beiden Häusern des Parlaments beim Vater bleiben musste. Am 3. April war man „endlich wieder vereinigt nach 18 Tagen Trennung". Während der König in der zweiten Hälfte des Jahres 1861 in seine erste politische Krisis geriet, entwickelten sich bei Friedrich langsam Loyalitätsschwierigkeiten. Am 31. Mai notierte er: „Ich merke immer mehr, dass die meisten Minister der Meinung sind, dieses Ministerium komme nicht mehr mit SM (Seiner Majestät) zusammen, weil die Auffassungen zu abweichend werden. Was aber dann!?!". Am 8. Juni: „Wenn nun diese Minister abgehen, wen soll SM nehmen, ohne sein Programm vom 8. November 1858 zu brechen und feudale Männer zu nehmen? Und das Letztere wird er bestimmt nicht wollen." Am 11. Juni 1861 sprach König Wilhelm, sechs Monate nach der Thronbesteigung, zum ersten Mal vom „abdicieren"; zwei Tage später baten sämtliche Minister um Entlassung. Am 18.: „Wie sollen wir aus diesem Dilemma herauskommen, ohne dass ein Ministerwechsel eintritt, und wenn dies der Fall ist, was für unselige Folgen werden hieraus erwachsen?" Schließlich verzichtete Wilhelm I. auf die Erbhuldigung, sodass diese erste Krisis beigelegt werden konnte.

Am 24. Juli 1861 behauptete die „Berliner Revue" – noch reaktionärer als die „Kreuzzeitung" –, es gebe am Hofe einen „gefährlichen englischen Einfluss"; man sei in der Lage, Namen zu nennen. Dass Albert seinem Schwiegersohn im Sommer 1861 während dessen langem Aufenthalt in England erstmals deutschlandpolitische Empfehlungen gegeben habe – die Friedrich nicht recht verstand –, verzeichnete dieser selbst in seinem Tagebuch.

Seit dem März 1862 spitzte sich die nächste Krisis – der „Heereskonflikt" – zu. Anfang September war der König entschlossen zurückzutreten. Am 18. rief er den Kronprinzen zu sich, am Tage darauf erklärte er ihm seine Rücktrittsabsicht. Am 23. September jedoch berief er Bismarck zum Ministerpräsidenten. Friedrich war an diesem Tage in der Nähe von Coburg. Duncker telegrafierte ihm die Entscheidung und Friedrich schrieb in sein Tagebuch: „Diese Ernennung wird erbitternd auf die Abgeordneten wirken, man wird sofort Reaktion wittern … und der arme Papa wird sich durch diesen unwahren Charakter manche harte Stunde einbrocken … Die Kreuzzeitungspartei wird nicht ruhen noch rasten mit ihrer heuchlerischen Intrigenwirtschaft, allen bisher eingebüßten Einfluss wiederzuerlangen. Musste es dahin kommen, nachdem im November 1858 die Regentschaft unter so herrlicher Aussicht eingesetzt ward? Arme Mama, wie bitter wird gerade dieses ihres Todfeindes Ernennung sie schmerzen."

Der König hatte die politische Krisis, die ihn fast zur Abdankung bewogen hätte, mit der Wendung zu Bismarck und zur Reaktion beendet. Hatte er damit einen familiären Konflikt ausgelöst? Schließlich standen ja doch Augusta, ihr Sohn und ihre Schwiegertochter auf der Seite der Liberalen. Doch man verschob die familiäre Auseinandersetzung, weil offensichtlich ein erheblicher Teil der öffentlichen Meinung zu des Königs Seite neigte. Und da Friedrich mit seiner Frau in dieser Zeit bis zum 19. Dezember eine große Italien- und Mittelmeerreise machte, erlebte er die allmähliche Anpassung seines Vaters an Bismarck nicht aus nächster Nähe. Nach der Rückkehr bemühte Bismarck sich, die Befürchtungen des Kronprinzen zu widerlegen. Friedrich notierte nach einem Gespräch am 22. Dezember: „Er kümmere sich sehr wenig um die innere Politik, da Preußens Aufgabe zunächst in der auswärtigen beruhe. Er diene dem König, seine Befehle befolgend, keiner Partei angehörend, also auf Verlangen auch gern geneigt, liberale Maßnahmen zu ergreifen. Letztere würden jedoch gegenwärtig wenig fruchten, indem jegliche Konzession nur als Zeichen der Nachgiebigkeitsgeneigtheit der Regierung angesehen würde, folglich nur die Macht der Krone schwäche." Notfalls werde man „eine Art Indemnity Bill für 1862 vorlegen und, wenn der Landtag das Budget für 1863 nicht bewillige, dann ruhig fortregieren". Der Kronprinz kritisierte, dass Bismarck während der Unterredung „manche schlechten Witze ..., sogar unpassende" gemacht habe. Der Ministerpräsident „hat mir recht missfallen" – aber „ich habe jede entschiedene Meinungsäußerung vermieden."

Dabei blieb es – um so mehr, als Bismarcks Art, den Ministerrat zu führen, dem Kronprinzen imponierte. Andererseits erklärte ihm der Minister von Bodelschwingh gerade am Krönungstag, dem 18. Januar 1863, „die Fortschrittspartei rechne viel auf mich, und da man von Spaltung zwischen mir und Seiner Majestät viel rede, so wolle es jene Partei zum Bruch zwischen Seiner Majestät und mir treiben ... Er komme, mir's zu sagen, wissend, dass nichts wahr sei". Wenn der Minister auf Zustimmung gehofft hatte, so musste er enttäuscht sein. Friedrich betonte seine Loyalität gegenüber dem König und schloss: „Sonst höre ich und lerne ich." Von ihm her – und seitens seiner Frau – gab es also keine Familienkrisis, um so weniger, als der König „leider" politische Gespräche mit dem Sohn vermied und sich dem liberalen Einfluss Friedrichs und dessen Mutter entzog.

Aber Friedrich gab nicht ein für alle Mal klein bei. Ende März 1863 erzählte man ihm, Bismarck habe bei dem französischen Botschafter eine Äußerung über die Notwendigkeit der Einschüchterung der preußischen Presse getan. Am 8. April legte Bismarck dem Ministerrat, dem der Kronprinz nach langer Pause wieder einmal beiwohnte, Vorschläge hinsichtlich der „zur Zügelung der Presse zu ergreifenden Maßnahmen" vor. Unter dem Einfluss eines Briefes von Duncker vom 27. und einer Mahnung seines badischen Schwagers vom 29. Mai bat der Kronprinz drei Tage später den König, niemals seine „Einwilligung zu irgendeinem Verfassungsbruch oder zu einer Verfassungsumgehung zu erteilen". Am Abend desselben Tages reiste er nach dem Osten, unterwegs mit dem Danziger Oberbürgermeister von Winter, den er seit dessen Tätigkeit als Berliner

Polizeipräsident kannte und schätzte, stundenlang „politisierend". Winter hatte in Berlin „Oktroyierungsgerüchte" gehört. Am 1. Juni schrieb die Kronprinzessin ihrem Privatsekretär, „im Falle von Oktroyierung wird Friedrich seine Proteste an den König und die Minister in der von Ihnen vorgeschlagenen Form abschicken". Am 4. Juni überbrachte Viktoria in Warlubien ihrem Manne ein Schreiben des Königs, in dem dieser angeblich unüberlegte Reden des Sohnes kritisierte und betonte, die am 3. Juni im Staatsanzeiger veröffentlichte Pressordonnanz vom 1. Juni sei „streng nach Art. 63 der Verfassung" abgefasst und werde dem Landtag vorgelegt werden. Der Kronprinz erwiderte schriftlich, sie entspreche jedoch nicht dem Geist dieses Artikels.

Am Tage darauf war er anlässlich einer großen Parade in Danzig. Beim Empfang im Rathaus wies Oberbürgermeister von Winter auf „die gedrückte Stimmung in der (seit alters liberalen Kaufmanns-) Stadt … seit Oktroyierung der Pressordonnanz" hin. In seinem Tagebuch notierte Friedrich: „Ich erwiderte, indem ich meine Überraschung über diesen Schritt der Regierung schilderte, der, als ich bereits schon abwesend gewesen sei, geschehen wäre, und hätte ich an keiner Beratung, die in jenem Sinne gelautet, teilgenommen; ich beklage diesen Konflikt mit dem Lande, fordere aber jeden auf, mit mir der treuen edlen, hochherzigen Absicht unseres Königs, die wir wohl kennten, zu vertrauen, denn er werde sicherlich Preußen zu dem führen, wozu es von der Vorsehung bestimmt sei. Ich habe mich also laut als Gegner Bismarcks und seiner unheilvollen Theorien bekannt und habe also der Welt bewiesen, dass ich sein System nicht angenommen oder gebilligt habe. Das Ministerium soll sich getroffen fühlen. Das ist meine Absicht." Im gleichen Sinne schrieb er – nach Beratung mit Viktoria – dem König, der über die Vorgänge in Danzig bereits durch das Wolffsche Telegrafenbüro orientiert war. Dieser Ausbruch des Kronprinzen beruhte auf einer seit langem aufgestauten Erregung und Enttäuschung. Schon einige Zeit zuvor hatte die Kronprinzessin ihrer Mutter geschrieben: „Ein Jahr des Stillschweigens und der Selbstverleugnung hat für Fritz keine anderen Früchte gebracht, als dass er für einen hilflosen Schwächling gehalten wird … die Liberalen sind überzeugt, dass er nicht von ganzem Herzen zu ihnen gehört, und die wenigen, die anders denken, bilden sich ein, dass er nicht Mut hat, es öffentlich zu bekunden." Der Kronprinz war also im Begriff, unglaubwürdig zu werden. Damit hing es zusammen, dass er fortan mehr liberale Abgeordnete empfing und sich ihrer Sorgen annahm, im Kronrat durch Schweigen seine abweichende Meinung kundtat, schließlich die Pressordonnanz im Ministerrat und beim Vater als nicht verfassungsmäßig bezeichnete, worauf der Vater energisch erwiderte, er möge nicht in den Fehler aller Kronprinzen verfallen und durch liberale Neigungen nach Popularität haschen.

Aber so einfach lagen die Dinge nicht. Königin Augusta führte ein „ernstes Gespräch" mit dem König, setzte ein sehr hartes „Ergebnisprotokoll" auf und ließ es vom König unterzeichnen, während ihm Edwin Manteuffel in einer Denkschrift die möglichen Disziplinarmittel gegen den Kronprinzen aufzählte – darunter eine kriegsgerichtliche Verurteilung zu mehrjähriger Festungsstrafe. Friedrich stand an einem Scheidewege – und er wusste es. Der jetzt sechsundsechzigjährige König war nicht sehr gesund: der Kronprinz war zweiunddreißig Jahre alt und hatte schon mehrfach erlebt, dass seine Mutter ihm eine frühe Thronbesteigung mit sich selber als Beraterin wünschte – was Bismarck bekannt war. Und die Kronprinzessin? Am 6. Juni notierte Friedrich: „Frauchen ist mein treuester Ratgeber, meine ganze Stütze, mein unermüdlicher Tröster, wie's keine Worte auszudrücken vermögen. Unsere Stellung ist aber furchtbar!"

Als er am 7. Juni im Begriff war, Danzig zu verlassen, erhielt er einen Brief des Königs, der ihn zu der Erkenntnis brachte: „Der Bruch ist also da … ich habe den teuren lieben Papa gekränkt … ich kann nicht anders, als nach meiner innigsten Überzeugung zu reden und zu handeln, wenn ich unsere und der Kinder Zukunft bedroht sehe." Dem Vater schrieb er dem Tagebuch zufolge: „Was ich anderen gesagt, sei meine feste Ansicht und könne ich nicht zurücknehmen." Er bot ihm das Ausscheiden aus allen Ämtern an und bat um eine Art Verbannungswohnsitz, wobei er selber an „dear old England" dachte.

Aber Wilhelm I. ging auf dieses Angebot nicht ein. Bismarck riet ihm: „Verfahren Sie säuberlich mit dem Knaben Absalom!" Statt ihm wegen der respektlosen Redensart einen Verweis zu erteilen, war der König glücklich über diese Reaktion des Ministerpräsidenten. So erließ er nur ein „Verbot, noch einmal mich in ähnlicher Weise zu äußern“ – „väterlich liebevoll … Mama und der Hausminister Schweinitz haben sich meiner sehr angenommen … Frauchen angegriffen und herunter, sie ist zu gut und feinfühlend für mich, als dass sie nicht ebenso litte … Was wäre ich ohne sie?“ Sie hatte wohl außerdem auch noch ein schlechtes Gewissen. Duncker waren am 20. Juni 1863 Vorschläge der Queen an ihre Tochter bekannt, „deren Ausführung den Prinzen offenkundig in Opposition gegen den König bringen müsste“. Eine derartige politische Korrespondenz bestand mindestens, seitdem Prinzessin Victoria 1860 ihrem Vater ein eigenes Memorandum über Ministerverantwortlichkeit geschickt und er dieses als „überzeugend, auffallend klar und vollendet“ bezeichnet hatte. Indiskretionen und falsche Behauptungen in der Londoner „Times“ ließen die Intensität dieser Korrespondenz öffentlich erkennen. Nachdem Bismarck in einer langen Denkschrift auseinander gesetzt hatte, dass dem Kronprinzen entsprechend dem monarchischen Konstitutionalismus „jeder Beruf und jede Berechtigung“ der Einmischung in die Politik fehle, weil er „keinen amtlichen Status besitzt“, befahl der König am 7. August den Kronprinzen zu sich nach Gastein, „der mich nach allem Vorgefallenen und vor unserem gemeinsamen Erscheinen in Berlin wieder zu sehen wünscht“. Beide blieben in einem Gespräch am 11. August bei ihrer Auffassung von der Regierungskrise. Friedrich: „Gott stehe uns bei. Und das muss man ruhig ansehen, ohne helfen oder abwehren zu können.“ Dann kam noch am gleichen Tage Bismarck, der ihm erklärte, „dass konstitutionelles Regime in Preußen nie gehen werde, falls man es nicht zu Grunde richten wolle“. Der Kronprinz nannte das „eine sehr eigentümliche Rede!!“.

Noch ein Gespräch „mit dem gütigen und liebevollen Vater. Dann voll Trauer und Unruhe um meine und des Vaterlandes Zukunft abgereist. Wir rennen immer tiefer in das Verhängnis hinein.“ Am 1. September: „Mit Bismarcks Namen ist jedes Unternehmen, es sei, welches es wolle, tot geboren.“ Am 3. September sprach der König gegenüber Friedrich von „diesem hundsföttischen konstitutionellen System“. Friedrich bat um „Entbindung von der Berechtigung des Beiwohnens der Staatsministeriums-Sitzungen …“ Der König verweigerte das. „Ich würde aber dann beständig zu opponieren haben. SM: Mein Widerspruch werde doch bekannt werden.“

Der Kronprinz hatte damit den politischen Höhepunkt seines Lebens überschritten. Er wurde nun wieder in erster Linie Soldat. Für Augusta schließlich folgte ein Vierteljahrhundert der Verachtung für ihren Mann, des Hasses auf Bismarck und des Kampfes um ihren Sohn, der von Zeit zu Zeit Zweckbündnisse mit dem Ministerpräsidenten schloss – 1866 gegen den eigenen Vater, als dieser unbedingt nach Wien marschieren wollte. Seit langem hatte sie die Politik ihres Schwagers Friedrich Wilhelm IV. und ihres Ehemannes gequält. Nun wurde sie, die Intellektuelle, die immer hatte beteiligt werden wollen, schnell aus dem politischen Geschäft verdrängt und zur Intrige gezwungen. Im Jahre 1864 schrieb sie ihrem Bruder Karl Alexander über den König: „Er ist noch keineswegs in einer Verfassung, die Mitleid verdient; denn in seiner Verblendung, in seiner unheilvollen Voreingenommenheit sucht er Ersatz für Beziehungen, die er rücksichtslos verletzt. Einmal wird er erwachen und leiden, falls er die Fähigkeit besitzt, die Ungeheuerlichkeit seiner Fehler, die Art, in der seine Schwächen ausgenutzt werden, zu erkennen."

Die Pressordonnanz, die diese energischste und für ihn gefährlichste politische Aktion des Kronprinzen ausgelöst hatte, wurde schon am 17. November des gleichen Jahres von einer Fünfsechstelmehrheit des Landtages für verfassungswidrig erklärt – Bismarck ließ sie stillschweigend fallen.

Der Sieger von Königgrätz

Noch im Jahre 1863 hat der Kronprinz die Auflösung des Abgeordnetenhauses am 2. September und die Neuwahlen vom 28. Oktober erlebt, in denen die kompromisslosen Altliberalen, die Linksliberalen und die Fortschrittspartei – „seine" Parteien also – gemeinsam 70 % aller Sitze gewannen. An eine Verständigung mit der Regierung war angesichts der Thronrede vom 9. November und der Resolution des Abgeordnetenhauses vom 25. Januar 1864, in der die Annahme des Staatshaushaltsgesetzes 1864 durch das Herrenhaus für verfassungswidrig und nichtig erklärt worden war, so wenig zu denken wie zuvor, zumal die schleswigholsteinische Frage immer stärker in den Vordergrund trat. Noch am gleichen Tage wurde der Landtag erneut aufgelöst. Während an dieser Stelle die Regierung also keine wirklichen Erfolge erzielte, gelangte sie in Konsens mit Österreich schnell zu einem entscheidenden Ergebnis im Dänischen Krieg von 1864, der sich auch im Urteil der Öffentlichkeit auswirkte: Bismarck begann zu hoffen, dass er nach einer Oktroyierung des gleichen Wahlrechts, einem Staatsstreich also, mithilfe der „Massen" den Landtag für seine Politik gewinnen könne.

Der Kronprinz fühlte sich im Herbst 1863 verlassen und ratlos. Er führte lange Gespräche „über die Situation" mit dem englischen Gesandten Sir Robert Morier, einem einflussreichen Nachrichtenübermittler zwischen Viktoria und ihren Eltern, und mit dem Geheimen Justizrat Heinrich Friedberg, einem hervorragenden liberalen Juristen, den er als Kaiser 1888 adelte. Zu den Themen gehörte auch die Eheschließung des Prince of Wales mit Prinzessin Alexandra von Dänemark, die natürlich gegen Preußen und Bismarck eingestellt war.

Aus den Gesprächen mit Friedberg ging eine Denkschrift des Kronprinzen als des „dem Thron am nächsten Stehenden" vom 17. September 1863 an den König hervor, die sich ganz gegen Bismarck wandte und auf seinen bereits energisch abgelehnten Wunsch zurückkam, sich weitgehend aus der Politik zurückzuziehen. Dieses Memorandum konnte die Differenzen nur vertiefen, die Selbstisolierung verstärken und Bismarcks Position festigen. Im Oktober folgte eine Reise zur Queen, die politische Unterhaltungen mit Friedrich führte. Heimgekehrt, musste er am 9. November enttäuscht das vorzügliche Verhältnis des Königs zu Bismarck erkennen. Stockmar und Friedberg konnten ihm diese Entwicklung nur bestätigen. Bereits im November 1863 fanden in England weitere Beratungen über Preußen und Dänemark mit der Queen statt, in der sie sogar „leidenschaftlich" wurde. Da Friedrich den König loyal über diese Gespräche informierte, erfuhr also Bismarck genau, wie eifrig die Queen, ihre Tochter und ihr Schwiegersohn versuchten, Einfluss auf die Innen- und Außenpolitik Preußens auszuüben. Friedrich rechtfertigte dies sich selbst gegenüber am 9. Dezember 1863 mit dem Satz: „Mein Brief wird nichts bewirken und nichts nutzen, aber ich habe wenigstens alles getan, was ich vermochte, um in diesem Augenblick im vaterländischen Sinne zu reden." Zurückgekehrt, erkannte er die „unermesslichen Schwierigkeiten meiner Stellung und der von Vicky", „politisierte" am 28. Dezember mit dem König und brach am gleichen Tage ein Gespräch mit Bismarck ab, weil er dessen „Deduktionen" nicht zu folgen vermochte.

Das Jahr 1864 verlief bis zum Ausbruch des Krieges mit Dänemark unter immer weiteren Zuspitzungen des Verhältnisses zwischen Vater und Sohn. Anfang Januar stellte der König die Zusendung politischer Korrespondenzen an den Kronprinzen ein, weil dieser selbst sich „außerhalb des Ministeriums und der Regierung gestellt" habe. Er erklärte sich allerdings schon am 11. Januar bereit, die Sendungen wieder aufzunehmen, „wenn ich feierlich verspreche, gegen niemanden hiervon zu sprechen, nicht einmal Vicky oder Duncker, denn Vicky würde doch mit halben Worten ihrer Mutter Mitteilung machen!!!". Es folgte ein „peinliches Gespräch unter Heftigkeitsausbrüchen. Es sei die Folge meines Danziger Auftretens, ich sei ein Opponent …" Fortan wurde der Kronprinz nicht mehr vollständig informiert und lernte beispielsweise eine Punktation mit Österreich erst bei deren Verlesung im Ministerrat kennen. Von der Mutter erfuhr er, dass am 25. Januar der Landtag geschlossen werden sollte.

Dann begann der Krieg. Am 30. Januar: „Traurig gestimmt über die Abreise, wiewohl ich endlich einmal den Krieg kennen lernen werde." Er erhielt kein Kommando, sollte also nur Beobachter sein; als aber der dreiundachtzigjährige Wrangel den Anstrengungen des Feldzuges nicht mehr gewachsen war, nahm Friedrich ohne eine Vollmacht, „kraft meiner persönlichen Stellung zur Krone die Verantwortung der Leitung des verbündeten Heeres heimlich in die Hand … Ich habe somit faktisch an der Spitze der verbündeten Armee in den Herzogtümern gestanden … Zur Stärkung meines Charakters und des Selbstvertrauens" habe „keine erwünschtere Schule mir geboten werden können". An seinen „freisinnigen Überzeugungen" änderte sich in dieser Zeit zwar nichts, aber sie waren politisch einflusslos. Im Gegenteil, Friedrichs Abwesenheit erleichterte Bismarck die politischen Entscheidungen.

Am 17. Mai 1864 kehrte der Kronprinz nach Berlin zurück, wo er vom König kühl empfangen, aber zum Kommandierenden General befördert wurde und den Garnisonsdienst wieder aufnahm: „Komischer Eindruck, den diese Friedensübungen auf einen machen, wenn man vom Krieg heimkehrt", schrieb der begeisterte Offizier, der geneigt war, seine Leistungen als Feldherr zu überschätzen. In Wien sah man es anders. Dort begann eben die Vorbereitung des sechsjährigen, 1858 geborenen Kronprinzen Rudolf auf seinen späteren Beruf. Für das Amt des Erziehers wurde der Generalmajor Leopold Graf GendreCourt vorgesehen, der gerade aus dem dänischen Krieg als „Sieger von Översee" heimgekehrt und der Meinung war, „die Preußen steckten noch in den Kinderschuhen der Kriegführung".

Die folgende Zeit verbrachte Friedrich bei Manövern und Paraden sowie in politischen Auseinandersetzungen mit Bismarcks „intriganter Natur" – unter dem Druck seiner Schwiegermutter, die den König von Preußen „dringend" aufforderte, Dänemark „annehmbare Bedingungen zu stellen", was Friedrich, der einen englisch-preußischen Krieg erwartete, veranlasste, ständig mit Stockmar und Duncker zu konferieren.

Ende 1864 setzte Bismarck die Einberufung des Landtags zu einer Session auf den 14. Januar 1865 durch. In dieser Zeit trat der wehrrechtliche Kern des Konflikts hinter die haushaltsrechtliche Frage zurück, wenngleich die Regierung zu Beginn der neuen Session am 2. Februar 1865 zum fünften und letzten Mal den Entwurf des Kriegsdienstgesetzes mit der Behauptung vorlegte, die Bestimmung über die Heeresstärke sei ein Recht des Königs. Dieser Entwurf wurde vom Landtag nach dem Dänischen Krieg ebenso abgelehnt wie das Marinefinanzgesetz, womit auch der Staatshaushaltsplan für 1865 zu Fall gebracht war. Hierbei handelte es sich jedoch nur um die aus dem Antiliberalismus Wilhelms I. und Bismarcks herausragenden und allgemein bekannt werdenden Ereignisse. Darunter vollzogen sich aber grundsätzliche politische Entscheidungen, die zunächst nur lokal, höchstens regional greifbar wurden – etwa, wenn Siemens, Geschäftspartner Halske, ein weithin angesehener Unternehmer, der aus dem Handwerkerstand sich hochgearbeitet hatte und in Berlin zum Stadtrat gewählt worden war, die gesetzlich notwendige königliche Bestätigung der Wahl nicht erhielt, weil er zu den Liberalen zählte.

Friedrich verlor in diesem Jahr 1865 immer mehr den Kontakt mit der Regierung. Ein „Käfigleben" nannte er im Januar seine Existenz in Berlin, wo „das Kapital Zukunft verzehrt" werde. Auch Augusta geriet in dieser Zeit ganz in den Hintergrund, zumal es immer deutlicher wurde, dass sie in enger Verbindung mit den rheinischen Liberalen und über diese mit Frankreich und England in freundschaftlichem Kontakt stand. So waren denn Mutter und Sohn sehr überrascht, als der König im Ministerrat „Annexionsgelüste" zeigte und mit Ausnahme Eulenburgs alle Minister zustimmten. Friedrich trug zwar seine „entschiedene" Ansicht gegen Annexionen vor, aber es wurde ihm nun klar, dass ein Krieg gegen Österreich bevorstand. Im Juni/Juli 1865 bereitete man die Finanzierung des Krieges vor und begann mit der Konzentration der Truppen. Friedrich notierte am 12. Juni 1865: „Von alledem ahnte ich nichts bis heute Abend", und schrieb dem König am 17. Juli: „Dass wir so schroff zu Österreich stünden, ahnte ich nicht ...", dem Ministerpräsidenten: „Da Sie meine von Ihren Ansichten völlig abweichenden kennen, hielten Sie es wohl für nutzlos, mich weiter in die Sache hineinzuziehen." Dass Bismarck seit langem eine Indemnitätsvorlage vorbereitete und damit auf eine Verständigung mit beiden Häusern zielte, wurde dem Kronprinzen ebenso wenig mitgeteilt. Und da Queen Victoria im Jahre 1865 eine Periode krankhafter Zurückgezogenheit durchlebte, lockerten sich die menschlichen und politischen Beziehungen auch zu ihr vorübergehend: Bei einem von König Wilhelm und Bismarck missbilligten Besuch in London und Windsor im November 1865 wurde das Kronprinzenpaar vom Hof kaum beachtet. Selbst über militärische Fragen, wie Beförderungen in der Heeresspitze, wurde der Kronprinz in Berlin immer weniger informiert. Als Anfang 1866 die Spannungen mit Österreich immer stärker wurden und am 18. Februar „Berlin voller kriegerischer Aufregung" war, notierte Friedrich: „Mir allein teilt keine offizielle Seele auch nur ein Atom Politik mit!!!" Nicht einmal zum Ministerrat wurde er noch regelmäßig eingeladen, sodass er dessen Diskussionen und Beschlüsse nur noch durch Zuträgerei und Indiskretion kennen lernte – so Bismarcks Entschluss vom 22. Februar 1866, am folgenden Tage die Landtagssession zu schließen. Auch ließ Bismarck gelegentlich den Kronrat im Auswärtigen Amt oder an anderen Orten zusammentreten, sodass es sich offiziell nicht um einen solchen handelte und der Kronprinz nicht eingeladen zu werden brauchte. Dieser notierte über solche Methoden am 26. Februar: „Bald kommt aber doch der Augenblick, wo ich werde zum Reden kommen und gelangen müssen."

Am 16. März 1866 beauftragte der König plötzlich seinen Sohn, der Queen zu schreiben, er nehme sehr gern ihre Vermittlungsvorschläge an und sei bereit, den Gasteiner Vertrag zwischen Preußen und Österreich einzuhalten. Bismarck erfuhr nichts von diesem Brief, der eine sehr unerwartete Wendung des Königs signalisierte und den Ministerpräsidenten desavouierte. Sofort folgte ein Brief der Kronprinzessin: „Wieder einmal wirst Du, liebe Mama, vielleicht das Mittel sein, eine europäische Feuersbrunst abzuwenden." Als Bismarck von dieser politischen Korrespondenz hinter seinem Rücken erfuhr, konnte er nur entsetzt sein. Er sprach von einer „alternativen Politik" des Königshauses, und die Kronprinzessin gab ihm recht. Sie schrieb Anfang April der Mutter: „Ich bitte Dich inständigste, mich nicht zu verraten. Ich darf nichts von dem wissen, was in den Depeschen stand; aber da ich dies doch erfahren habe, dachte ich, ich würde es Dich wissen lassen." Sie schlug sogar vor, über den englischen Gesandten in Berlin mittels einer Geheimschrift mit ihrer Mutter zu korrespondieren, was jedoch der Queen zu gefährlich erschien. Auch Königin Augusta drängte Königin Viktoria ohne Wissen des preußischen Kabinetts, die Vermittlung zu übernehmen, und ließ wissen, dass es nur eine Möglichkeit gäbe, den Frieden zu erhalten: Bismarcks Entlassung. Dem Kronprinzen schrieb die Queen, eine Annexion der Herzogtümer wäre eine „Verletzung aller Prinzipien, auf die wir in England stolz sind", und ihre Tochter fragte sie, wie weit die preußische Mobilmachung fortgeschritten sei; „Vicky" antwortete so prompt unter genauen Zahlenangaben über Heeres- und Festungsdivisionen, dass die Queen früher unterrichtet war als ihr Foreign Office.

Am 7. Mai schoss der Tübinger Student Cohen-Blind, Stiefsohn eines Aufständischen von 1849, auf Bismarck, verwundete ihn zwar nicht, löste aber durch sein Attentat Huldigungs-Kundgebungen für den Ministerpräsidenten aus, der in Berlin eigentlich nicht sehr beliebt war. Der festgenommene Attentäter nahm sich in der folgenden

Nacht das Leben. Die Queen und ihre Tochter wechselten Briefe über das Ereignis: Die preußische Kronprinzessin meinte, es sei gut, dass Bismarck am Leben geblieben sei, damit er die „Konsequenzen seiner skrupellosen Verrücktheit" erlebe; die Queen dagegen hätte ihn lieber ermordet gesehen und glaubte im Übrigen, Bismarck habe das Ganze selbst arrangiert, um seine Popularität zu festigen und den Attentäter ermorden lassen. Schließlich ging die Queen so weit, dem Schwiegersohn nahe zu legen, er solle erklären, dass er an einem so ungerechten Krieg nicht teilnehmen werde. Das, so Königin Viktoria, werde ihn in den Augen der Welt erheben.

Am 17. Mai wurde dem Kronprinzen die II. Armee unterstellt. Damit war seine politische Opposition beendet. Der König ernannte ihn am 8. Juni zum General der Infanterie, Friedrich fuhr in sein Hauptquartier nach Schlesien. Am 16. Juni begannen die preußischen Kriegserklärungen an die deutschen Staaten und Österreich. Die Kronprinzessin, die wenige Tage zuvor einen Sohn verloren hatte, lebte fortan nur dem Schmerz über diesen Verlust und dem Stolz auf ihren Mann, in dem das Urteil der Öffentlichkeit seit dem Sieg von Königgrätz einen Helden sah. Victoria flehte ihre Mutter um Verständnis für ihre Empfindungen an, die nun „auf der Seite meines Landes, meines Gatten sind …"

Auf dem Schlachtfeld von Königgrätz, am 3. Juli 1866, legte der König dem Kronprinzen, der energisch und geschickt seine Truppen zur richtigen Zeit herangeführt und eingesetzt hatte, den eigenen Pour je mérite um den Hals. Aber als Wilhelm I. den Triumph auskosten und große Teile des deutschen Österreich annektieren wollte, trat sein Sohn und Volksheld ihm in Nikolsburg am 20. Juli mit politischem Verstand und mit Respekt vor dem verhassten und bekämpften Gegner Bismarck entgegen, der ihm versicherte, dass der König „nach vieler Mühe" die Vorlage des Indemnitätsgesetzes gestattet habe. Andererseits verlangte Friedrich die Annexion nicht nur von Schleswig-Holstein, sondern auch von Hannover (die ihm Schwierigkeiten mit der Schwiegermutter verursachen musste), Kurhessen, Oberhessen und eines Teils von Nassau: „Ich, der ich sonst immer gegen Annexionen war!!! Aber die deutschen Verhältnisse bringen es einmal mit sich und heute heißt es: ‚Festhalten', was sich hier bietet, und zwar ganz, ohne alle Rücksicht und Großmut." Er genoss das Glück, den vor Erregung weinenden Bismarck beruhigen zu müssen, und führte eine geheime Korrespondenz sowie Gespräche mit dem Ministerpräsidenten – wie vor kurzem noch seine Frau mit der Queen. Am 24. Juli konnte er voller Genugtuung in sein Tagebuch schreiben: „Und so wird es auch heute oder morgen werden, denn meine Ansicht wirkt jetzt entscheidend im königlichen Hauptquartier. Seltsamer Gegensatz! Ich muss oft auf Bismarcks Seite treten, um dem *wirklichen Zeitgemäßen* seiner Majestät gegenüber Gewicht zu verschaffen … dabei werde ich mich nicht irremachen lassen über die früheren politischen Fehler unserer Regierung, die ich bekämpfe, auch nicht blindlings annehmen, dass, weil es jetzt oben vernünftig hergeht, Bismarck ‚der Mann der Zeit' sei." Am 26. Juli 1866 wurden die Friedenspräliminarien unterzeichnet. Der Krieg war beendet.

Als der Kronprinz seiner Mutter gegenübertrat, fühlte er den Boden unter sich „wanken". „Vicky" gestand ihrer Mutter: „Ich fühle, dass ich JETZT ebenso stolz bin, Preußin zu sein wie Engländerin. Das ist sehr viel gesagt … ich muss sagen, dass die Preußen eine hoch stehende Rasse sind, soweit Intelligenz und Menschlichkeit, Erziehung und Herzensgüte infrage kommen; deswegen hasse ich diejenigen um so mehr, welche infolge ihrer schlechten Regierungsfähigkeit und Verwaltung die Nation der Sympathie berauben, die ihr gebührt … Wir haben niemand anderem als Bismarck für all das zu danken."

Fortan standen wieder die preußische Innenpolitik und die Deutschlandpolitik ganz im Vordergrund – der Kriegsruhm des Helden begann zu verblassen.

Am Vorabend der deutschen Einigung

Friedrich hatte die für den 30. Juli 1866 vorgesehene Thronrede zur Eröffnung des Landtags – die Wahlen hatten am Tage von Königgrätz, also in Unkenntnis des entscheidenden Sieges stattgefunden und dennoch eine Niederlage der Liberalen gebracht – noch im Felde gelesen und „nur loben" können. Die Regierung bat in dieser Rede des Königs um Indemnität und erkannte ohne Einschränkung das Budgetrecht des Landtages an. Wilhelm war mit Bismarcks Indemnitäts-Antrag im Gegensatz zum Kronprinzen keineswegs einverstanden. Er sah darin – mit Recht – das Eingeständnis begangenen Unrechts, während er selbst fest von seinem Recht in diesem Streit überzeugt war. Auf der Eisenbahnfahrt von Prag nach Berlin am 4. August überzeugte Bismarck durch immer neue Vorstellungen und Erläuterungen „unter dem ermutigenden Mienenspiel des stumm dabeisitzenden Kronprinzen" den König schließlich von der Notwendigkeit, „den parlamentarischen Gegnern eine goldene Brücke zu bauen, um den inneren Frieden wieder herzustellen und sich so eine feste Grundlage für die Fortsetzung der deutschen Politik Preußens zu schaffen" (Hintze). Innerhalb von zwei Wochen hatte der Kronprinz also seinem ärgsten Gegner aus Einsicht und doch mit schwerem Herzen zweimal zum Erfolg und damit zur Entwicklung einer Überredungs- und Regierungsmethode gegenüber dem König verholfen, deren Anwendung Friedrich selbst später wieder und wieder kritisieren musste.

Am 5. August fand die Eröffnung des gewählten Parlaments mit der von Bismarck meisterhaft formulierten Erklärung des Königs statt. Am 14. August brachte die Regierung die Indemnitätsvorlage ein, über die vom 1. bis 3. September debattiert wurde. Die Abstimmung erbrachte 230 Stimmen für ihre Annahme und 75 dagegen. Wenn einige Angehörige der Fortschrittspartei wie Duncker, Lasker, Twesten und Unruh für die Vorlage stimmten, dann lag das gewiss zum Teil daran, dass der Kronprinz sich auf Bismarcks Wunsch um sie bemüht hatte: Unter größter Geheimhaltung hatte er beispielsweise spätabends durch die Hintertür des Kronprinzenpalais den Abgeordneten Forckenbeck empfangen, der als Referent der Budgetkommission jahrelang die Ablehnung des Militäretats zu begründen gehabt hatte, und sich über die Stimmung im Parlament unterrichten lassen. „Der Kronprinz", so berichtete Forckenbeck seiner Frau, „sprach ganz offen aus, dass er ein Gegner Bismarcks immer gewesen sei, dass derselbe aber jetzt notwendig zu unterstützen sei." Beide Männer imponierten und gefielen einander. Forckenbeck gehörte zu den Gründungsmitgliedern der Nationalliberalen, und Friedrich, den die Zauberworte „liberal" und „national" gewannen, sorgte bald darauf dafür, dass Forckenbeck Mitglied des Reichstages des Norddeutschen Bundes wurde: Er hatte eine bedeutende Karriere vor sich.

Am 14. September trat das Indemnitätsgesetz in Kraft. Der Verfassungskonflikt, seit Jahren der Mittelpunkt der politischen Aktivität des Kronprinzenpaares, war beigelegt. Die preußischen Wahlen vom 7. November 1867, die ersten, an denen die unter Friedrichs nachdrücklicher Zustimmung annektierten Landesteile teilnahmen, brachte einen großen Erfolg der Nationalliberalen – 99 Sitze statt 33 im Jahre 1866 – und eine Niederlage der Konservativen, die sich von Bismarck distanziert hatten. Die oppositionelle Fortschrittspartei (48 statt 61 Sitze) wurde zur einflusslosen Minderheit. Bismarck war im Begriff, Kanzler des Norddeutschen Bundes zu werden.

Es war nicht leicht für den Kronprinzen, in dieser Situation einen Standort zu finden, nachdem er sich von seiner seit 1863 verfolgten Politik getrennt hatte. Seine Mutter hielt ihn auch jetzt noch nicht für intelligent. In diesen Monaten erreichte die Tragik ihres Lebens einen neuen Höhepunkt, nachdem Bismarcks Berufung sie bereits zur Verzweiflung gebracht hatte. Augusta stand dem übermächtig gewordenen Ministerpräsidenten einflusslos gegenüber und sah Gatten und Sohn zu Bismarcks politischer Gesinnung überwechseln – den einen, weil er schwach war, den anderen, weil er ihr unfähig erschien –, während ihre politischen Freunde, wie der badische Staatsmann von Roggenbach, der den Norddeutschen Bund nicht sehr geschmackvoll als „einen Bund des Hundes mit den Flöhen" bezeichnete, und Admiral Albrecht von Stosch, bei denen sie sich Rat zu holen pflegte, immer mehr an Einfluss verloren.

Von allen Hohenzollern-Kronprinzen ist nur einer vorzüglich ausgebildet worden: der Sohn König Friedrich Wilhelms I. – teils gewissermaßen zur Strafe für den Fluchtversuch, teils aus eigenem Genie. Der Sohn Wilhelms I. hatte keine Kronprinzen-Ausbildung erhalten und wurde von Bismarck in dieser Hinsicht systematisch übergangen, ja sogar irregeführt. So war es kaum übertrieben, wenn die Königin 1867 ihrem Bruder über den eigenen Sohn schrieb, der Mangel des 36-Jährigen an Kenntnissen „wird sich ja geben … nicht jedoch an Vorurteilslosigkeit, an Urteilskraft und Logik. Es gelingt mir nicht, mich ihm verständlich zu machen. Und so sehr ich seinen vorzüglichen Charakter schätze, so sehr beunruhigt mich seine Zukunft und die Richtung, die er einschlägt oder in die er sich führen lässt." Führen ließ Friedrich sich nur von seiner Frau, die nun auch vor dem „Kassandra-Blick" der Schwiegermutter kaum noch Gnade fand. Augusta wandte ihre ganze Liebe und Hoffnung dem Enkel, Prinz Wilhelm, zu.

Am 16/17. April 1867 stellte Bismarck durch die Bildung des Norddeutschen Bundes Preußens Hegemonie nördlich der Mainlinie her. Die von Bismarck selbst konzipierte Verfassung übertrug ihm als dem „Bundeskanzler" das Präsidium des Bundesrates, eines Gesamtministeriums sowie die auswärtige Politik des Bundes. Er gab Preußen im Bundesrat 17 von insgesamt 43 Stimmen, damit es Verfassungsänderungen verhindern konnte. Dem aus allgemeiner und direkter Wahl hervorgehenden Reichstag oblag gemeinsam mit dem Bundesrat die gesamte Gesetzgebung. Zwar bildete sich im Reichstag schnell eine antipreußische Gruppe, die aus Welfen, Katholiken und anderen Gegnern Bismarcks bestand. Aber politisch war sie bedeutungslos, und das Kronprinzenpaar konnte sie schwerlich als Bundesgenossen betrachten. Die Liberalen schlossen sich hauptsächlich in der Nationalliberalen Partei zusammen, die in allen wichtigen Fragen mit Bismarck zusammenarbeitete. In einem für Kronprinz Friedrich wesentlichen Punkt konnten sich die Liberalen – neben anderen Eduard Lasker und Karl Twesten – gegenüber Bismarck allerdings nicht durchsetzen: Die Ministerverantwortlichkeit wurde eindeutig festgelegt, und in Militärfragen erhielt der Reichstag nicht das uneingeschränkte Budgetrecht. Hier blieben also zwei alte Streitpunkte erhalten. Und wenn der Bundeskanzler – also Bismarck – durch einen der ersten Beschlüsse des Reichstages als selbstständiger Träger der Bundesregierung bezeichnet wurde, dann war auch das natürlich nicht nach dem Geschmack des Kronprinzen, der eines Tages König, vielleicht sogar Kaiser werden wollte. Für ihn selbst bestand hier eine Quelle des Zwiespalts: Als formaler Demokrat im englischen Sinne wollte er, wenn es so weit war, die Regierung nicht einem Kanzler überlassen. Aber das schloss nicht aus, dass für einige Zeit enge Beziehungen zwischen Friedrich und Bismarck bestanden. Nachdem das Verfassungswerk des Norddeutschen Bundes in Gang gesetzt war und sich bewährt hatte, schwand Friedrichs politisches Interesse, brauchte Bismarck den Kronprinzen nicht mehr und hätte ihn am liebsten als „Statthalter“ nach Hannover und Kassel abgeschoben. Da Friedrich sich jedoch nicht fügte, wurde er wieder, wie vor dem Kriege, mit repräsentativen Aufgaben beschäftigt, was in weitem Ausmaß seinen Neigungen entsprach.

Die Erneuerung und Umgestaltung des Zollvereins mit dem Übergang vom Zoll-Staatenbund zum Zoll-Bundesstaat als weiterem Schritt in Richtung auf ein preußisches Kleindeutschland mit einem aus allgemeinen, gleichen und direkten Wahlen hervorgehenden Reichstag hatte zwar große Bedeutung, bewegte aber den Kronprinzen eigenartigerweise überhaupt nicht. Vieles von dem, was in den Jahren des Bundes im Rahmen der Bildung einer „modernen Erwerbsgesellschaft“ – nach den Formulierungen von Bismarcks sozialpolitischem Mitarbeiter Hermann Wagener – geschaffen wurde, ein gemeinsames metrisches Maß- und Gewichtssystem und die Einführung der Gewerbefreiheit interessierte den Kronprinzen weit weniger als außenpolitische Fragen: 1867 Napoleons Versuch, das Großherzogtum Luxemburg an sich zu ziehen, daneben das österreichisch-italienisch-französische Verhältnis und seine Bedeutung für Preußen, schließlich die Besetzung des seit 1866 vakanten spanischen Thrones – ein Problem, das Bismarck persönlich an den Rand einer schweren Niederlage brachte und damit in Friedrich bis zur Emser Depesche vom 13. Juli 1870 Hoffnungen erweckte.

Neben dem König machte Friedrich 1867 auf der Pariser Weltausstellung als Protektor der preußischen Abteilung eine vorzügliche Figur; Kaiserin Eugenie lobte ihn als guten Tanzpartner. Er leitete das Komitee zur Linderung des Notstandes in Ostpreußen und protegierte den Verein zur Förderung der Seefischerei, reiste zu „Besichtigungen“ in annektierte ehemalige Hauptstädte und besuchte süddeutsche Fürsten, wie z. B. Ludwig II. von Bayern, zu dem sich allerdings kein gutes Verhältnis herstellen ließ. Bevor Friedrich 1868 anlässlich der Hochzeit des italienischen Kronprinzen nach Turin reiste, gab ihm Bismarck ein langes Memorandum, in dem er warnte, „eingehendere Besprechungen über die Zukunft und die eventuell bevorstehende Entwicklung der Lage oder über die Haltung Preußens“ würden „bedenklich“ sein. Auch nach St. Petersburg wurde der Kronprinz zur Repräsentation bei einer Hochzeit geschickt. Dort begegnete er dem Prince of Wales und anderen Fürsten, während man eigenartigerweise bis Ende 1868 nicht nach England reiste – dann aber gleich zwei Monate dort blieb, sodass König Wilhelm eifersüchtige Bemerkungen machte.

Den Höhepunkt solcher Repräsentation bildete 1869 die Teilnahme an der pompösen Eröffnung des Suez-Kanals. Als Friedrich auf dem Wege dorthin in Wien Station machte, wurde er von Kaiser Franz Joseph mit eisiger Höflichkeit behandelt, vom Retter der Monarchie bei Custozza, Erzherzog Albrecht, als Feldherr zum Fachgespräch empfangen. Er genoss es, dass man in Griechenland und im Libanon seine Bedeutung bei Königgrätz hoch schätzte, und verhinderte erschrocken, dass man in Jerusalem, das er als die „erhabenste Stelle der ganzen Welt" bezeichnete, für ihn ein Stück von der Klagemauer als Souvenir abschlug. In Ägypten hielt sich der Kronprinz vom 16. November bis zum 9. Dezember auf. Bei der Einweihungsfahrt am 10. November, an der er an Bord des Avisos „Grille" hinter der „L'Aigle" mit der Kaiserin Eugenie und dem „Greif" mit dem Kaiser von Österreich in dritter Position teilnehmen sollte, wurde der Repräsentant Preußens freilich durch ein weiteres österreichisches Schiff auf die vierte Stelle abgedrängt. Über die Reise führte Friedrich ein Tagebuch nach der Art höfischer Touristen, die an allem interessiert sind, am stärksten aber am Militär, am Adel und an sich selbst. Während Friedrich diese lange Reise machte, lebte seine Frau mit einem riesigen Aufgebot an Gepäck mit ihren Kindern und ihrem Haushofmeister Graf Seckendorf in Cannes. Seitdem behauptete sich bis zu ihrem Tode das Gerücht, sie habe mit diesem ein Verhältnis, schließlich nach 1888 sogar, sie sei mit ihm heimlich verheiratet.

Bismarck war durch Hofdamen und Adjutanten über das Leben im Kronprinzenpalais stets gut informiert. So sorgte er dafür, dass Friedrich H. Geffken, ein Studienbekannter des Kronprinzen aus der Bonner Zeit, der seit 1856 Vertreter der Hansestädte in Berlin gewesen war und dort, geblendet durch die politisch motivierte Liebenswürdigkeit des Kronprinzenpaares, sich an der Opposition gegen Bismarck beteiligt hatte, die Konsequenz zog und sich nach London versetzen ließ. Zwanzig Jahre später rächte Bismarck sich an diesem

Mann, der – wie Friedrich selber – dazu neigte, sich zu überschätzen. Der Ministerpräsident verhinderte auch, dass Viktorias alter Vertrauter Morier in Berlin Gesandter wurde, womit er den Gedankenaustausch zwischen der Queen und ihrer Tochter erschwerte.

Anfang 1870 wandte Bismarck sich nach vielen vorsichtigen, nach außen nicht sehr auffälligen Konsolidierungsschritten innerhalb von Bund und Zollverein erneut dem Problem der Einigung Deutschlands zu: Er hielt die Schaffung eines modernen Nationalkaisertums nach der Art des napoleonischen Cäsarismus durchaus für möglich. Am 7. Januar 1870 notierte Friedrich: „Auf Eisenbahn mit Graf Bismarck fahrend politisiert, wobei er von selber die Kaiserfrage aufwarf." Dieses Gespräch führte Bismarck, weil der den Liberalen nahe stehende Kronprinz sowohl diese überzeugen als auch den englischen Hof gewinnen sollte. Der Kronprinz fand Bismarcks Gedanken zunächst gut; aber nach genaueren Überlegungen und einer Unterhaltung in Karlsbad mit Morier, der inzwischen Gesandter am hessischen Hof geworden war, notierte er am 25. April: „Morier war nichts von Bismarcks Schwindel mit der Kaiseridee bisher bekannt geworden." Richtiger erschien ihm nun, dass er selbst eines Tages die Kaiserfrage lösen, den Erfolg also nicht Bismarck überlassen sollte. Vermutlich hatte allerdings Bismarck seine Überlegungen dem Kronprinzen angedeutet, *damit*, wenn er sie nach England weiterreichte in dem Glauben, Geheimnisse zu verraten, er geradezu auf Bismarcks geheimen Wunsch für diesen sondierte: Bismarck war an Raffinesse dem Kronprinzen zweifellos überlegen. Im Übrigen aber plauderte der Kronprinz mehr von Bismarcks Gedanken aus, als diesem lieb sein konnte, worüber Bismarck schließlich im Sommer 1870 so empört war, dass er ihn über die weitere Entwicklung des Kaiserplanes nicht mehr ins Bild setzte.

Vordringlich wurde nun auch die hohenzollernsche Thronkandidatur in Spanien, wo am 16. September 1868 die Königin im Rahmen eines Militärputsches abgesetzt worden war und Bismarck wahrscheinlich schon seit 1866/67 auf den Prinzen Leopold von Hohenzollern als möglichen Kandidaten aufmerksam gemacht hatte. Er wollte im Rahmen seiner russland- und frankreichpolitischen Kombinationen, da der Prinz Karl von Hohenzollern seit 1866 Fürst von Rumänien und damit Preußens „linke Hand auf dem Orient" war, nun durch dessen älteren Bruder Leopold „die Rechte auf Spanien" legen. Bei einem Kronrat am 15. März 1870 gelang es Bismarck, alle Anwesenden mit Ausnahme des Königs – auch den bis dahin ablehnenden Kronprinzen – für die Kandidatur zu gewinnen. Mit Friedrichs Zustimmung bemühte der Ministerpräsident sich im Mai/Juni, die Kandidatur nach außen als eine Familien-, nicht eine Staatsangelegenheit erscheinen zu lassen, fand jedoch bei Napoleon III. kein Verständnis für diese Interpretation. Die letzten Akte der Krisis bildeten die Begegnungen König Wilhelms mit dem französischen Botschafter Benedetti in Ems, die „Emser Depesche" und Frankreichs Kriegserklärung am 19. Juli 1870. Um diese Zeit klagte Bismarck über die „merkwürdige Beschränktheit und Hartnäckigkeit" des Königs und nannte den Kronprinzen den „dümmsten und eitelsten Menschen", der noch einmal am „Kaiserwahnsinn" sterben werde. Der General von Schweinitz erklärte: „Unsere Macht findet dort ihre Begrenzung, wo unser Junkermaterial zur Besetzung der Offizierstellen aufhört", wofür er von Bismarck die Bestätigung erhielt: „Das darf ich nicht sagen, aber ich habe danach gehandelt" (Eyck).

Für den Kronprinzen kam der Krieg überraschend, nachdem er seit 1866 mit Napoleon und Eugenie in Paris, Kairo und wieder Paris zusammengetroffen war. Nun reiste er mit Bismarck, Moltke und Roon dem aus Ems zurückkehrenden König entgegen, hörte im Zuge einen Vortrag des Ministerpräsidenten und stand schließlich, wie Roon sich erinnerte, auf dem Potsdamer Bahnhof in Berlin „wie ein flammender Kriegsgott, das Urbild des teutonischen Zornes mit zurückgeworfenem Haupte und drohender Rechten". An die Umstehenden gewandt, erklärte er: „Nun, dann wollen wir es ihnen bestens besorgen", trat vor den Bahnhof und rief: „Krieg! Mobil !„ Die Kronprinzessin erklärte: „Wir sind in der schmachvollsten Weise in diesen Krieg hineingezwungen worden" – von Frankreich.

Friedrich erhielt das Kommando über die III. Armee, die hauptsächlich aus süddeutschen Truppen und den Einheiten bestand, die aus jüngst annektierten Gebieten kamen. Er drängte seinen Generalstabschef Blumenthal – im Gegensatz zu 1866 – zum Handeln, denn er wollte so schnell wie möglich den „freisinnigen Ausbau Deutschlands weiterführen". Gustav Freytag erschien er am 1. August „wie ein geflügelter Engel, der hoch über der Erde schwebt". Über München, wo es eine theatralische Verbrüderung mit König Ludwig gab, und Stuttgart, wo ihn der König von Württemberg „in steifer, dienstlicher Stellung" begrüßte, gelangte Friedrich nach Speyer zu seinem Hauptquartier und wartete dort auf einen französischen Angriff, der jedoch ausblieb. Schließlich marschierte seine Armee am 4. August in Richtung auf das Elsass. Am 5. August erstürmten seine Truppen unter starken Verlusten Weißenburg, am 6. Wörth. Zum ersten Mal nahm er einen Sieg ganz und gar für sich selbst als Feldherr in Anspruch. Die schweren Verluste ließen ihn sagen: „Ich verabscheue dieses Gemetzel. Ich habe niemals nach Kriegsehren gestrebt…"; er litt unter dem „Schicksal …, in Menschenblut zu waten, bevor ich den Thron meiner Vorfahren besteige. Das ist ein hartes Los".

Es folgten zwei Denkschriften für Bismarck: über Friedensbedingungen die eine am 14. August 1870, über die Gestaltung Deutschlands und die Reichsverfassung die andere. Mit Gustav Freytag sprach Friedrich über den Titel des künftigen deutschen Staatsoberhauptes. Gustav Freytag schlug „Kriegsherr des Norddeutschen Bundes", „Herzog von Deutschland" vor. Friedrichs Antwort: „Nein, er muss Kaiser werden" – nicht zuletzt, um dem internationalen Vorrang des Zaren entgegenzutreten.

Auch bei Sedan, am 1. September, führte Friedrich die Truppen, die die schwersten Verluste erlitten. Danach bewog er den König, dem besiegten Kaiser der Franzosen einen Besuch zu machen. Dann marschierte die III. Armee, ohne auf starken Widerstand zu stoßen, gegen Paris. Friedrich vertrat die Auffassung, man solle die Beschießung der französischen Hauptstadt erst beginnen, wenn schweres Belagerungsgeschütz, mit ausreichenden Mengen von Munition versorgt, eine vernichtende Wirkung erzielen könne. Im Übrigen aber ging es ihm nun hauptsächlich um die Kaiserkrone, auf die sein alter Vater keinen großen Wert mehr legte. Wilhelm I. sprach sogar in erschreckender Nachahmung seines Bruders im Jahre 1849 von der „Schmutzkrone", mit der er die glänzenden preußischen Insignien nicht vertauschen wolle. Dem Kronprinzen aber ging es um die Reichsgewalt für sich selbst, um ein Oberhaus nach englischem Vorbild und ein Unterhaus, das aus allgemeinen Wahlen hervorgehen sollte, mit besten Beziehungen zu England, zur Queen, zur englischen Flotte als der natürlichen Ergänzung des preußisch-deutschen

Heeres. In diesen Monaten wurde Friedrich zum preußischen Absolutisten in Deutschland, der aus alter Abneigung gegen die süddeutschen Fürsten bereit war, nach dem Friedensschluss Süddeutschland militärisch zu besetzen, während dem politisch weisen Staatsmann Bismarck klar war, dass man die Stärke des Föderalismus berücksichtigen musste. Die Königin hatte schon richtig erkannt, dass ihrem Sohn die „energie intellectuelle" fehlte.

Ende Oktober wurde der Kronprinz Feldmarschall, während Bismarck nichts dagegen einwandte, dass in der Heimat fälschlich die Meinung um sich griff, der Kronprinz, seine Mutter und Schwiegermutter sowie die englischen Gattinnen seiner leitenden Stabsoffiziere verlängerten den verlustreichen Krieg, indem sie die Beschießung von Paris verzögerten.

Am 16. November 1870 führte der Kronprinz ein zweites Verfassungsgespräch mit Bismarck, in dem er – ganz unlogisch – sowohl ein föderalistisches Oberhaus oder Staatenhaus als auch die Behauptung der „Stärke Preußens" forderte. Hugo Graf Lerchenfeld-Köfering, mehrere Jahrzehnte bayerischer Gesandter am preußischen Hofe, hat in Versailles den Kronprinzen, der sich während der Belagerung von Paris dort aufhielt, gerade in diesem Milieu scharf beobachtet: „Eine stattliche Erscheinung von echt germanischem Typ, ein lauterer Charakter und ein Mann von Herz und Mut. Ein bedeutender Mann ist er nicht gewesen. Weder an Festigkeit noch an Schärfe des Urteils reichte er entfernt an seinen Vater heran. Er war nicht frei von Eitelkeit … Er war begeistert für die Größe Deutschlands und das deutsche Kaisertum, und zwar dachte er sich dieses als Kaisertum Karls des Großen, das die anderen Bundesländer zur Rolle von Vasallen herabgedrückt hätte." In Lerchenfelds Memoiren heißt es: „Ungehalten über den langsamen Gang der Verhandlungen, legte er eines Tages Bismarck dar, … dass man … zu anderen Mitteln greifen sollte …, dass äußerstenfalls nur erübrige, mit den zwei noch in Preußen stehenden Armeekorps Bayern zu besetzen … Der Bundeskanzler ließ den Kronprinzen ausreden und entgegnete dann trocken ‚Königliche Hoheit, so etwas kann vielleicht ein Prinz tun, ein Edelmann wie ich kann es nicht'. Damit war die Sache erledigt." Lerchenfeld wusste, dass Friedrich „sein ganzes Leben hindurch fremden Einflüssen sehr zugänglich war", und meinte daher, der Plan sei

„nicht im eigenen Garten des hohen Herrn gewachsen". Bismarck gab sich alle Mühe, die Bereitschaft des Kronprinzen geheim zu halten, aus alter Abneigung gegen die süddeutschen Fürsten wenigstens „nach dem Friedensschluss mit der Armee nach Süddeutschland zu gehen". Die Preisgabe dieser ungeheuerlichen Vorstellung des unrealistischen, herrschaftsgierigen preußischen Kronprinzen nach dessen Tod durch Geffken veranlasste Bismarck 1888 zu seinem gerichtlichen Vorgehen gegen den ehemaligen preußischen Beamten. Er selbst sprach in Versailles mehrfach vom „Kaiserwahnsinn" des Kronprinzen.

Am 18. Dezember erklärte der König der (wie 1849) von Simson geführten Kaiserdeputation des Reichstages, er sei – dem einmütigen Ruf der Fürsten, der Stände und der Nation folgend – bereit, die Kaiserkrone anzunehmen. Der Kronprinz brach wie viele der Anwesenden in Tränen aus. Im „Titelstreit" unterstützte er gemeinsam mit dem Großherzog von Baden am 17. Januar seinen Vater, der, wie er am folgenden Tage der Kaiserin Augusta schrieb, weinend fest entschlossen gewesen sei, sogar auf den preußischen Thron zu verzichten, um der Kaiserkrone zu entgehen. Am 18. Januar verlas Bismarck die vom Kronprinzen gemeinsam mit dessen badischem Schwager entworfene Kaiserproklamation, mit deren Text er, „ganz grimmig verstimmt", nicht einverstanden war, „in tonloser, ja geschäftlicher Art und ohne jegliche Spur von Wärme oder feierlicher Stimme". Als der Großherzog von Baden „Es lebe Kaiser Wilhelm" ausrief, beugte der Kronprinz das Knie vor dem Kaiser und küsste ihm die Hand.

Königin Augusta, über die zur Reichsgründung führenden Verhandlungen nur unzulänglich informiert, war zur Proklamation nicht eingeladen worden. Daher ließ sie sich erst nach der Rückkehr des Reichsoberhauptes nach Berlin als Kaiserin ansprechen. Die Kronprinzessin schrieb ihrer Mutter am 20. Januar einen Brief: kein Wort über das Ereignis in Versailles, aber lange, überaus traurige und bittere Ausführungen über den Charakter und das Temperament der Schwiegermutter, über deren Neigung, sich unglücklich und unbefriedigt zu fühlen.

„Kronprinz des Deutschen Reiches"

Am 1. und 2. März 1871 zogen die deutschen Truppen in Paris ein, am nächsten Tage verließen sie wieder die französische Hauptstadt. Am 10. Mai wurden die Friedensverhandlungen abgeschlossen, am 20. die Ratifikationen ausgetauscht, und am 16. Juni hielten die Truppen mit dem 74-jährigen Kaiser an der Spitze ihren feierlich-festlichen Einzug in die brandenburg-preußische Reichshauptstadt. Dem Kronprinzen überreichte sein Vater, wie Friedrich im Tagebuch notierte, „einen mit Kronen und Adlern besäten, von himmelblauem Samt überzogenen Feldmarschallstab". Auch an den Friedensfeiern in anderen Städten nahm Kronprinz Friedrich teil – so in München, wo Ludwig ihm Hass und Verachtung zeigte.

Friedrich führte seit dem 18. Januar 1871 den Titel „Kronprinz des Deutschen Reiches" mit der Anrede „Kaiserliche Hoheit". Über den 40-jährigen Thronfolger schrieb Queen Viktoria zu dieser Zeit an ihren Außenminister: „Der Kronprinz hasst Intrigen; er ist geradeaus und ehrlich und gutherzig, aber ziemlich schwach und bis zu einem gewissen Maß eigensinnig, nicht von sich eingenommen, aber auf absurde Art stolz, genau wie seine ganze Familie, die da glaubt, keine Familie sei höher gestellt oder größer als die Hohenzollern … Er gibt sich stolz und anmaßend gegenüber den anderen Fürsten …" Ihre Tochter sah die andere Seite: „Stell Dir vor, dass Fritz mit 40 wie ein 6-jähriger Junge behandelt wird … Das ist eine Tyrannei, die ich vollkommen unerträglich finde. Gegen unseren Willen wird ein General über unsere Kinder gestellt und erhält Befehle vom Kaiser … Ich gestehe, dass ich wahnsinnig wütend bin." Sie befreundete sich mit dem Führer der katholischen Opposition im Reichstag, dem Welfen Ludwig Windthorst, und verschlechterte damit ihre Beziehungen zum Kaiser und zu Bismarck.

Der Reichskanzler konnte in den Jahren seiner Zusammenarbeit mit den Nationalliberalen im Allgemeinen mit der Zustimmung des Kronprinzen rechnen, zuweilen sich sogar der Hilfe des frustrierten Einflusslosen bedienen. Bismarcks Versuch, ihm durch die Ernennung zum Statthalter in Elsass-Lothringen Beschäftigung zu vermitteln, scheiterte diesmal nicht, wie 1866, am Kronprinzen selbst, der vielmehr gern nach Straßburg gegangen und für die Gewinnung der Bevölkerung tätig gewesen wäre, sondern an der Eifersucht und dem Misstrauen des Kaisers. Diese Empfindungen wurden noch gesteigert durch Friedrichs Umgang mit angesehenen Liberalen. So lebte der Kronprinz ohne Aufgabe, Verantwortung und Einfluss dahin. Da er keine ernsthaften Pflichten zu erfüllen hatte, konnten er und die Kronprinzessin sich eingehend mit dem Design ihrer Krone, ihres Wappens und ihrer Standarte beschäftigen. Friedrich entschied sich für Anlehnung an legendäre Abbildungen der Krone Karls des Großen. Zur Eröffnung des ersten Reichstages ließ er für den Kaiser einen alten Stuhl aufstellen, den er für einen Thronsessel aus Goslar ausgab. Immer sei er lieber ernst und hoheitsvoll als vergnügt, stellte Gustav Freytag einmal fest. Andererseits suchte der Kronprinz die Begegnung mit dem einfachen Volk, dem er patriarchalisch-scheindemokratisch entgegentrat. Zwar glaubte er nicht an Gottesgnadentum; doch hatte er nichts dagegen, wenn andere es taten. Er reiste viel herum zu Grundsteinlegungen, Jubiläen, Eröffnungen, Krönungen, Begräbnissen, genoss solche Veranstaltungen und stöhnte anschließend über sein „Nomadenleben“. Nach wie vor informierte Bismarck ihn schlecht über politische Vorgänge mit der Begründung, der Prinz würde Staatsgeheimnisse seiner Frau und diese sie ihrer Mutter weiterreichen. Gern war Friedrich der Armeeinspekteur der süddeutschen Kontingente, und diese begrüßten ihn mit stets gleich bleibender Begeisterung, obgleich nicht unbekannt blieb, dass er wiederholt die Südstaaten für überflüssig erklärte.

Er beschäftigte sich schließlich – wie die Kronprinzessin – mit den Wissenschaften und Künsten. Auf diesem Gebiet hat er sich Verdienste erworben, die von der Geschichtsschreibung bis heute nicht genügend gewürdigt worden sind. Die erste Anregung dazu kam wohl von der Queen und dem Prince Consort sowie auch von der Prinzessin Viktoria selbst, die alle viel und mit gutem Gefühl auf wissenschaftliche und künstlerische Bildung hielten. „Vicky“ hatte in jungen Jahren bei dem deutschen Chemiker August Wilhelm Hofmann studiert, der Anfang der 40er-Jahre wichtige Entdeckungen gemacht hatte, für diese ausgezeichnet worden und 1845 nach London übergesiedelt war. Dort hatte er, protegiert durch Prinz Albert, ein Royal College of Chemistry aufgebaut und 20 Jahre lang geleitet.

Viktoria hatte hier mit Begeisterung seine Vorlesungen gehört, und sie blieb Hofmann zeitlebens verbunden – um so enger, als er, der englische Lebensart angenommen hatte, 1863 in einer Zeit nach Berlin übersiedelte, die für die Kronprinzessin – wie wir sahen – mit die schwersten Erlebnisse ihres Daseins brachte. Im Jahre 1867 gründete er, seit 1865 Mitglied der Preußischen Akademie der Wissenschaften, nach Londoner Vorbild die Deutsche Chemische Gesellschaft. Seine drei Bände Gedächtnisreden „Zur Erinnerung an vorangegangene Freunde" widmete er 1888 „Ihrer Majestät der Kaiserin und Königin Friedrich". Im Vorwort zum ersten Bande hob er deren „allseitige der Wissenschaft und ihren Jüngern zugewandte Teilnahme" hervor und erinnerte „an die nun schon fern liegende glückliche Zeit, in welcher es dem Verfasser vergönnt war, Ew. Majestät auf dem Gebiete der chemischen Erscheinungen Führer zu sein. Noch hatten Sorge und Schmerz die Schwelle der königlichen Heimstätte unberührt gelassen, und die hoch strebende junge Fürstin konnte mit voller Freiheit des Geistes auf diesem herrlichen Gebiet nach allen Richtungen hin Umschau halten." Er hob ihre Ausdauer und Unermüdlichkeit im Umgang mit der Chemie hervor und nannte sie abschließend eine „hochherzige Beschützerin der Wissenschaft".

Das war die Kronprinzessin tatsächlich, und zu dieser Tätigkeit bewog sie den Kronprinzen um so mehr, als er, der gern großherzig förderte und anerkannte, hier eine Aufgabe fand, die sein Vater und Bismarck ihm ohne Misstrauen und Spott, auch ohne eigenes Interesse und Verständnis ab 1871 offiziell überließen. Friedrich sorgte für Museumsneubauten, für die Vergrößerung des Personals und die Verdreifachung des Ankaufsetats, für die Einrichtung von Kupferstich- und Münzkabinetten, für den Erwerb wichtiger Hinterlassenschaften und für Ersteigerungen, auch in London, während er sich zugleich bemühte, das Berliner Kunstgewerbe im Sinne des englischen Künstlers und Schriftstellers William Morris zu heben – nicht zuletzt durch die Ausstattung des 1881 in einem Gebäude von Gropius eröffneten Berliner Kunstgewerbe-Museums mit einer Werkstatt nach dem Vorbild des Londoner South Kensington-Museums. Auch interessierte er sich für die Präsentation der Kunstwerke in museumspädagogischer Hinsicht. Ihm widmete man daher am 18. August 1880 die Festschrift „Zur Geschichte der Königlichen Museen zu Berlin“ anlässlich ihres 50-jährigen Bestehens.

Seinen alten Lehrer Curtius förderte Friedrich mit 80 000 Mark, damit dieser 1875 die Grabungen in Olympia beginnen konnte, bei denen er schließlich den Hermes des Praxiteles fand. Der fast 70-jährige Archäologe schrieb dem Kronprinzen voller Begeisterung:

„Neu glänzt des Lebens Sonne mir,
Und diesen Auferstehungsmorgen,
Dies neue Leben dank' ich Dir.“

Noch im Dezember 1887 interessierte der Generaldirektor der Königlichen Museen zu Berlin, Richard Schöne, den Kranken für den ebenso schwierigen wie bedeutungsvollen Plan der Bebauung der Berliner Museumsinsel, wobei er unter anderem durch Curtius unterstützt wurde. Schöne fuhr nach San Remo, und mit einem Schreiben vom 16. Dezember 1887 erklärte der Kronprinz sich mit Schönes Plan in allen seinen Teilen einverstanden unter der Bedingung, dass er um ein „Gips-Museum für Architektur und Skulptur“ erweitert werde. Alles sollte beschleunigt ausgeführt werden, und als Friedrich bald darauf Kaiser wurde, verpflichtete er ausdrücklich noch einmal auch den Kultusminister auf dieses Projekt. Ja selbst noch am 5. Mai 1888 übermittelte er durch das Hofmarschall-Amt dem Kultusminister seinen Wunsch nach Erhöhung der Mittel für bestimmte Sammlungen und für Neuerwerbungen auf 400 000 Mark. Zu Ehren Friedrichs III. wurde 1904 auf Befehl Kaiser Wilhelms II. das Renaissance-Museum, dessen Bau 1886 unter der Protektion des Kronprinzen begonnen und mit vielen wertvollen Kunstwerken ausgestattet worden war, in „Kaiser-Friedrich-Museum“ umbenannt.

Die verständnisvollsten und großzügigsten Berliner Mäzene der Museen, archäologischer, vorderorientalischer und anderer wissenschaftlicher und musealer Institutionen sowie auch lebender Künstler, James Simon an ihrer Spitze, haben immer wieder die Tätigkeit des Kronprinzenpaares auf diesem Gebiet gepriesen. Schöne besaß ein enges Verhältnis zu Friedrich, das auf „Liebe und Dankbarkeit“ begründet war, „die auch dadurch nicht gemindert wurden, dass er die Schwächen des hohen Herrn, wie eine gewisse Unausgeglichenheit und Empfindlichkeit, nicht verkannte“ (Pallat). Er hielt die Kronprinzessin für künstlerisch begabt, „aber nicht ernsthaft genug durchgebildet“ und Schmeichlern wie Anton von Werner und Oskar Begas zugänglich. Nicht immer waren Friedrich und Viktoria sich in Fragen der Kunst einig: „Der Kronprinz empfand wohl, dass ihm seine Frau an Kunstverständnis überlegen war, handelte aber durchaus nicht immer in ihrem Sinne ... Sie hat oft wochenlang aus solchem Grunde geschmollt.“ Über Ankäufe aus England war die Kronprinzessin stets erbost; so versuchte sie den Ankauf der Sammlung Hamilton zu verhindern; und als die Sammlung Marlborough-Blenheim zum Verkauf stand, verpflichtete der Kronprinz sich Schöne gegenüber, davon seiner Frau nichts zu sagen. Von der Militär-, insbesondere von der Schlachtenmalerei hielt Friedrich weniger, als man vermuten sollte. Anton von Werner gegenüber äußerte er einmal, wer wie er die Greuel des Krieges erlebt habe, wolle sie nicht noch einmal in Öl sehen. Schließlich verkehrten an Friedrichs Hof so viele Maler, dass man in der Umgebung des kunstfernen Kaisers über die „Herrschaft der Malermeister“ spöttelte. Menzels Atelier besuchte er seit 1862 gelegentlich; für eines der Kinder von Anton von Werner übernahm er die Patenschaft, von Kaulbach, Lenbach und Angeli, die er seine Freunde nannte, ließ er sich porträtieren. Er las viel – vorwiegend zu seiner historischen Belehrung, weniger zum Genuss. Ranke besuchte er bei dessen 90. Geburtstag, mit dem ihm politisch näher stehenden Droysen traf er sich häufig. Das preußische Generalstabswerk über den dänischen Krieg lobte er wegen seiner Exaktheit. Dass ihm die wissenschaftliche Geschichtsschreibung über das Haus Hohenzollern am Herzen lag, dass er im Hausarchiv Urkunden las und die Gründung des Hohenzollern-Museums anregte, bezeugt sein Bedürfnis nach begründeter geschichtlicher Bildung.

Die Kronprinzessin sorgte dafür, dass neben Malern und Historikern auch Naturwissenschaftler und Mediziner eingeladen wurden – mit Vorliebe verständlicherweise scharfzüngige Liberale und Oppositionelle wie Virchow, Helmholtz und Du Bois Reymond, hauptsächlich aber ihr alter Lehrer Hofmann. Dieser spielte als ihr Berater eine einflussreiche Rolle nicht nur bei der Gründung der Physikalisch-Technischen Reichsanstalt und der Sternwarte in Potsdam, sondern auch, wenn es um das Pergamonmuseum oder das Völkerkunde-Museum ging.

So ergaben sich – auch im Zusammenhang mit der Erziehung der eigenen Kinder – zahlreiche verhältnismäßig enge Beziehungen zu Kunst und Wissenschaft. Wahrscheinlich war dieser Bereich der offiziellen Existenz des Kronprinzenpaares in seiner Bedeutung für ihre Gegenwart der nützlichste und für die Zeit nach Friedrichs Tod bis zum heutigen Tage in Berlin der fruchtbarste. „In diesen Jahren nach dem Kriege, im Älterwerden … wuchs der kultivierte Mann in ihm heran. Sein Entwicklungstempo, gewiss, war langsam, aber dafür hörte der Strom dieser Entwicklung auch nie auf. Neben der angeborenen Kultur des Herzens erhob sich nunmehr die des Geistes … Aber natürlich darf man sich nicht darüber täuschen lassen, dass alle diese Betätigungen des Kronprinzen, die militärischen sowohl wie die repräsentativen, die künstlerischen und wissenschaftlichen Notbehelfe waren“ (Richter).

In diesen mehr als sieben Jahren von 1871 bis 1878 unterhielten Mutter und Tochter Viktoria mit langen Briefen eine intensive politische Korrespondenz. Die englische Königin wurde, auch bei gelegentlichen Besuchen mit ausführlichen politischen Gesprächen, von ihrer Tochter genau informiert über alle innen- und außenpolitischen Probleme der Regierung in Berlin, über den Kulturkampf wie über die Stellung Bismarcks in der orientalischen Frage 1876, wobei die Kronprinzessin eine energische Belehrung durch die Mutter erlebte. Die Tochter war genau im Bilde über Bismarcks Erkrankung im Frühjahr 1877 und sein Urteil über Englands Stellung in der ägyptischen Frage, den russischen Einfluss in Berlin und schließlich über die Vorbereitung für den Berliner Kongress. Aus vielen Briefen ergibt sich, dass die Kronprinzessin in Berlin den englischen Botschafter und ihre Mutter in London ihrerseits den Premier- und den Außenminister ständig über den Inhalt des Briefwechsels genau informierte, ja ihnen viele Briefe zu lesen gab.

Ein halbes Jahr als „Stellvertreter"

Im Frühjahr 1878 wurde zweimal auf den Kaiser geschossen, als er im offenen Wagen ausfuhr: Zuerst am 11. Mai von dem Klempnergesellen Max Hödel, der niemanden traf, dann am 2. Juni von Dr. Karl Nobiling, der den Kaiser durch eine Schrotladung in Kopf und Arm schwer verwundete. Zur Zeit des zweiten Attentats befand sich das kronprinzliche Paar in England. Beide kehrten sofort nach Berlin zurück und waren überzeugt, dass der 82-jährige Kaiser sich von den Verletzungen nicht erholen könne: Der Thronwechsel schien unmittelbar bevorzustehen. Ihrer Mutter berichtete die Kronprinzessin nach der Ankunft, der kaiserliche Palast sei voll von Generälen und Ministern: „Äußerst unbequem." Nur der Kaiser wirkte gelassen und weit vernünftiger als seine Umgebung. Da man mit einer langen Regierungsunfähigkeit rechnete, nahm jedermann an, dass der Kaiser und König seinen Sohn zum Regenten mit voller monarchischer Gewalt ernennen würde. Aber Wilhelm I. beauftragte, von Bismarck beraten, durch Erlass vom 4. Juni 1878 den Kronprinzen nur mit der Stellvertretung in den Reichs- und den preußischen Regierungsgeschäften. Da es im Verfassungsrecht eine Grundlage für diese Stellvertretung nicht gab, griff man auf das ungeschriebene Recht gemäß dem Präzedenzfall vom 23. Oktober 1857 zurück, als Friedrich Wilhelm IV. wegen seines Gehirnleidens seinen Bruder Wilhelm – ebenfalls ohne verfassungsrechtliche Grundlage – für drei Monate mit der Stellvertretung beauftragt hatte. Jetzt bedeutete das praktisch, dass der Kronprinz die Politik seines Vaters fortsetzen musste und Bismarck fast mehr Macht besaß als bisher. Darüber kam es zu einer heftigen Auseinandersetzung zwischen Kanzler und „Stellvertreter", die dieser mit den Worten schloss: „Wenn nicht mehr, bin ich jetzt in jedem Fall der Vertreter meines Vaters und als solcher verlange ich von Ihnen, dass Sie mir Rechenschaft geben."

Doch Bismarck leitete den Berliner Kongress über die Orientprobleme, der unter seinem Präsidium vom 13. Juni bis 13. Juli 1878 stattfand, ohne dass der Kronprinz auch nur an einer Sitzung teilnahm. Die einzige „politische" Entscheidung des Stellvertreters war die – wochenlang von ihm verzögerte – Unterschrift unter das Todesurteil für den möglicherweise geisteskranken Hödel. Der Kaiser dankte seinem Sohn dafür, dass er ihm diese Maßnahme ersparte. Auch musste dieser seine Zustimmung zur Auflösung des Reichstages geben. Die Neuwahl fand am 30. Juli statt, nachdem der Kanzler sofort nach Beendigung des Berliner Kongresses zur Kur nach Kissingen gereist war, wo er den Friedensschluss mit der katholischen Kirche sowie eine Wendung gegen die Nationalliberalen vorbereitete und die 1876 begonnene große Wende mit dem Sozialistengesetz und den Schutzzollbestimmungen vorantrieb. Die Kaiserin, die Bismarck als den „Kristallisationspunkt“ aller gegen den Kaiser gerichteten Bestrebungen bezeichnete und deren Intrigen als Haupt einer Art von „Gegenministerium“, wie es der Kanzler am 29. April 1877 ausdrückte, an Landesverrat grenzten, und die Kronprinzessin mit ihrem Kreis liberaler Politiker, so dem badischen Staatsmann Roggenbach, dem Chef der kaiserlichen Admiralität von Stosch (zugleich bis zum 6. April 1877 preußischer Staatsminister) und dem Schriftsteller Gustav Freytag, der so genannten „Kronprinzenpartei“, standen also vom 4. Juni bis zum 5. Dezember 1878 ohne kaiserlichen Schutz dem erbittert um seine Macht kämpfenden Kanzler gegenüber. Daneben sah sich der Kronprinz auf eine nahezu einflusslose Vertreterrolle beschränkt.

Auch der schnell genesende Kaiser, auf den der starke Blutverlust durch die vielen Schrotkugeln, die ihn getroffen hatten, nach dem Eindruck der Schwiegertochter wie ein Aderlass gewirkt und der Rheumatismus und „nervöse Anfälle“ beseitigt hatte, fürchtete monatelang, sein Stellvertreter könnte die Gelegenheit benutzen, eine eigene Politik in Gang zu setzen. Aber Bismarck arbeitete in diesem halben Jahr energischer und umsichtiger, auch raffinierter als je: Am 19. Oktober verabschiedete der neue Reichstag das „Sozialistengesetz“, das erste Ausnahmegesetz des Reiches. Der „Vertreter“ musste es unterschreiben, der Kaiser aber zeichnete Bismarck dafür mit einer eigens neu geschaffenen Stufe oberhalb des Großkreuzes des Roten Adlerordens aus. Nach Kuren in Teplitz und Gastein zog Wilhelm am 5. Dezember feierlich in Berlin ein und übernahm noch am gleichen Tage wieder „mit eigener Kraft und Hand die Pflichten meines fürstlichen Berufes.“

Kronprinz im Wartestand

Am 6. Dezember 1878 nahm der Kronprinz das Leben wieder auf, das er bis zum Tage des zweiten Attentats auf seinen Vater geführt hatte: ein „Dasein bedrückender Leere“ (Meisner) mit Empfängen, Paraden und Inspektionsreisen – gelegentlich unterbrochen durch glückliche Stunden bei der Förderung von Kunst und Wissenschaft.

Als 1884 durch den Zusammenschluss der Nationalliberalen und der Fortschrittspartei eine „Deutsch-Freisinnige-Partei“ entstand, hat der Kronprinz einem ihrer Führer, dem Berliner Oberbürgermeister Forckenbeck, den er sehr schätzte, telegrafisch seine Freude darüber bekundet. Bismarck, der eben erst die Teilnahme von Behördenvertretern an Laskers Beisetzung und die Verlesung einer Gedenkadresse des amerikanischen Repräsentantenhauses auf diesen verdienten Liberalen im Reichstag verhindert hatte, war fortan überzeugt, Friedrich werde bei einem etwaigen Thronwechsel – der jeden Tag eintreten konnte – aus dieser auch von der Kronprinzessin favorisierten Partei die Männer wählen, mit denen er regieren wolle – zum Unglück Preußens und des Reiches. Beim Beginn der Kolonialpolitik, als Bismarck durch sein Telegramm vom 24. April 1884 den Schutz des Reiches für die von dem Kaufmann Lüderitz in Angra Pequena gemachten Gebietserwerbungen übernahm, fürchtete der Kanzler, man werde von England aus über das Kronprinzenpaar Einfluss zu nehmen suchen, und ließ Friedrich wissen, er werde bei einer etwaigen Einmischung Englands mit „anderen seefahrenden Mächten, Frankreich eingeschlossen, Fühlung nehmen“. Dem französischen Botschafter versicherte er am 27. Mai 1885, der Kaiser sei sehr krank, der Kronprinz, ganz unter dem Einfluss seiner Frau, werde sich nach einem Thronwechsel völlig zu England hinwenden – gegen Frankreich. Gleichzeitig bemühte sich der älteste Kanzlersohn Herbert von Bismarck, Einfluss auf den zukünftigen Thronfolger Prinz Wilhelm zu gewinnen, der mit seinen Eltern nicht harmonierte und den die uneingeschränkte Bevorzugung alles Englischen durch seine Mutter in die Opposition trieb. Eine neue „Kronprinzen-Affäre“ schien sich abzuzeichnen. Doch bei den Reichstagswahlen von 1887 verloren die Deutsch-Freisinnigen – die am 5. März 1884 als linksliberale Partei mit einem Programm der freien Wirtschaftsordnung an die Öffentlichkeit getreten waren – mehr als die Hälfte ihrer Mandate: Die „Kronprinzen-Partei" war vernichtet – der künftige Kaiser ohne Rückhalt im Reichstag, ganz auf Bismarck angewiesen, von dem die Kronprinzessin sagte, er sei „ein Mensch aus einem anderen Jahrhundert, sicherlich ein Patriot und ein Genie, aber brutal und zynisch". Als 1885 der Kaiser sterbenskrank zu sein schien, fragte der Thronfolger den Kanzler, ob er nach einem Thronwechsel im Amt bleiben wolle. Bismarck erklärte sich bereit unter der Bedingung, dass es keine Parlamentarisierung und keine ausländischen Einflüsse gebe. Und Friedrich ließ alles fallen, was seine Frau selbstverständlich von ihm erwartete: „Kein Gedanke daran!" Er wollte so anfangen, wie sein Vater aufgehört hatte.

Vielleicht spielte dabei die Affäre um den hessischen Prinzen Alexander von Battenberg eine gewisse Rolle, der auf den neu geschaffenen bulgarischen Thron berufen worden und alsbald mit Russland in Konflikt geraten war. Bei seiner Antrittsreise durch Europa hatte er sich heimlich mit der Tochter des Kronprinzenpaares, Viktoria, verlobt. Erst 1884 erfuhren der Kaiser und Bismarck etwas davon und erklärten sofort, eine Ehe sei ausgeschlossen, weil sie zu ärgsten Schwierigkeiten im deutsch-russischen Verhältnis führen werde. Friedrich sah das ein, die Kronprinzessin aber empörte sich für ihre Tochter gegen den Kanzler. Auch als der Prinz 1886 abgesetzt und verjagt wurde, änderte sie ihre Auffassung nicht.

Bismarck, der erfahrene 70-jährige Realist, sah die Hilflosigkeit des Kronprinzen sehr deutlich. Zu Moritz Busch sagte er Anfang 1885, der Kronprinz habe „geringe Kenntnisse von Staatsgeschäften und wenig Interesse dafür". Daher wolle Friedrich ihn, den Kanzler, „behalten". Zwar spreche der zukünftige Kaiser für den Ernstfall von einer „Mitregentschaft der Kronprinzessin". Aber solche Worte nahm Bismarck nicht mehr ernst: „Was soll werden, wenn ich sie sich selber überlasse?"

Die Erkrankung

Anfang 1887 begann man mit den Vorbereitungen für den 90. Geburtstag Wilhelms I. Da der Monarch wegen eines Nieren- und Blasenleidens Morphium nehmen musste und nicht mehr sicher auf den Beinen war, sollten die Zeremonien möglichst kurz gehalten werden. Unmittelbar vor den Feierlichkeiten schwoll der Hals des Thronfolgers an, nachdem er schon seit dem Herbst 1886 an Reizungen gelitten hatte. Schluckbeschwerden hinderten Friedrich, der sich bereits zu dieser Zeit als alten Mann mit einem Fuß im Grabe bezeichnete, fast gänzlich am Sprechen. Der Leibarzt Professor Wegner fand ein kleines Gewächs am Ende des linken Stimmbandes. Er entfernte es, ohne eine Besserung herbeizuführen. Jetzt erinnerte man sich auch, dass der Kronprinz schon als Kind morgens zum Räuspern geneigt hatte und dagegen mit kalten Duschen behandelt worden war. Während nun das Leiden seinen Lauf nahm und der Kronprinz von immer mehr Ärzten beraten und behandelt wurde, konnte von irgendeiner offiziellen Tätigkeit keine Rede mehr sein. Friedrich beteiligte sich seit März 1887, nachdem ein Konsilium Berliner Ärzte einstimmig die Diagnose auf Krebs gestellt hatte, praktisch nicht mehr am politischen Leben.

Im Frühsommer 1887 reiste das kronprinzliche Paar zum Regierungsjubiläum der Queen nach England, wo Friedrich beim feierlichen Kirchgang dem Publikum „wie ein Lohengrin" erschien. Bei dieser Gelegenheit ließ ihn die Kronprinzessin, die ihn begleitete, von dem englischen Arzt Sir Morell Mackenzie behandeln, der ihn bereits in Berlin untersucht hatte. Der Mutter schrieb sie: „Es ist klar, dass er nach England musste, um sich dort von dem einzigen Menschen behandeln zu lassen, der meinte, ihn heilen zu können." Bei schwankendem Gesundheitszustand blieb Friedrich im Glauben, an einer hartnäckigen Erkältung zu leiden, den ganzen Sommer über in England und Schottland. Ende Juli konnte er fast so gut sprechen wie in seinen besten Zeiten. Im Herbst reiste das Paar über Toblach, wo es an Sonne fehlte, nach Venedig, Baveno am Lago Maggiore, wo die Heiserkeit wieder zunahm, am 3. November schleunigst nach San Remo. Am 12. November 1887 wurde in Deutschland offiziell be-

Der spätere Kaiser Friedrich III. als Kronprinz Friedrich Wilhelm. (Foto: um 1875)

Kronprinz Friedrich Wilhelm mit seiner Familie im Neuen Palais in Berlin. Von links: Prinz Heinrich, Kronprinzessin Victoria, Prinzessin Margarete (im Arm des Vaters), Prinzessin Viktoria (vorn sitzend), Prinzessin Sophia (auf der Stuhllehen), Prinz Waldemar (vorne), der spätere Kronprinz Wilhelm und Prinzessin Charlotte.
(Foto: 1875)

Kronprinz Friedrich Wilhelm in der Uniform eines preußischen Generalfeldmarschalls nach dem siegreichen Feldzug gegen Frankreich 1870/71.

Die Beisetzung Friedrichs III. am 16. Juni 1888 in Potsdam. Das Foto zeigt den Trauerzug mit dem Sarg des Kaisers vor dem Neuen Palais in Potsdam.

kannt gegeben, dass der Kronprinz an einer „Krankheit ... von krebsartigem Charakter" leide. Bismarck empfahl dem Kaiser, seinen Enkel Wilhelm schnellstens in die Staatsgeschäfte einzuführen, aber Wilhelm I. zögerte, weil das seinen Sohn verletzen musste. Doch bereits am 17. November erfuhr der Kronprinz, dass der Kaiser Prinz Wilhelm für den Fall einer Behinderung des Großvaters ermächtigt hatte, die laufenden Erlasse „Auf allerhöchsten Befehl" zu unterzeichnen. Der Thronfolger war also ohne vorherige Information übergangen worden. Bismarck, der ihm dies per Feldjäger mit der übrigen Post durch ein Schreiben mitteilte, hatte erneut gesiegt. Friedrich rief wieder und wieder: „Ich bin doch nicht blödsinnig, nicht unzurechnungsfähig!"

Im Januar 1888 war der Kronprinz sehr krank, konnte aber spazieren fahren, sich mit der Post beschäftigen und Besuche empfangen. Die Kronprinzessin ordnete Schriftstücke, die für eine etwaige Geheimhaltung nach seinem Tode bereitgelegt wurden. Seit dem 7. März 1888 lag der Kaiser im Sterben; am 8. März forderte eine Depesche Bismarcks die unverzügliche Heimkehr des Thronerben nach Berlin. Am 9. März starb Wilhelm I., und Kaiser Friedrich III. stand vor der Wahl, nach Berlin zu reisen oder seinen Sohn, jetzt Kronprinz Wilhelm, zum Regenten zu ernennen. Er entschied sich für die Rückkehr in die Hauptstadt.

99 Tage – Ein sterbender Kaiser

Bismarck erwartete den Kaiser am 11. März in Leipzig und versuchte, ihm die Hand zu küssen; doch hieß dieser ihn aufstehen und umarmte ihn schweigend. Dem Begräbnis seines Vaters konnte Kaiser Friedrich nicht beiwohnen; er beobachtete den Trauerzug vom Mittelfenster des Kuppelsaales des Charlottenburger Schlosses aus und befahl Bismarck und Moltke, der strengen Kälte wegen der Beisetzung fernzubleiben. An diesem Tage schon deutete der englische Arzt Mackenzie dem Kaiser an, dass es für ihn Zeit sei, „sein Haus zu bestellen". Am 12. März bemühte sich der Kaiser, die Regierungsgeschäfte aufzunehmen und die Regierungsgewalt selbst auszuüben, obwohl er praktisch annähernd regierungsunfähig war.

Seit Jahren hatte Friedrich mit der Kronprinzessin sowie mit Beratern und Freunden über durchgreifende Änderungen im Regierungssystem gesprochen. Ausformulierte Pläne, Denkschriften oder gar Gesetzesvorlagen, an deren alsbaldige Verwirklichung man hätte gehen können, existierten jedoch nicht, sondern nur Briefe, die der Kronprinz selbst außerdem in einem Gespräch mit Bismarck am 7. Juli 1885 gegenstandslos gemacht hatte. Der Kaiser musste sich also damit abfinden – und tat es bei schnell zunehmender physischer Belastung und Schwäche auch ohne Widerspruch –, dass die Reichs- und preußische Staatsleitungen ohne Veränderungen des Personals und der Ziele weiterarbeiteten. „Durch die Kaiserin musste er Bismarck bitten, das Amt des Reichskanzlers und preußischen Ministerpräsidenten fortzuführen. Die von Roggenbach und Stosch geführte ‚Kronprinzenpartei' kam nicht an die Macht" (Huber). Außerdem stand Roggenbach nur am Rande des politischen Geschehens; und Stosch, der als Chef der Admiralität den Charakter eines preußischen Staatsministers gehabt hatte, war von Bismarck bereits vor mehr als zehn Jahren eines Teils seiner Einflussmöglichkeiten beraubt worden und seit 1883 nicht mehr im Amt. Zwar existierten also beim Regierungswechsel zwischen dem Kaiser und seinen wenigen Vertrauten einerseits sowie Bismarck und seinem politischen Regierungsapparat andererseits tief greifende Meinungsverschiedenheiten und Spannungen, die gelegentlich zu verbal heftigen Auseinandersetzungen führten. Zu Machtkämpfen aber konnte es angesichts der Lage im März 1888 nicht mehr kommen.

Im Gegensatz zu dem Vorschlag Roggenbachs aus dem Jahre 1885 – als dieser und andere liberale Zukunftsplaner Thronreden und Regierungsprogramme entwarfen –, unmittelbar nach dem Thronwechsel den ungeliebten, aber unentbehrlichen Kanzler und alle preußischen Minister zu entlassen, sofort „in Ausübung freieigener Entschließung" Reformen einzuführen und anschließend die gleichen Männer neu zu ernennen (einem unwürdigen autokratischen Coup, der Friedrich die Verachtung Englands eingetragen hätte), bestätigte Kaiser Friedrich schon am 9. März, dem Todestag seines Vaters, von San Remo aus Bismarck und die preußischen Minister in ihren Ämtern, ohne ihre Demission abzuwarten. Nach seiner Ankunft in Berlin wandte er sich sofort mit einer vorbereiteten Erklärung „An mein Volk" und mit einem Erlass an den Reichskanzler, die beide unter der Verantwortlichkeit des Kanzlers ausgefertigt und bekannt gegeben wurden. „Die Gefahren, die sich aus der tödlichen Erkrankung des Kaisers für das Reich und die Krone ergaben, zwangen dazu, nicht nur die Kontinuität im Amt des Reichs- und Staatsoberhaupts, sondern auch die Kontinuität in der Reichs- und Staatsleitung jedem Zweifel zu entheben. So trug der Regierungswechsel vom März 1888 entgegen allen Erwartungen gerade zur institutionellen Festigung des Kanzleramts bei" (Huber). Während Roggenbach es seit 1874 als Friedrichs wichtigste künftige Aufgabe bezeichnet hatte, „die Reichskanzlerwürde im Interesse der Dynastie zu sprengen" (Fuchs), fand er ihn 1888 „innerlich nicht gefestigt genug" für eine solche Maßnahme, die bald darauf (1890) Wilhelm II. ohne Schwierigkeit gelang.

Eine „Neue Ära" wurde also nicht eingeleitet; der Wortlaut der beiden kaiserlichen Erklärungen ließ unmissverständlich erkennen, dass Friedrich III. – im Gegensatz zur Kaiserin? – keineswegs an die Liberalisierung der Regierungssysteme in Preußen und im Reich gehen wollte. Die „Inhaltsleere" der seit längerer Zeit bereitliegenden, also nicht unter dem Einfluss des Krankheitserlebnisses entstandenen Erklärungen lässt deutlich die Einflusslosigkeit der liberalen „Berater" in Prinzipienfragen und die entschiedene Neigung Friedrichs zu einer „starken" Regierung erkennen. Die Vertreter des Liberalismus waren denn auch überrascht und enttäuscht von der „sachliche(n) Dürftigkeit der kaiserlichen Manifeste" (Huber). Offensichtlich sollte der Liberalismus auch unter einem gesunden Kaiser Friedrich mit der Aussicht auf eine lange Regierungszeit – mit und ohne Bismarck – nicht die große Chance der Annäherung an englische Verhältnisse erhalten: Friedrich III. wollte aufgrund seiner Auffassung vom Kaisertum im Reich wie in Preußen mehr – nicht weniger – als sein Vater selbst regieren.

In dem Schreiben an den Reichskanzler hieß es, die bestehenden Verfassungs- und Rechtsordnungen müssten „in der Ehrfurcht und in den Sitten der Väter sich befestigen. Es sind daher Erschütterungen möglichst zu vermeiden, welche häufiger Wechsel der Staatseinrichtungen und Gesetze veranlasst"; die Verfassungen im Reich und in Preußen seien gewissenhaft zu achten. „Dabei ist im Auge zu behalten, dass ... neu hervortretenden, unzweifelhaften nationalen Bedürfnissen stets in vollem Maße Genüge geleistet werden muss." Die Wehrkraft müsse „ungeschwächt" erhalten werden, um „ihre Kraft und segensreiche Wirksamkeit betätigen zu können". Es soll auf die Beseitigung der Klassengegensätze hingewirkt werden, „ohne jedoch die Erwartung hervorzurufen, als ob es möglich sei, durch Eingreifen des Staates allen Übeln der Gesellschaft ein Ende zu machen". Der Schluss lautete: „Unbekümmert um den Glanz Ruhm bringender Großtaten werde ich zufrieden sein, wenn dereinst von meiner Regierung gesagt werden kann, sie sei meinem Volke wohltätig, meinem Lande nützlich und dem Reich ein Segen gewesen." Diesen Floskeln war nicht viel Reformwille und Fortschrittseifer zu entnehmen, eher ein umsichtiger Konservatismus.

Dass auch ein schwer kranker, ja sogar regierungsunfähiger Kronprinz das Sukzessionsrecht besaß, stand juristisch außer Frage. Kronprinz Friedrich hat auch nie den Verzicht auf die Thronfolge zu Gunsten seines ältesten Sohnes Wilhelm erwogen. Dagegen hatte man sich bereits seit dem Herbst 1887 mit den Problemen der Stellvertretung nach der Thronbesteigung beschäftigt, und der Kaiser hatte daher am 17. November den künftigen Kronprinzen Wilhelm als seinen Vertreter vorgesehen. In San Remo vermutete man seitdem, Kaiser und Kanzler beabsichtigten die unmittelbare Überleitung der Regierungsgewalt von Wilhelm I. auf seinen Enkel.

Nach der Regierungsübernahme erwog Friedrich III., gewissermaßen im „Gegenstreich" zu seinem eigenen Übergangenwerden das Recht der Stellvertretung nicht auf Kronprinz Wilhelm, sondern auf seine Gemahlin, die Kaiserin, zu übertragen. Bismarck überzeugte ihn, dass dies die verbreitete Abneigung gegen England bestärken, die politischen Kreise beunruhigen und der Kaiserin eine schwere Last auferlegen werde. Am 21. März 1888 beauftragte der Kaiser zwar durch den „Erlass betr. die Beteiligung Sr. K. u. K. Hoheit des Kronprinzen an den Regierungsgeschäften" seinen Sohn Wilhelm mit der Stellvertretung; doch die Kaiserin erhielt den Schein der Regierungsfähigkeit des Kaisers – aus politischen Überlegungen oder unfähig, die gesundheitliche Situation klar zu erkennen – aufrecht und verhinderte damit praktisch die offizielle uneingeschränkte Stellvertretung durch den Kronprinzen. Viktoria vertiefte so Wilhelms Kritik an seiner Mutter, die de facto als „politische Gehilfin" des Kaisers fungierte, Beratungen leitete und die Unterredungen mit dem Kanzler übernahm. Dass sie auf die „Entschließungen" des Kaisers in den 99 Tagen seiner Regierung den „entscheidenden Einfluss" ausgeübt und seine Reaktionen auf die Vorschläge des Kanzlers „bestimmt" hat, indem sie z. B. für den am Sprechen verhinderten Kaiser „im buchstäblichen wie im übertragenen Sinne" das Wort führte (Huber), mag formal zutreffen. Sicher ist, dass sie bei den wenigen Regierungshandlungen, um die es in diesen Wochen ging, nicht den Versuch gemacht hat, eine eigene liberale Politik mit Wirkung in die Zukunft hinein einzuleiten und zu betreiben. Bismarck hat in Kenntnis der gesundheitlichen Situation und im Besitz der Macht gegen diese gesetzlich nicht vorgesehene Wortführung so wenig etwas unternommen, wie er die Stellvertretungspflicht des Kronprinzen unterstrichen hat: vielmehr hat er den Gegensatz von Mutter und Sohn sich entwickeln lassen. Wie hart und unfair in diesen Tagen der Kampf zwischen Bismarck und der Kaiserin ausgetragen wurde, lässt der „Schmähartikel" erkennen, den Moritz Busch im Auftrage und ausdrücklich unter Verwendung von Formulierungen des Kanzlers Anfang April schrieb, den die „Grenzboten" sofort druckten und Bismarck selbst wenige Tage später gegenüber der Tagespresse verurteilte.

Von Kaiser Friedrichs Regierungshandlungen hatten drei größere Bedeutung. Als der Kaiser sich angesichts der linksliberalen Kritik weigerte, die am 13. und 14. Februar 1888 zu Stande gekommenen Gesetze über die Verlängerung der Legislaturperiode des Reichstags bzw. über die Verlängerung des Sozialistengesetzes, die Kaiser Wilhelm I. nicht mehr vollzogen hatte, seinerseits ausfertigen zu lassen, wies Bismarck die Kaiserin darauf hin, dass es kein kaiserliches Vetorecht, vielmehr eine Verkündungspflicht gebe, und deutete die Möglichkeit eines Rücktritts des Staatsministeriums an. Angesichts des Zustandes, in dem sich Friedrich III. befand, musste Viktoria auf einen Machtkampf verzichten, den sie mit Sicherheit verloren hätte: Der Kaiser ließ noch am selben Tage (21. März) beide Gesetze verkünden.

Die von der Kronprinzessin seit längerer Zeit betriebene Verbindung ihrer zweiten Tochter mit dem Prinzen von Battenberg – eine Staats-, nicht eine Privatangelegenheit – war von Bismarck und Wilhelm I. 1884 verhindert worden. Der Plan lebte nun wieder auf, als Kaiserin Viktoria die politisch unkluge Auffassung vertrat, der Prinz sei nach seiner Entthronung im Jahre 1886 ein Privatmann. Hier erreichte Bismarck nach „Verhandlungen" in Charlottenburg am 31. März, durch ein Entlassungsgesuch am 4. und eine Rücktrittsdrohung am 5. April 1888 beim Kaiser zwar zunächst nur die Verschiebung der offiziellen Verlobung, durch einen von ihm formulierten, äußerst scharfen Brief des Kronprinzen Wilhelm vom 4. April an den Battenberger und weitere Gespräche mit Kaiserin und Kaiser jedoch, dass dieser am 10. und 11. April „die Sache" für „erledigt" erklärte. Wie sehr der Kaiser auf Bismarck angewiesen war, ließ ihn auch der Großherzog von Baden erkennen, als dieser ihm am 31. März erklärte: „Ohne Bismarck kannst Du unmöglich regieren." Im Übrigen beschäftigte Viktoria sich schon in diesen Tagen mit ihrer eigenen Zukunft nach dem Tode des Kaisers. Busch notierte, dass sie sich am 10. April mit Bismarck über ihre finanzielle Situation, Besitzrechte der Krone und Privatvermögen unterhielt: Deutlich ging es ihr nicht nur um die Grenze zwischen den privaten und den staatlichen Rechten, sondern auch um die Grenze zwischen denen der Kaiserin-Witwe und des Thronfolgers.

Am 8. Juni 1888, wenige Tage vor seinem Tode, verfügte Friedrich, wahrscheinlich unter dem Einfluss des Freisinnigen Bamberger, jedenfalls ohne Viktoria oder den Kronprinzen hinzuzuziehen, die Entlassung des konservativen preußischen Ministers Robert von Puttkamer, der bereits als Kultusminister den Zorn der Liberalen erregt und, seit 1881 Innenminister, sich in Verbindung mit dem Sozialistengesetz 1886 durch einen koalitionsfeindlichen Streikerlass nicht nur bei den Liberalen unbeliebt gemacht hatte. Die Beendigung des „Systems Puttkamer" bildete einen wesentlichen Programmpunkt der kleinen „Kronprinzenpartei". Bismarck konnte Puttkamer keine Rücktrittsdrohung wert sein, da der Minister sich 1885 eindeutig einer Wahlbeeinflussung zu Gunsten seines Bruders schuldig gemacht hatte. Bezeichnend für die Schwäche des Liberalismus am kaiserlichen Hof war es aber, dass die Kaiserin, von Bismarck gefragt – der sie am 4. Juni 1888 dem Landwirtschaftsminister Lucius gegenüber als „in gewissen Dingen nicht compos mentis“ bezeichnete –, für Puttkamer keinen liberalen Nachfolger vorzuschlagen vermochte, der für Bismarck akzeptabel war. Die einzige Möglichkeit zu einer Demonstration der einst geplanten Liberalisierung des politischen Lebens konnte also, wenige Tage vor dem Tode des Kaisers, nicht genutzt werden. Es fehlte an Männern, die geeignet und bereit waren, Minister zu werden. Stosch z. B. hatte bereits 1883 erklärt, dass er zwar gern mit unabhängigen Männern über Politik spreche, an deren Gestaltung aber nicht mehr interessiert sei (Hollyday). 1888 bewunderte er Bismarck uneingeschränkt. Den Kaiser wollte er nun nicht mehr sehen, und die Kaiserin lud ihn auch nicht ein.

Am 15. Juni starb Kaiser Friedrich III., nachdem er die Hand der Kaiserin in die des Kanzlers gelegt hatte. Im Herbst 1888 reiste die Kaiserin-Witwe für längere Zeit nach England. Schließlich übersiedelte sie nach Bad Homburg, in dessen Nähe sie am 5. August 1901 auf Schloss Friedrichshof an Krebs starb, ohne in der Zwischenzeit politischen Einfluss ausgeübt zu haben. Sie hatte testamentarisch bestimmt, dass sie, in eine englische Flagge gehüllt, nach England überführt werden soll. Kaiser Wilhelm II. hat ihr, die von Zeit zu Zeit nachdrücklich betont hatte, sie sei neben ihrem Manne eine Preußin, eine Deutsche geworden, diesen gegen ihn gerichteten Wunsch nicht erfüllt, sondern seine Mutter in der Friedenskirche zu Potsdam beisetzen lassen. „Die ärmste, unglücklichste Frau, die jemals eine Krone trug“, nannte er sie im Vorwort zu Ponsonbys Edition der Briefe seiner Mutter vierzig Jahre später, nachdem er zu ihrem Unglück nicht wenig beigetragen hatte.

Kaiser Friedrichs Absichten, Handlungen und Möglichkeiten

Was Friedrich selbst als Kronprinz für die Zeit seiner Regierung als König und Kaiser beabsichtigt hat, wird nie genau festgestellt werden können. Andere, seine Ehefrau und beider Berater, haben Denkschriften, Regierungspläne und Programme geschrieben; der Kronprinz hat ihnen nicht widersprochen, sich aber auch nicht auf sie festgelegt. Seine Tagebücher, die 37 Bände umfassen und die er beinahe bis zum Augenblick seines Todes geführt hat, enthalten nicht einen einzigen Hinweis auf politische Ziele, die er anstreben wollte, sobald er Kaiser geworden war (Nelson). Ob Puttkamers Entlassung kurz vor dem Tode des Kaisers wirklich als ein letztes Signal für weitgehende Zukunftspläne des Kaisers interpretiert werden darf, ist sehr fraglich. Neben dem „Humanismus" und „Liberalismus" des Kronprinzen lebten in ihm hohe Vorstellungen von den Rechten und Pflichten eines Königs und Kaisers, in denen man auch die Neigung zum persönlichen Regiment mindestens zu vermuten, wenn nicht zu erkennen vermag. Die bis zum Schluss unverändert große Liebe zu seiner Frau und Bewunderung für die Queen hätten möglicherweise Gewissens- und Handlungskonflikte heraufbeschwören können – auch nach dem Rücktritt oder der Entlassung Bismarcks. Seit dem 9. März 1888 hat bis zu seinem Tode 99 Tage lang für ihn die Kaiserin regiert. Wäre Friedrich III. – zur Stummheit verurteilt – am Leben geblieben, dann hätte die Kaiserin wahrscheinlich ihre Position behaupten wollen, womit ein Konflikt zwischen dem offiziellen Vertreter, dem Kronprinzen Wilhelm, und der De-facto-Vertreterin unvermeidlich gewesen, vom Kronprinzen oder vom Kanzler herbeigeführt worden wäre. Oder hätte der Kaiser auf den Thron verzichtet? Die menschlichen Folgen eines solchen Aktes wären nicht abzusehen gewesen.

Wohin hätte ein gesunder Kaiser Friedrich in längerer Regierungszeit Deutschland führen können? Natürlich kann diese Frage nicht schlüssig, nicht überzeugend beantwortet werden. Aber gewiss ist: Staat und Gesellschaft von Preußen-Deutschland hatten seit 1862 und 1871 sehr feste, eher traditionalistische als zu Reformen von oben geeignete Strukturen erhalten oder entwickelt – die Jahrzehnte zwischen 1888 und 1918 lassen das erkennen. Ein gesunder Kaiser Friedrich hätte seit 1888 sehr energisch und zugleich sehr umsichtig vorgehen müssen, wenn er dem Liberalismus zur Herrschaft hätte verhelfen wollen. Er hätte dabei sich selbst einen Teil der Herrschaftsgrundlage entziehen müssen, auf der er sich vor allem als Soldat sehr wohl gefühlt hatte und die sogar zu verstärken er gelegentlich versuchte – beispielsweise in Fragen der Stellvertretung und bei der Gründung des Kaiserreiches. Das Verhältnis zu Bismarck, von dem er sich kaum schneller getrennt hätte als sein Sohn, wäre wohl entscheidend von dem Maß des Einflusses bestimmt worden, den Viktoria auf ihren Gemahl ausgeübt hätte. Ein „englisches" System in Politik und Gesellschaft hätte es natürlich nicht geben können, Deutschland hatte schließlich seine eigene Geschichte und außenpolitische Position in Europa, auch England gegenüber. „Das aber lässt sich mit Sicherheit behaupten, dass er weder ein parlamentarisches Parteiregiment beabsichtigt noch daran gedacht hat, den militärischen Charakter des preußischen Staates anzutasten" (Hintze). Die „traditionalen Eliten" (Bruch) hatten obendrein alle Schlüsselpositionen fest in der Hand. Daher ist denn auch das „Drama der 99 Tage" nicht der „letzte Entscheidungskampf des deutschen Liberalismus um die politische Macht" (Beyerhaus) gewesen. Ein solcher Entscheidungskampf hat nie stattgefunden.

Wäre die Kaiserin unter diesen Umständen enttäuscht worden, hätte sie, ihrer Ungeduld und ihrer Intelligenz, ihrer eigenen Herrschsucht entsprechend, zu persönlichen Eingriffen geneigt und damit Konflikte herbeigeführt? Hätte sie Prinz Battenberg als Schwiegersohn durchgesetzt und damit das Verhältnis zu Russland belastet, das Netz der Bündnisse in Europa gefährdet?

Wenn also im Jahre 1888 nicht ein kleiner Teil einer Generation „übersprungen" worden wäre – der größere Teil hätte gewiss nicht einen Liberalismus englischer Art oder unter englischem Einfluss gutgeheißen –, dann hätte er möglicherweise in der Folgezeit durch die Neigung des Kaisers zu einem sehr persönlichen Regiment eine schwere Enttäuschung erlebt. Die Baronin Spitzemberg notierte bereits am 26. März 1888, dass der „Berliner Witz" Friedrich III. als „Friedrich den Briten" und die Kaiserin als „die Mackenzie" kritisierte, und Theodor Fontane, des Antiliberalismus unverdächtig, schrieb in sein Tagebuch: „… alles atmete auf, als das Kranken- und Weiberregiment ein Ende nahm und der jugendliche Kaiser Wilhelm II. die Zügel in die Hand nahm. Es war hohe Zeit. Alles hat die Empfindung …, dass ein Dirigent da ist, der nicht alles bloß dem Zufall überlässt."

Prof. Dr. Dr. h. c. Wilhelm Treue

Kaiser Wilhelm II.

Als am 4. Februar 1858 der preußische Kronprinz Friedrich Wilhelm, von seiner Hochzeit mit der Princess Royal Viktoria aus England kommend, bei Aachen deutschen Boden betrat, wurde das Paar vom Regierungspräsidenten Kühlwetter, vom Aachener Oberbürgermeister und von den Deputationen 16 rheinischer Städte festlich empfangen. Der Kronprinz bestimmte ein ihm überreichtes Geldgeschenk von 5 000 Talern zum Grundstock einer in den preußischen Rheinlanden zu gründenden „Polytechnischen Schule". Preußen stand damals im Zeichen einer sich schnell beschleunigenden Industrialisierung, und man kann sagen, dass schon das am 27. Januar 1859 geborene Kind Prinz Wilhelm Zeuge der um 1870 einsetzenden Phase der deutschen Hochindustrialisierung wurde.

Im Geburtsjahr Wilhelms war sein Großonkel Friedrich Wilhelm IV. noch preußischer König. Da dieser jedoch geistig krank und kinderlos war, hatte im Oktober 1858 sein Bruder Wilhelm die Regentschaft übernommen und war nach dem Tode des Monarchen 1861 zum König von Preußen gekrönt worden. In dem aufgrund der Heeresreform zwischen dem König und der Landtagsmehrheit entstandenen Verfassungskonflikt hatte der neue König schon bald die Abdankung erwogen, diesen Gedanken aber nach der Ernennung Otto von Bismarcks zum Ministerpräsidenten 1862 wieder aufgegeben. Die militärischen Erfolge der Kriege von 1864, 1866 und 1870/71 schienen seine und Bismarcks Heerespolitik zu rechtfertigen, und auf den Knaben Wilhelm haben der Sieg von 1871 und die Kaiserkrönung seines Großvaters in Versailles starken Eindruck gemacht. Sein Vater, der Kronprinz, hatte in den letzten beiden Kriegen eine herausragende Rolle gespielt und 1866 wesentlich zum Sieg von Königgrätz und 1870 zum Sieg von Wörth beigetragen.

Die Bewunderung des Knaben für preußisches Militär wurde jedoch durch eine körperliche Behinderung getrübt. In den mehr als 60 Jahre später erschienenen Aufzeichnungen Wilhelms II. „Aus meinem Leben" (1927) hieß es hierzu karg und knapp: „Ein ausgesprochenes Hemmnis war es aber für mich, dass mein linker Arm infolge einer bei der Geburt entstandenen, anfangs übersehenen Verletzung in der Entwicklung zurückgeblieben war und seine freie Beweglichkeit eingebüßt hatte." Daneben gab es jedoch noch andere Gebrechen: eine ebenfalls bei der schwierigen Geburt eingetretene Verletzung der Halswirbel und des linken Gehörgangs. Der Knabe konnte auf dem linken Ohr nicht hören und litt unter Gleichgewichtsstörungen, die anfangs das Reiten zu einer Gefahr für ihn machten. Inwieweit diese physischen Schwächen, besonders die Beeinträchtigung des Gehörs, die gesamte Entwicklung des Kindes verzögert haben, ist schwer zu sagen.

Kindheit und Jugend

In der Erziehung des jungen Prinzen wurde zwar auf diese körperlichen Handikaps Rücksicht genommen, dennoch führte der Unterricht des Prinzenerziehers Dr. Georg Hinzpeter fast zu einer Art Überkompensation dieser physischen Schwächen. Wilhelm selbst nannte seinen Erzieher später kritisch „den pedantischen und herben Mann mit der hageren dürren Figur und dem Pergamentgesicht". Der Kronprinz hatte diesen Erzieher für seinen Sohn ausgewählt. Dr. Hinzpeter hatte Philosophie und klassische Philologie studiert, war Calvinist und hatte sich für seinen Zögling ehrgeizige Ziele gesteckt. Er gab ein Lerntempo vor, das die geistige Begabung des Knaben zwar nicht überforderte, denn Wilhelm war begabt, aber die körperliche und nervliche Konstitution des Prinzen beträchtlich anspannte. Hinzpeter war ein eher unmusischer Mensch, der vieles durch Willensleistung zu erreichen suchte: Der

Unterricht begann im Sommer um 6 Uhr, im Winter um 7 Uhr und dauerte zwölf Stunden, die nur durch Essenspausen und durch Übungen zur körperlichen Ertüchtigung unterbrochen wurden. Es scheint, dass dieses tägliche Programm die nervliche Disposition Wilhelms schon früh überanstrengt hat, wozu wahrscheinlich zusätzlich noch eine vererbte Nervosität kam. So zeigte sich schon bald, dass eine stete und konzentrierte geistige Arbeit den Prinzen schnell erschöpfte.

Hinzpeter, der – abgesehen von seinem Ehrgeiz, den er mit Wilhelms Mutter Viktoria teilte – kein schlechter Erzieher war, erkannte bald, dass man seinen von der Gesellschaft abgeschirmten Zögling für die Arbeits- und Lebenswelt „draußen" interessieren konnte, und modifizierte sein etwas sprödes Erziehungsprogramm. Er bemerkte, dass der Prinz ein sehr stark praktisch orientierter Charakter war. Wilhelm lernte nun durch Fahrten und Besichtigungen eine Reihe von Fabriken, Hüttenwerken und Zechen kennen. Vieles davon war direkt in Berlin selbst oder in der näheren Umgebung zu betrachten. Seit den Firmengründungen August Borsigs (1837), Julius Pintschs (1843) und Werner Siemens' (1847) hatte die Stadt sich allmählich zu einer Bank- und Industriemetropole entwickelt, die besonders seit den siebziger Jahren durch die Großbanken und durch die Fabrikgründungen Ernst Scherings, Ludwig Loewes und Emil Rathenaus, aber auch durch die neuen Pressekonzerne von Rudolf Mosse, Leopold Ullstein und August Scherl zu einem wirtschaftlichen und informationstechnischen Zentrum Deutschlands geworden war. Dieses schnelle Wachstum zur Industriemetropole hatte aber auch zu einer starken Zunahme der Arbeiterschaft geführt, sodass vor dem In-Kraft-Treten des Sozialistengesetzes die SPD 1877 in zwei von sechs Berliner Wahlbezirken die Mehrheit gewonnen hatte.

Prinz Wilhelm hat diese politische Entwicklung der Reichshauptstadt dann allerdings nur aus einiger Entfernung erlebt. Als 15-Jähriger kam er durch den Übergang auf das Gymnasium in Kassel auch mit bürgerlichen Altersgenossen zusammen. Übrigens war er dort kein besonders guter Schüler. Er litt es nicht gern, dass ihn die Bürgersöhne in den schulischen Leistungen übertrafen. Doch hat er einen seiner dortigen Mitschüler, den ein Jahr jüngeren Friedrich

Schmidt-Ott, sehr spät, noch 1917, zum letzten preußischen Kultusminister ernannt. Der Prinz befand sich auch während der Kasseler Gymnasialjahre seit 1874 noch unter der Obhut seines Erziehers Hinzpeter; dieser setzte immerhin durch, dass Wilhelm nicht zu sehr mit militärischen Übungen belastet wurde.

Schon während der Kasseler Jahre wurde deutlich, dass sich das Verhältnis zwischen Wilhelm und seinen Eltern zusehends anspannte. Es blieb nicht aus, dass die unterschiedlichen Auffassungen seines Vaters, des Kronprinzen, und Kaiser Wilhelms I. auch dem Sechzehnjährigen auffielen. Friedrich Wilhelm, obwohl kein strenger Vater, verlangte von seinem Sohn etwas mehr als der greise und gelassenere Kaiser, der aber die volle Bewunderung des Enkels besaß, der ihm später sogar den Ehrentitel „der Große" verleihen wollte. Noch als Wilhelm 1877 das Gymnasium abschloss und die Aufgabe Hinzpeters damit beendet war, soll der Kronprinz anlässlich des 18. Geburtstages seines Sohnes zu einem angesehenen Professor gesagt haben, der Junge werde nie reif, nie großjährig werden.

Daneben besaß Bismarck – bis in die 80er-Jahre hinein – die Bewunderung des jungen Wilhelm. Manche Kritik seines Vaters an Bismarck wies Wilhelm etwas überheblich zurück. Eine Reihe persönlicher und sachlicher Differenzen mit den Eltern, die sicher teilweise durch jugendliches Selbstständigkeitsstreben, vielleicht auch durch Trotz gegenüber dem Vater, erklärt werden können, kamen hinzu. Seit seiner Potsdamer Militärzeit als Kavallerist 1877 nahm Wilhelm jedoch auch immer mehr den schneidigen Ton des Offizierskasinos an, eine Mischung aus Sarkasmus und Selbstgefälligkeit, die oft nicht auf Sachkenntnis beruhte. Diese Zeichen der Unreife verloren sich zum Leidwesen des Vaters auch während der Bonner Universitätsjahre des Prinzen nur sehr langsam. Das gespannte Verhältnis zwischen Wilhelm und seinen Eltern schlug sich auch in seiner ambivalenten Einstellung zu England nieder, die sich aus Liebe und Hass zugleich zusammensetzte. Die negative Einstellung Wilhelms zu England wurde von Bismarck bewusst geschürt, der im Übrigen alles daransetzte, um den Kronprinzen, dessen Sympathien mit dem Liberalismus er missbilligte, möglichst lange von der Regierung fern zu halten. Prinz Wilhelm aber, der ein Praktikum im Auswärtigen Amt geleistet hatte, erhielt oft durch Herbert von Bismarck

Informationen aus dem Auswärtigen Amt, die dem Vater nicht gegeben wurden. Bismarck bestärkte den greisen Kaiser, der schon 1882 das 85. Lebensjahr vollendet hatte, darin, immer weiter im Amt zu bleiben. Der Bewunderung des Enkels für den Großvater schien das keinen Abbruch zu tun. 1887 wurde Wilhelm I. schon 90 Jahre alt und war immer noch deutscher Kaiser und König von Preußen. An Rücktritt war nicht mehr zu denken, obwohl der Kaiser immer häufiger Ohnmachtsanfälle erlitt. Als der Kaiser dann am 9. März 1888 im Alter von fast 91 Jahren starb, fühlte sich auch der erst 56-jährige Kronprinz schon todkrank. In seinem Tagebuch notierte Friedrich von Holstein, Vortragender Rat im Auswärtigen Amt: „Der eiserne Weg der Weltgeschichte bekommt eine unerwartete Wendung. Prinz Wilhelm vielleicht mit 30 Jahren deutscher Kaiser. Was wird das werden?"

Alles ging aber noch schneller. Nachdem Friedrich III. schon am 15. Juni 1888 an Kehlkopfkrebs gestorben war, wurde Wilhelm im Alter von 29 Jahren deutscher Kaiser und König von Preußen.

Das Selbstverständnis Wilhelms II. – Politik und Regierungsstil

Noch bevor Friedrich III. gestorben war, hatte Viktoria – die „Kaiserin Friedrich", wie sie bald genannt wurde – an ihre Mutter nach England geschrieben: „Wilhelm hält sich schon ganz für den Kaiser – und zwar für einen absoluten und autokratischen." Tatsächlich war trotz aller konstitutionellen Einschränkungen der Gedanke des königlichen Gottesgnadentums für Wilhelm II. von Anfang an eine Leitvorstellung. Er hob den Glanz des Hofzeremoniells, paradierte mit seinen Garde-Husaren, ließ sich einen kostspieligen Luxus-Eisenbahnzug bauen, dekretierte eine „Hof-Rang-Ordnung" in 62 Ranggruppen und wandte sich schon bald mehr und mehr Schiffbauplänen und Flottenparaden zu. In entsprechendem Ton ließ Wilhelm nach der Verabschiedung Bismarcks verkünden: „Das Amt des wachhabenden Offiziers auf dem Staatsschiff ist Mir zugefallen. Der

Kurs bleibt der alte. Volldampf voraus!" In Wirklichkeit konnte aber schon bald vom „alten Kurs" nicht mehr gesprochen werden. Der junge Kaiser folgte zu vielen Gedankenassoziationen. Das alles war von einer Hektik begleitet, die nicht nur von Anfang an die Gefahr in sich barg, dass Wilhelm sich verzettelte, sondern auch dazu führte, dass eine nationalistische Unrast sich auch auf die deutsche Gesellschaft übertrug. Über des Kaisers Nord- und Kreuzfahrten bemerkte schon 1888 Alfred von Kiderlen-Waechter, der spätere Staatssekretär: „Wenn es ihm auch noch gut bekäme, dann würden wir immerfort zu Wasser fahren."

Das Selbstbewusstsein des jugendlichen Herrschers, der den Chef der Admiralität, General Leo von Caprivi, gehen ließ, war fast unbegrenzt. Er sprach recht autokratisch von „meinem Reichskanzler", „meiner Flotte", weniger freilich von „meinem Reichstag", denn dazu bestand kein Anlass. Schon bald nach der Thronbesteigung äußerte Wilhelm über Bismarck, er werde dem alten Herrn noch sechs Monate zum Verschnaufen geben und dann selbst regieren. Die mit all dem verbundene Unrast wirkte in einem Jahr, in dem Deutschland zwei Kaiser durch Tod verloren hatte, nicht nur unpassend, sondern verletzte auch die königliche Verwandtschaft in England, weil Wilhelm seine trauernde Mutter etwas gefühllos zu behandeln schien.

Mit Bismarck kam es bald über die Außenpolitik zum Bruch. Durch den Chef des Generalstabs, den Grafen Alfred von Waldersee, und den Vortragenden Rat Friedrich von Holstein wurde der Kaiser gegen die so genannten Russophilen, die weiterhin auf Ausgleich mit Russland bedacht waren, eingenommen. Der von Bismarck 1887 geschlossene Rückversicherungsvertrag mit Russland wurde 1890 nicht verlängert. Leo von Caprivi, der noch 1890 als Chef der Admiralität aus Protest gegen die Informationspolitik des Kaisers in der Flottenfrage zurückgetreten war, wurde überraschenderweise zum Reichskanzler ernannt. Dies war zweifellos eine mutige Entscheidung. Sie deutete allerdings auf die zäh weiterverfolgten Flottenpläne des Kaisers hin. Wilhelm glaubte angesichts seiner europäischen verwandtschaftlichen Beziehungen und in Überschätzung seiner diplomatischen und politischen Fähigkeiten eine Politik der freien Hand anstreben zu können. Gegen Russland wurden Pläne für einen

Präventivkrieg ausgearbeitet, die aber nach wenigen Jahren wieder aufgegeben wurden. Nach seiner Entlassung äußerte sich Bismarck schon am 5. März 1891 in einem Gespräch mit der Baronin Spitzemberg: „Ich sehe sehr schwarz in die Zukunft; mich ängstigen weniger die sozialen Verhältnisse als die zum Auslande, die uns auf einmal überfallen können … Das furchtbar Gefährliche im Charakter des Kaisers ist, dass er dauernd keinem, momentan jedem Einflusse zugänglich ist und alles sofort zur Tat werden lässt, womit jede Stetigkeit aufhört …"

Bei aller zu Recht kritisierten Sprunghaftigkeit Wilhelms II. gab es aber eine Konstante im Agieren des jungen Kaisers, die sich nur sehr langsam verlor, nämlich die, à tout prix als guter „Volkskaiser" erscheinen zu wollen. Nicht zuletzt die innenpolitischen Spannungen hatten 1890 zur Entlassung des Kanzlers geführt. Der Kaiser wollte das Verhältnis zur Industriearbeiterschaft verbessern. Er war deshalb gegen die von Bismarck geforderte Verlängerung und Verschärfung des Sozialistengesetzes gewesen. Hier prallten die unterschiedlichen Auffassungen hart aufeinander. Aber in diesem Fall stand der Reichstag hinter dem Kaiser und brachte ein neues Sozialistengesetz zu Fall. Schon während des Ruhr-Streiks von 1889, des ersten großen Streiks im neuen Industriestaat, hatte Wilhelm das preußische Staatsministerium gegen den Willen Bismarcks gedrängt, in Fragen der Arbeitsschutzbestimmungen und bei der Verkürzung der wöchentlichen Arbeitszeit der Bergarbeiter Konzessionen zuzulassen. Im Kronrat war es dann am 24. Januar 1890 zu heftigen Auseinandersetzungen über die Pläne des Kaisers gekommen, eine bessere Arbeiterschutzgesetzgebung vorzubereiten. Wilhelm hoffte, dadurch das Verhältnis zu den Arbeitern verbessern und den Stand der Sozialdemokratie schwächen zu können. Er hörte es nicht ungern, wenn man ihn in diesen Auffassungen „modern" nannte. Auf diese „partielle Modernität" des Kaisers, wie man sein soziales Engagement nennen könnte, wird auch in anderem Zusammenhang noch zurückzukommen sein.

Die Frage war jedoch, ob Wilhelm nicht zu sehr in Gefahr geriet, bei alledem plebiszitäre Züge zu entwickeln. Graf Waldersee vermerkte in seinem Tagebuch: „Er hascht geradezu nach Ovationen und hat nichts lieber als hurrabrüllende Volksmassen." Doch konnte er damit auch einen kaum noch zumutbaren Appell verbinden, wie zum Beispiel 1891 bei einer Rekrutenvereidigung in Potsdam, als er den jungen Soldaten zurief, dass, wenn er ihnen („was Gott verhüten möge“) den Befehl gäbe, Brüder, Schwestern und Mütter oder Väter niederzuschießen, sie diesen Befehl „ohne Murren ausführen müssten! Wenn dies auch auf die Situation eines revolutionären Aufstandes gemünzt war, so hatte die Mutter des Kaisers doch Recht, wenn sie von einer „neuen grässlichen Ansprache“ schrieb. Die autokratischen Anwandlungen des jungen Monarchen fanden auch in einer Rede Wilhelms beim Festmahl des Brandenburgischen Provinziallandtages 1892 Ausdruck, als er pathetisch ausrief: „Brandenburger, zu Großem sind wir noch bestimmt, und herrlichen Tagen führe Ich euch noch entgegen ... Mein Kurs ist der richtige, und er wird weiter gesteuert!“

Solche Töne waren natürlich fatal und kaum noch mit dem Überschwang eines Dreiunddreißigjährigen zu entschuldigen. Und auch drei Jahre später hatte sich daran kaum etwas geändert. Verzweifelt notierte Adolf Freiherr Marschall von Bieberstein, Staatssekretär des Auswärtigen Amtes, in seinem Tagebuch: „Er greift fortwährend in die äußere Politik ein. Ein Monarch muss das letzte Wort sprechen, Seine Majestät will aber stets das erste Wort haben, dies ist ein Kardinalfehler.“ Als entscheidend erwies sich die Verkennung des von Bismarck entwickelten dynamischen Bündnissystems, das Russland mit einbezogen hatte. Die Auffassung, von Russland absehen zu können, um Großbritannien zu gewinnen, war sehr stark durch den Grafen Waldersee, durch Marschall von Bieberstein und Friedrich von Holstein beeinflusst. Aber schon in den 90er-Jahren zeigte sich, dass dieser Weg nicht zum Ziel führte, weil die gleichzeitige Flottenpolitik Deutschlands in England Misstrauen weckte. Der wilhelminischen „Weltpolitik“ lag die Auffassung zu Grunde, dass sie der Reichsgründung nachträglich noch eine besondere Rechtfertigung gebe und dass Deutschland zu ihrer Realisierung einer Flotte und entsprechender Flottenstützpunkte in der ganzen Welt bedürfe. Dieses kostspielige Programm wurde anfangs noch von der Berliner Bevölkerung mit einiger Besorgnis gesehen: „Immer langsam voran, immer langsam voran. Halb so viel Dampf! Halb so viel Krampf! Immer langsam voran, Steuermann, dass die Steuer nachkommen kann.“

Aber schon bald merkte man, dass „Weltpolitik" etwas Faszinierendes an sich hatte und dass es dem Kaiser mit seiner Flottenpolitik bitterer Ernst war. Er hatte 1894 Alfred Mahans Buch „The Influence of Sea Power upon History" gelesen und war zu der Überzeugung gelangt, dass Deutschland Seestützpunkte in China und der übrigen Welt brauche. Doch die Sache zog sich einige Jahre hin. Der Reichstag bremste und opponierte. Nachdem 1898 Kiautschou von China für 99 Jahre gepachtet und der Flottenverein gegründet worden war, kam aber in der deutschen Bevölkerung eine derartige Begeisterung für die Flotte auf, dass der Flottenverein schon zwei Jahre nach seiner Gründung über 250 000 Mitglieder erreichte. Zu einem großen Teil war dieser „Erfolg" auf die Flottenpropaganda des Admirals Alfred von Tirpitz zurückzuführen. Doch auch der Kaiser selbst hatte zur Popularisierung des Flottenbauprogramms alle Anstrengungen gemacht. Aus einer Rede anlässlich der Eröffnung des neuen Stettiner Hafens am 23. September 1898 war ein Satz zum geflügelten Wort geworden: „Unsere Zukunft liegt auf dem Wasser."

Von Anfang an stand dieses Konzept in Gefahr, das Misstrauen Englands zu wecken. Wenn der Kaiser auch noch so sehr betonte, dass diese Flotte nicht gegen Großbritannien gerichtet, sondern im Gegenteil dazu bestimmt sei, der „Grand Fleet" in fernen asiatischen und pazifischen Gewässern als Verstärkung zu dienen und die deutschen Handelsinteressen in Übersee zu schützen, so blieb doch ein gewisser Widerspruch bestehen, indem Deutschland zunächst noch kaum auswärtige Flottenstützpunkte besaß und die meisten der neuen Kreuzer nicht für lange Strecken gebaut waren. Dies war in britischen Augen zumindest ein „Schönheitsfehler". Hinzu kam, dass Wilhelm durch seine Reden und Depeschen den Eindruck erweckte, ein Säbelrassler zu sein. Bernhard von Bülow, dem deutschen Botschafter in Rom, hatte er anlässlich der Besetzung Kiautschous unter anderem telegrafiert: „Hunderttausende von Chinesen werden erzittern, wenn sie die eiserne Faust des Deutschen Reiches schwer in ihrem Nacken fühlen werden … Möge die Welt aber aus diesem Vorfall ein für alle Male die Moral ziehen, dass es bei mir heißt: Nemo me impune lacessit."

Dass ihn niemand, wie hier als Warnung in klassischem Latein ausgesprochen wurde, ungestraft herausfordern dürfe, bezog sich auf die Ermordung zweier deutscher Missionare in der chinesischen Provinz Schantung. Als zweieinhalb Jahre später während des so genannten Boxeraufstandes in China auch der deutsche Gesandte Klemens von Ketteler erschossen wurde, rüstete Wilhelm zu einer regelrechten Strafexpedition. In einer am 27. Juli 1900 in Bremerhaven gehaltenen Ansprache rief der Kaiser den nach China entsandten Truppen unter Führung des Grafen Waldersee zu: „Pardon wird nicht gegeben, Gefangene werden nicht gemacht! Wie vor tausend Jahren die Hunnen unter König Etzel sich einen Namen gemacht haben, der sie noch jetzt ... gewaltig erscheinen lässt, so möge der Name Deutscher in China auf tausend Jahre durch euch in einer Weise bestätigt werden, dass niemals wieder ein Chinese es wagt, einen Deutschen auch nur scheel anzusehen ..."

Diese fatale „Hunnenrede" hat in der antideutschen Propaganda der folgenden Jahre immer wieder eine traurige Rolle gespielt. Dass es sich um eine Entgleisung des Kaisers handelte, zeigten die mühsamen Versuche, den Text der Rede nachträglich zu bessern: Gemeint sei gewesen „Pardon wird *euch* nicht gegeben, Gefangene werden *von Chinesen* nicht gemacht" etc. Aber es war vergeblich: In England spottete man über die „Hunnen", wenn die Deutschen gemeint waren. Dennoch schien sich zwischen 1898 und 1901 die Möglichkeit eines deutsch-britischen Bündnisses zu bieten. Und wohl selten waren die Chancen hierfür besser als in den letzten beiden Lebensjahren der Queen Viktoria, der Großmutter des Kaisers. Noch als sie 1901 starb und Wilhelm an ihrer Beerdigung teilnahm, schien Wilhelms Schwager Eduard VII. an einem Bündnis mit Deutschland nicht uninteressiert. England, das aufgrund zunehmender Konfrontation mit seinen kolonialen Rivalen Frankreich, Russland und Japan im Deutschen Reich einen Bundesgenossen suchte, wurde jedoch durch den Beginn der deutschen Flotten- und Kolonialpolitik misstrauisch, während die deutschen Politiker lange Zeit in dem Glauben befangen blieben, dass zwischen England und Russland, dem „Wal" und dem „Bär", eine Verständigung nicht zu erwarten sei. Dass diese „Politik der freien Hand" ein Irrtum war, wurde deutlich, als England sich in den folgenden Jahren mit Japan und mit Frankreich in Teilpunkten einigte, was 1904 zur britisch-französischen „Entente Cordiale" führte, die sich zunächst nur auf die Einigung in kolonialen Streitfragen beschränkte, aber sehr bald eine grundlegende Bedeutung auch für Europa gewann.

Zunächst schien es allerdings, als könne Wilhelm dagegen eine deutsch-russische Annäherung setzen. Am 24. Juli 1905 gelang es ihm, den russischen Zaren Nikolaus II. in Björkö für ein klassisches Verteidigungsbündnis zu gewinnen, das auf Europa begrenzt sein sollte. Doch während sich der Kaiser mit diesem Vertrag gegen seinen Kanzler von Bülow, der zunächst Einwände erhob, durchsetzen konnte, beugte sich Zar Nikolaus den Einwänden seiner Minister. Er meinte im Oktober 1905, dass das In-Kraft-Treten des Vertrags von Björkö, das mit dem erwarteten Abschluss eines Friedensvertrags zwischen Russland und Japan einsetzen sollte, aufgeschoben werden müsse, bis man wisse, wie sich Frankreich dazu stelle. Hier wurde in krasser Weise deutlich, wie weit sich Deutschland inzwischen isoliert hatte. Schon vor der Nichtverlängerung des Rückversicherungsvertrags mit Russland 1890 war es zu einer immer engeren russisch-französischen Annäherung gekommen. Aus einem unscheinbaren Notenaustausch zwischen Paris und Petersburg im August 1891, der eine bessere außenpolitische Abstimmung (entente) zum Ziel hatte, war zunächst zwischen 1892 und 1894 eine Militärkonvention hervorgegangen, der so genannte Zweiverband. Dieses gegen den zwischen Berlin, Rom und Wien bestehenden Dreibund gerichtete Bündnis war geheim („strengste absolute Geheimhaltung", wie es im Text hieß) und in gewisser Weise zunächst auch gegen Großbritannien geschlossen. Doch nach dem Abschluss der britisch-französischen „Entente Cordiale" im April 1904 war England auch an einer Beilegung der Spannungen mit Russland interessiert. Als es dann im August 1907 zu einem britisch-russischen Interessenausgleich über Persien, Afghanistan und Tibet kam, war der Weg für einen Ausbau des Zweiverbandes zum Dreiverband (Tripleentente) frei. Er wurde vollzogen durch eine französisch-britische Militärkonvention vom Juli 1911, durch eine geheime französisch-russische Marinekonvention vom Juli 1912 und durch einen Notenaustausch zwischen dem britischen Premierminister Sir Edward Grey und dem französischen Botschafter in London Paul Cambon im November und Dezember 1912.

Es hätte auf deutscher Seite die Illusionen einer „Politik der freien Hand", wie sie besonders Friedrich von Holstein dem Kaiser empfahl, sicher nicht gegeben, wenn schon in den 90er-Jahren die Grundlagen des französisch-russischen Zusammengehens in Berlin bekannt gewesen wären. Aber die Geheimdiplomatie verhinderte eine volle Erkenntnis dieser Zusammenhänge, wenngleich Wilhelm II., wie einige seiner Äußerungen um 1905 bereits erkennen lassen, die Größe der Gefahr geahnt haben dürfte. Die sich seit 1907 abzeichnende Gefahr einer feindlichen Tripleentente erklärt teilweise auch die fast schon verzweifelten Versuche Wilhelms, den Ring zu durchbrechen. Die Bemühungen, bessere Kontakte zu den Vereinigten Staaten zu gewinnen und eine neue Außenpolitik unter stärkerer Berücksichtigung kultureller Faktoren zu entwickeln, gingen zum Teil auf die Erkenntnis zurück, dass die Möglichkeiten der klassischen europäischen Geheimdiplomatie und Machtpolitik sich für das Reich zu erschöpfen drohten. Das Verhältnis zu England hatte sich inzwischen infolge des wechselseitigen Flottenaufrüstens weiter verschärft. Das geheime Memorandum von Sir Eyre Crowe vom 1. Januar 1907, das vom britischen Premier Sir Edward Grey ausdrücklich gebilligt wurde, sprach vom Willen Deutschlands, eine „Weltmacht" zu werden, und warnte davor, „dass Deutschland deutlich danach strebt, auf der politischen Bühne eine viel größere und beherrschendere Rolle zu spielen, als es bei der gegenwärtigen Verteilung der materiellen Macht sich zugewiesen findet … Dass Deutschland sicher danach trachten wird, die Macht aller Rivalen zu schwächen, seine eigene Macht durch Gebietserweiterungen zu stärken, das Zusammenwirken anderer Staaten zu verhindern und schließlich das Britische Reich zu zerstückeln und zu verdrängen. Weiter hieß es darin, es müsse angenommen werden, dass Deutschland bewusst eine Politik verfolge, die vitalen britischen Interessen entgegenlaufe, und dass ein bewaffneter Konflikt auf die Dauer nicht vermieden werden könne; es sei denn, dass England entweder seine Interessen opfere und dadurch seine Großmachtstellung verliere oder dass es sich zu stark mache, als dass Deutschland noch Erfolgsaussichten in einem Krieg habe. Diese Linie wurde durch die britische Vertragspolitik konsequent verfolgt, dabei aber auch im Sinne der traditionellen britischen Gleichgewichtspolitik darauf geachtet, dass sich kein allzu starkes französisch-russisches Übergewicht ergab.

Die Politik Sir Edward Greys war nach 1907 fast so fein gesponnen wie Bismarcks System zwanzig Jahre zuvor. Dagegen erwies sich die deutsche „Politik der freien Hand“ spätestens in der so genannten Ersten Marokkokrise von 1906 als illusionär. Denn schon in der Entente Cordiale hatten sich England und Frankreich darauf geeinigt, dass Ägypten zur britischen und Marokko zur französischen Interessenzone in Afrika gehören sollte. Die deutschen Ansprüche auf Marokko hatten daher 1906 in keiner Phase der Konferenz von Algeciras eine Chance, obwohl Wilhelm II. 1905 durch einen persönlichen Besuch in Tanger die deutsche Forderung angemeldet hatte.

Diese sich 1906/07 abzeichnende Isolierung Deutschlands führte auch innenpolitisch zu erheblichen Irritationen. Opposition gegen Bülows Kolonialpolitik führte dazu, dass der Reichskanzler beim Kaiser die Auflösung des Reichstages erwirkte. In den nachfolgenden „Hottentottenwahlen“ vom Januar 1907 spielte die Unterdrückung eines Eingeborenen-Aufstands in Deutsch-Südwestafrika eine zentrale Rolle. Reichskanzler von Bülow suchte dabei die Gegner des deutschen Eingreifens als „vaterlandslose Gesellen“ zu diskreditieren. Er gewann die Wahlen überlegen, während die SPD die Hälfte ihrer Stimmen einbüßte. Das Jahr 1907 wurde so zum Beginn einer Hochphase des deutschen Nationalismus – allerdings wohl kaum stärker als bei den anderen Großmächten. Mehrere innenpolitische Zwischenfälle verschärften die Lage weiter. Unzufriedenheit mit dem „persönlichen Regiment“ des Kaisers wurde schon im November 1906 im Reichstag deutlich, als ein Abgeordneter vom Reichskanzler von Bülow wissen wollte, ob es bei Hofe eine „Kamarilla“ gebe. Das zielte auf einen Kreis, der den Monarchen in seinen autokratischen Neigungen noch bestärkte und in dem Philipp Fürst zu Eulenburg den Mittelpunkt bildete. Der Publizist Maximilian Harden (Felix Witkowski) griff 1906/07 in seiner Wochenzeitschrift „Die Zukunft“ Eulenburgs „Liebenberger Kreis“, in dem der Kaiser verkehrte, mehrfach scharf an und scheute schließlich auch vor der Verdächtigung nicht zurück, dass drei kaiserliche Flügeladjutanten, die zugleich Mitglieder des „Liebenberger Kreises“ waren, homosexuell seien. Der Kaiser war über diese Behauptung konsterniert und brach alle Beziehungen zu Fürst Eulenburg und seinem Kreis ab. Doch konnten Hardens Beschuldigungen selbst vor Gericht nie bewiesen werden, und erst viel später hat der Kaiser seinen alten Freund Eulenburg rehabilitiert. Da war dieser allerdings schon gestorben.

Die unverantwortliche Attacke Hardens hat dem Ansehen der deutschen Politik und ihren Akteuren besonders im Ausland sehr geschadet. Der Kaiser war aufs höchste irritiert. Aber wieder waren es einige seiner spontanen Äußerungen, die vor allem in England Verstimmung auslösten. Die britische Zeitung „Daily Telegraf" brachte am 28. Oktober 1908 eine Reihe von Stellungnahmen Wilhelms zum deutsch-englischen Verhältnis, die fälschlicherweise als „Interview" bezeichnet wurden, in Wirklichkeit aber auf Äußerungen zurückgingen, die der Kaiser während eines privaten Besuches im November und Dezember 1907 bei einem englischen Landedelmann in der Nähe von Bournemouth gemacht hatte. Dieser Oberst Stuart-Wortley, den Wilhelm zum Dank im folgenden Jahr zu den Kaisermanövern in der Nähe von Metz einlud, hatte korrekt dieses „Kommunikee" an Reichskanzler von Bülow zur Stellungnahme gegeben und von dort keine Einwände erhalten. So war das Schriftstück am 19. Oktober 1908 mit einem Begleitbrief des Kaisers wieder an Oberst Stuart-Wortley zurückgegangen und für eine Veröffentlichung freigegeben worden. Aber offensichtlich hatte sich niemand noch einmal der Mühe unterzogen, den Text, der einige spitze Äußerungen des Kaisers gegenüber England enthielt, gründlich zu prüfen. Mochten diese Spitzen in einem privaten Gespräch allenfalls noch zu tolerieren sein, so konnte es doch in einer öffentlichen Verlautbarung nicht angehen, dass der Kaiser die Engländer als „verrückt" bezeichnete, weil sie den deutschen Flottenbau als eine Gefahr empfanden. Dies hätte eigentlich auch Oberst Stuart-Wortley wissen müssen. Darüber hinaus waren auch andere Passagen bedenklich, die von deutscher Seite besser hätten gestrichen werden sollen. So hatte sich Wilhelm II. in diesen privaten Erörterungen damit gebrüstet, dass der englische Aufmarschplan im Burenkrieg ziemlich genau den Vorschlägen entsprochen habe, die er selbst zuvor nach Windsor gesandt habe, um die gegenseitigen Beziehungen zu verbessern.

Dies alles wurde nun in aller Öffentlichkeit im „Daily Telegraf" ausgebreitet und erregte nicht nur in England, sondern auch in Deutschland großen Ärger, weil hier die Stimmung ganz für die Buren gewesen war. So wurde dieses „Interview" zu einem Fiasko für den Kaiser und die deutsche Außenpolitik. Reichskanzler von Bülow, der die Panne mit verursacht hatte, weil er den Text nicht gelesen hatte, bot seinen Rücktritt an. Der Kaiser lehnte dieses ab und hoffte, dass der Kanzler ihn dafür im November vor dem Reichstag abschirmen würde. Zur Enttäuschung des Monarchen gab Bülow aber im Reichstag seinen Anteil an der ganzen Sache nicht offen zu und sprach stattdessen davon, dass das Vorgefallene seine Majestät dazu führen werde, in Zukunft auch in Privatgesprächen „jene Zurückhaltung zu beobachten, die im Interesse einer einheitlichen Politik und für die Autorität der Krone gleich unentbehrlich" sei. Im folgenden Jahr ließ der Kaiser „seinen" Kanzler fallen.

Das Fiasko der 1. Marokkokrise von 1905/06, Deutschlands intransigentes Auftreten auf der Zweiten Haager Friedenskonferenz (wo es sich gegen die Einrichtung einer internationalen Schiedsgerichtsbarkeit gesträubt hatte) und die peinliche „Daily-Telegraph-Affäre" hatten im Ausland den Eindruck erweckt, als sei das Reich unberechenbar geworden. Nach diesen schweren Krisen konnte vom viel beklagten „persönlichen Regiment" Wilhelms II. eigentlich keine Rede mehr sein. Der Kaiser zog sich aus dem öffentlichen Leben etwas zurück und enthielt sich während der Kanzlerschaft Theobald von Bethmann Hollwegs (1909–1917) jeder krassen Verlautbarung.

Es ist schwer zu sagen, ob diese Veränderung ein Zeichen der Reife war – der Kaiser vollendete 1909 sein 50. Lebensjahr – oder ob nicht auch eine gewisse Resignation die Oberhand gewann. Zweifellos war Wilhelm nach den Enttäuschungen der Jahre seit 1905 deutlich gealtert. Das Gefühl einer ausweglosen außenpolitischen Lage des Reiches machte sich breit. Innenpolitisch erscholl der Ruf nach einer Parlamentarisierung des Reichs. Der Kaiser neigte dazu, allein dies schon als eine Gefährdung der Monarchie anzusehen. Außerdem hätte ein solcher Schritt mit großer Wahrscheinlichkeit die Forderung nach einer Beseitigung des in Preußen seit 1850 bestehenden Dreiklassenwahlrechts nach sich gezogen. Dagegen hätte sich aber die gesamte Erste Kammer des preußischen Landtags, das Herrenhaus, unter lautem Protest erhoben. So war die Lage für den Kaiser innen- wie außenpolitisch recht verwickelt geworden.

Die Verhältnisse auf dem Balkan ließen allmählich alle Aussichten schwinden, zu Russland doch noch in bessere Beziehungen zu treten. Die Bosnische Krise von 1908/09, die durch die österreichische Annexion Bosniens und der Herzegowina entstanden war, zwang das Reich praktisch, seinen Bündnispartner Österreich-Ungarn in seinen Forderungen zu unterstützen und damit zugleich gegen die russische Balkanpolitik Stellung zu nehmen. Rumänien, das seit 1883 mit Österreich-Ungarn durch einen Freundschaftsvertrag liiert war, dem auch das Deutsche Reich und Italien beitraten, wandte sich nach der Bosnienkrise von den Zweibundstaaten ab, nachdem schon 1902 Italien seine Bindungen an den Dreibund gelockert hatte. Die drohende Isolierung Deutschlands vermochte Wilhelm auch beim Besuch des Zaren Nikolaus II. in Potsdam 1910 nicht zu durchbrechen. Wie schon 1905/06 gelang es nicht, die russische Seite für eine vertragliche Bindung zu gewinnen.

Als 1910 der englische König Eduard VII. starb und ihm sein Sohn Georg V. folgte, der zur Generation Wilhelms II. gehörte und dessen Vetter war, kamen neue Hoffnungen auf. Doch wurde vom neuen Staatssekretär des Auswärtigen Amts, Alfred von Kiderlen-Waechter, plötzlich eine härtere Gangart gegenüber Frankreich empfohlen, die auch den deutsch-britischen Beziehungen schadete. Kiderlen wollte, weil Frankreich in Marokko mehr und mehr seinen Einfluss verstärkte, einen Ausgleich erzwingen und entsandte, nach Genehmigung durch den Kaiser, am 1. Juli 1911 das Kanonenboot „Panther" zu einer Machtdemonstration nach Agadir, um den Franzosen die deutsche Präsenz zu beweisen. Aber das gelang ganz und gar nicht. Die Aufregung über den „Panthersprung" nach Agadir war in Berlin und London größer als in Paris, wo der neue Ministerpräsident Joseph Caillaux zu einem kolonialen Ausgleich mit Deutschland bereit war, während man in London von Kriegsgefahr sprach. Deutschland und Frankreich einigten sich im November 1911 darauf, dass Deutschland Teile des französischen Kongogebiets übernahm und sie seinen Besitzungen in Kamerun anschloss.

Aber die Kanonenbootpolitik des Jahres 1911 erwies sich letztlich doch für Deutschland als ein Schlag ins Wasser. Sir Edward Grey betrachtete den deutschen Alleingang als ein äußerstes Gefahrenzeichen. Schon 19 Tage nach dem „Panthersprung" kam es in Paris zum Abschluss eines geheimen britisch-französischen Abkommens, einer Militärkonvention, die „für den Fall, dass es notwendig sein sollte", ein britisches Expeditionskorps gegen Deutschland vorsah. Dieses Ergebnis der 2. Marokkokrise stellte für das Reich nicht nur eine diplomatische Niederlage, sondern auch eine gefährliche militärische Ergänzung der britisch-französischen Entente von 1904 dar. Obwohl diese Einzelheiten in Berlin nicht bekannt waren, scheint Wilhelm II. das Scheitern der deutschen Kanonenbootpolitik klar erkannt zu haben; er ging gegenüber Kiderlen auf Distanz.

In England blieb man aber gegenüber der deutschen Flottenpolitik misstrauisch. Und in Petersburg bereitete man sich auf eine französisch-russische Marinekonvention vor, die am 16. Juli 1912 in Paris als Geheimvertrag zur Ergänzung der Militärkonvention von 1892 abgeschlossen wurde. Sie war zum Teil die Antwort auf eine neue deutsche Flottenvorlage, die im Mai 1912 vom Reichstag verabschiedet worden war und der ein Jahr später eine Verstärkung des Heeres folgte.

In Anbetracht des sich auf dem Balkan verschärfenden österreichisch-russischen Gegensatzes, der 1912/13 – nicht zuletzt durch die Aktivitäten der russischen Diplomatie (Balkanbund Bulgariens, Serbiens, Griechenlands und Montenegros) – in den beiden Balkankriegen zur Niederlage der Türkei, dann auch Bulgariens, führte, kam es zu einem europäischen Wettrüsten. Dabei wurden die britisch-französischen Kontakte noch am 22. und 23. November 1912 verstärkt durch einen Notenaustausch zwischen dem britischen Premier Sir Edward Grey und dem französischen Botschafter in London Paul Cambon. Das war zwar kein offizielles Bündnis, es wurde aber Übereinstimmung darüber erzielt, dass, „wenn eine der beiden Regierungen gewichtigen Grund hätte, einen nicht herausgeforderten Angriff von einer dritten Macht oder sonst etwas den allgemeinen Frieden Bedrohendes zu erwarten (sic!), sie sofort mit der anderen erörtern sollte, ob beide Regierungen zusammen handeln sollen, um dem Angriff zuvorzukommen und den Frieden zu bewahren ..."

Diese inoffizielle und unter Umgehung der Parlamente getroffene Absprache war zum Teil auch auf das Scheitern einer Mission zurückzuführen, die der britische Kriegsminister Viscount Haldane im Februar 1912 nach Berlin unternommen hatte. Haldane hatte die Rücknahme der deutschen Flottenvorlage gefordert, war damit aber auf den Widerstand Wilhelms und des Admirals von Tirpitz gestoßen. Zu einer Neutralitätserklärung war andererseits auch Großbritannien nicht bereit, sodass die deutsche Seite sich in ihrer Ablehnung versteifte. Das war der letzte Überbrückungsversuch in einer für beide Seiten zentralen Frage.

Ende des Jahres 1912 befand sich die deutsche Außenpolitik erneut in einer isolierten Position, und auch innenpolitisch war durch den Sieg der Sozialdemokraten und der Fortschrittspartei bei den Reichstagswahlen vom Januar 1912, bei gleichzeitigen Verlusten der Konservativen, ein erheblicher Wandel eingetreten. Der revisionistische Flügel der SPD, der auf einen unrevolutionären Wechsel der Verhältnisse allein durch die starke Stellung der Partei im Reichstag rechnete, schien seinen Anhang vermehren zu können. Doch Wilhelm stand dieser Entwicklung mit Misstrauen gegenüber. Noch stärker aber beunruhigte ihn die Gefahr einer außenpolitischen „Einkreisung" Deutschlands. Es kamen sogar Besorgnisse hinsichtlich des letzten noch verbleibenden Bundesgenossen Österreich-Ungarn auf, und nur diese Furcht mag erklären, warum der deutsche Kaiser gegenüber Wien so überaus feste Treuebekundungen abgab, wie er es zum Beispiel bei einem Treffen mit dem Thronfolger Erzherzog Franz-Ferdinand am 22. November 1912 tat. Aber diese großzügigen Hilfsanerbieten für den Fall eines Balkankonflikts mit Russland bargen für Berlin auch erhebliche Risiken, die wahrscheinlich ein Bismarck in dieser Situation nicht eingegangen wäre.

Wilhelm sah die Verhältnisse anders. Er überschätzte die Möglichkeiten seiner dynastisch geprägten Politik, die ihm durch vielfältige verwandtschaftliche Beziehungen zu den herrschenden Häusern Europas Einfluss zu sichern schien. Nach dem Tode der Queen Viktoria war er in Europa der „dienstälteste" Monarch im Kreis der Großmächte. Und obwohl Georg V. dem Prinzen Heinrich, dem Bruder des Kaisers, bei dessen Besuch in England im Dezember 1912 deutlich zu verstehen gegeben hatte, dass Großbritannien im Falle eines Konflikts des Reiches und Österreich-Ungarns mit Russland und Frankreich sehr wahrscheinlich auf Seiten der russisch-französischen Gegner stehen würde, glaubte Wilhelm immer noch, durch seine verwandtschaftlichen Beziehungen das Schlimmste verhindern zu können. Zwei Ereignisse im Frühjahr des Jahres 1913 schienen wie geschaffen, die europäische Hocharistokratie gesellschaftlich am Hohenzollernhof zu versammeln und durch menschliche Kontakte enger zu verbinden: die Hochzeit der Kaisertochter Viktoria Luise mit Herzog Ernst August von Braunschweig im Mai und das 25-jährige Kronjubiläum des Kaisers im Juni.

Aber der Glanz Alteuropas konnte die brennenden Sorgen der Gegenwart durch bloße Familientreffen nicht vergessen machen. Die Beziehungen zu Russland wurden schon im Herbst durch die Militärmission des Generalleutnants Otto Liman von Sanders nach der Türkei stark strapaziert. Wilhelm hegte die Illusion, durch eine antirussische Bosporus-Politik nicht nur die britisch-russische Entente aufbrechen, sondern sogar England in den Dreibund ziehen zu können! Abgesehen von einer britisch-deutschen Einigung über den Bau der Bagdadbahn bestand für so hochfliegende Erwartungen wirklich kein Anlass. Und in manchen besonneneren Augenblicken hat der Kaiser wohl selbst solche Wunschvorstellungen aufgegeben. Zu deutlich war in den verschiedenen Krisenmomenten der letzten Jahre das Geflecht der europäischen Geheimverträge erkennbar geworden, auch wenn nicht alle Einzelheiten zu erschließen waren. Aber so viel war klar: Deutschland befand sich zwischen Frankreich, Russland und Großbritannien in einer besorgniserregenden Lage. Wilhelm hatte dafür sehr wohl ein feines Gespür, und seine von Zeit zu Zeit hervorbrechenden martialischen Auftritte und Äußerungen konnten über diese Beunruhigung nicht hinwegtäuschen.

Da Italien aufgrund seiner Bindungen an England (seit den 1880ern), an Frankreich (seit 1900) und an Russland (seit 1909) innerhalb des Dreibundes zu einer nicht mehr fest kalkulierbaren Größe geworden war, erwies sich das Bündnis mit Österreich-Ungarn immer deutlicher als das einzige berechenbare Bündnis, welches das Deutsche Reich hatte. Ende März und Mitte Juni 1914 traf Kaiser Wilhelm nach einer Begegnung mit dem greisen Kaiser Franz Joseph zweimal mit dem österreichischen Thronfolger Erzherzog Franz Ferdinand in der Nähe von Triest und in Böhmen zu politischen Gesprächen zusammen. Beide waren durch die nationalistischen Aktivitäten Serbiens beunruhigt, zumal diese auch zu einer aufrührerischen Bewegung in Bosnien und der Herzegowina geführt hatten. Der Erzherzog wollte die südslawischen Gebiete neben den deutschen und den ungarischen Volksgruppen der k. u. k.-Monarchie zu einer eigenen staatsrechtlichen Einheit mit weitgehender Autonomie innerhalb des Habsburger-Reiches entwickeln. Dagegen gab es von Seiten der panslawistischen Kräfte in Serbien eine militante Opposition, die offensichtlich auch über Verbindungen nach Bosnien verfügte.

Der Erste Weltkrieg

Als Wilhelm II. aber von seinem Besuch bei Erzherzog Franz Ferdinand und den dort geführten politischen Gesprächen nach Deutschland zurückgekehrt war, erreichte ihn während einer Regatta auf der Kieler Förde am Nachmittag des 28. Juni 1914 die Nachricht von der Ermordung des österreichischen Thronfolgers in Sarajewo. Wilhelm scheint sofort den Argwohn gehabt zu haben, dass dies das Werk panslawistischer serbischer Extremisten war. „Mit den Serben muss aufgeräumt werden, und zwar bald", schrieb er auf einen Bericht des deutschen Botschafters von Tschirschky aus Wien. Während der deutsche Kaiser am 6. Juli auf Nordlandfahrt ging, verstand er nicht, warum die Wiener Regierung, die er zu einem Vorgehen gegen Serbien antrieb und die er der bedingungslosen Unterstützung von Seiten des Deutschen Reiches versicherte, bis zum 23. Juli brauchte, um ihre so genannte Begehrnote an die serbische Regierung in Belgrad zu richten. Wien forderte erst jetzt ultimativ ein energisches Vorgehen Belgrads gegen die serbische Geheimorganisation „Narodna Odbrana" und deren nationalistische Agitation, die in Serbien zur Verherrlichung der Mörder von Sarajewo beigetragen hatte. Das Wiener Ultimatum forderte von der serbischen Regierung, „offiziell zu verlautbaren, dass sie die gegen die österreich-ungarische Monarchie gerichtete Propaganda verdammt".

Erst nachdem dieses Ultimatum Wiens am 25. Juli von Serbien abgelehnt worden war, erfolgte am 28. Juli 1914 die Kriegserklärung Österreich-Ungarns an Serbien, wobei ausdrücklich auf territoriale Forderungen verzichtet wurde. Hatte Wilhelm II. gehofft, dass der Konflikt auf beide Staaten begrenzt werden könnte, was der österreichisch-ungarischen Armee sehr wahrscheinlich den Sieg gebracht hätte, so sah er sehr bald, dass Russland Serbien unterstützen würde. Nach einer russischen Teilmobilmachung am 29. Juli erfolgte schon am 30. Juli die russische Generalmobilmachung, die alle Vermittlungsversuche Großbritanniens und Deutschlands zunichte machte. Nun begann für die deutsche Regierung ein Wettlauf mit der Zeit, um den Gefahren eines Zweifrontenkrieges zu entgehen. Am 29. Juli erging an die belgische Regierung die ultimative Anfrage, ob sie im Falle eines deutsch-französischen Krieges wohlwollende Neutralität wahren werde. Zugleich musste während der folgenden 24 Stunden die britische Haltung geklärt werden, über die aber noch nichts zu erfahren war.

Mehr noch als der Kaiser trug der seit 1913 als Nachfolger Kiderlens amtierende Staatssekretär Gottlieb von Jagow die Verantwortung für den deutschen Druck auf Wien. Einige der ultimativen österreichischen Forderungen hätten sonst vielleicht gemildert werden können. Aber Jagow ließ sich zu sehr unter den Druck des Militärs setzen. In der entscheidenden Situation des 30./31. Juli 1914 gewannen die Militärs die Oberhand. Der Generalstab unter der Führung des jüngeren Moltke setzte die Leiter der deutschen Politik unter massiven Druck. Und an dieser Stelle, so schrieb 1960 der Historiker Gerhard Ritter, sei „jählings die unheilvolle Wirkung seiner starren Festlegung auf den Schlieffenplan deutlich“ geworden. Das führte, wie Ritter weiter meinte, zu einem „Zwangsablauf der ‚Kriegserklärungen‘, der hauptsächlich auf der strategischen Notwendigkeit resultierte, die Festung Lüttich unter Verletzung der belgischen Neutralität rechtzeitig durch einen Handstreich zu nehmen.

In dieser Situation hatte am Morgen des 31. Juli Generalstabschef Helmuth von Moltke auf die Nachricht von der russischen Generalmobilmachung, aber ohne Wissen des Kaisers und des Reichskanzlers, den österreichischen Generalstabschef Conrad telegrafisch zur Vollmobilisierung gegen Russland aufgefordert und die deutsche Vollmobilisierung angekündigt. Der Kaiser war bereits tags zuvor über die Lage sehr deprimiert gewesen. Davon zeugen die zornigen Randbemerkungen, die er auf den telegrafischen Bericht des deutschen Botschafters aus Petersburg vom 30. Juli schrieb: dass die russische Mobilmachung nicht mehr rückgängig zu machen sei, zeige den ganzen Leichtsinn, mit der man sie in Petersburg angeordnet habe. „Leichtsinn und Schwäche", so notierte Wilhelm, „sollen die Welt in den furchtbarsten Krieg stürzen, der auf den Untergang Deutschlands schließlich abzielt. Denn das lässt jetzt für mich keinen Zweifel mehr zu: England, Russland und Frankreich haben sich *verabredet* – unter Zugrundelegung des casus foederis für uns Österreich gegenüber – den Österreichisch-Serbischen Konflikt zum *Vorwand* nehmend gegen uns den *Vernichtungskrieg* zu führen. Daher Greys zynische Bemerkung an Lichnowsky, solange der Krieg auf Russland und Österreich *beschränkt* bleibe, würde England still sitzen, erst wenn wir uns und Frankreich *hineinmischten*, würde er gezwungen sein, aktiv gegen uns zu werden. Das heißt, entweder wir sollen unseren Bundesgenossen schnöde verraten und Russland *preisgeben* – damit den Dreibund sprengen – oder für unsere *Bundestreue* von der Tripleentente gemeinsam überfallen und *bestraft* werden, wobei ihrem Neid endlich Befriedigung wird, uns gemeinsam total zu *ruinieren*. Das ist in nuce die wahre nackte Situation, die langsam und sicher durch Edward VII. eingefädelt, fortgeführt, durch abgeleugnete Besprechungen Englands mit Paris und Petersburg systematisch ausgebaut; schließlich durch Georg V. zum Abschluss gebracht und ins Werk gesetzt wird. Dabei wird uns die Dummheit und Ungeschicklichkeit unseres Verbündeten zum Fallstrick gemacht. Also die berühmte ‚*Einkreisung*' Deutschlands ist nun doch endlich zur vollsten Tatsache geworden, trotz aller Versuche unserer Politiker und Diplomaten, sie zu (ver)hindern. Das Netz ist uns plötzlich über den Kopf zugezogen, und hohnlächelnd hat England den glänzendsten Erfolg seiner beharrlich durchgeführten puren *antideutschen Weltpolitik*, gegen die wir uns machtlos erwiesen haben, indem es uns *isoliert* im Netze zappelnd aus unserer Bundestreue zu Österreich den Strick zu unserer politischen und ökonomischen Vernichtung dreht." (Hervorhebungen durch Wilhelm II.)

Das Ressentiment Wilhelms gegen das englische Königshaus wurde hier noch einmal sehr deutlich („Edward VII. ist nach seinem Tode noch stärker als ich, der ich lebe!"). Wilhelm verdächtigte die britische Politik einer langfristig angelegten und zielstrebigen Vernichtungsabsicht gegen das Deutsche Reich. In dieser Randbemerkung des Kaisers, einer der längsten, die sich in den deutschen Akten überhaupt von seiner Hand finden, hieß es: „Aus dem Dilemma der Bundestreue gegen den ehrwürdigen, alten Kaiser wird uns die Situation geschaffen, die England den erwünschten Vorwand gibt, uns zu vernichten, mit dem heuchlerischen Schein des Rechts, nämlich Frankreich zu helfen wegen Aufrechterhaltung der berüchtigten balance of power in Europa, das heißt Ausspielung aller europäischer Staaten zu Englands Gunsten gegen uns! Jetzt muss dieses ganze Getriebe schonungslos aufgedeckt und ihm öffentlich die Maske christlicher Friedfertigkeit in der Öffentlichkeit schroff abgerissen werden und die pharisäische Friedensheuchelei an den Pranger gestellt werden! Und unsere Konsuln in Türkei und Indien, Agenten etc. müssten die ganze mohammedanische Welt gegen dieses verhasste, verlogene, gewissenlose Krämervolk zum wilden Aufstande entflammen; denn wenn wir uns verbluten sollen, dann soll England wenigstens Indien verlieren."

Dieses emotionale antibritische Urteil Wilhelms wäre sicher nicht so krass ausgefallen, wenn es Sir Edward Grey gelungen wäre, die russische Generalmobilmachung vom 30. Juli zu verhindern oder rückgängig zu machen. Nur dadurch hätte nach der Wiener Kriegserklärung an Serbien der Konflikt noch begrenzt gehalten werden können. Aber das Deutsche Reich geriet durch die russische Vollmobilmachung vom 30. Juli und durch die am 31. Juli zu erwartende französische Generalmobilmachung, die dann am 1. August, einem Samstag, befohlen wurde, so sehr in militärischen Zeitdruck, dass man in Berlin glaubte, sofort die Kriegserklärung an Russland verkünden zu müssen, nachdem schon am 31. Juli ein zwölfstündiges Ultimatum an Russland abgegangen war. Durch diese Kriegserklärung erschien nun Deutschland als Angreifer – ein Moment, das besonders die Bundesgenossen Rumänien und Italien als mehr denn nur einen Schönheitsfehler beurteilten. Schon Gerhard Ritter hat 1960 darauf hingewiesen, dass, weil Wien seine Kriegserklärung an

Russland erst am 6. August verkündete, die groteske Situation entstanden sei, „dass Deutschland sich sechs Tage früher im Kriege mit Russland befand als der Verbündete, um dessentwillen es den Kampf überhaupt aufnahm."

In all diesen Vorgängen erscheint Wilhelm durchaus nicht als die treibende Kraft. Er wünschte den Konflikt möglichst zu begrenzen. Seine emotionale Reaktion in der oben erwähnten Aktennotiz zum Botschafterbericht aus Petersburg vom 30. Juli ist nur verständlich, wenn man voraussetzt, dass er bis dahin immer noch gehofft hatte, England werde neutral bleiben, und dass diese Erwartung sich nun durch die eintreffenden Berichte aus London als trügerisch erwies. Es war wohl auch eine physische Erschöpfung, die ihn schließlich am 1. August dazu bewog, die Dinge den Militärs zu überlassen. Der Kriegserklärung an Russland folgte, nach einem Ultimatum, am 3. August die Kriegserklärung an Frankreich. Der deutsche Einmarsch in Belgien am gleichen Tag führte am 4. August auch zum Kriegseintritt Englands gegen Deutschland. Deutschland und Österreich-Ungarn standen bald gegen eine „Welt von Feinden". Und wenn der Kaiser in seiner Rede am 1. August 1914 verkündet hatte, dass Deutschland „bis zum letzten Atemzug von Mann und Ross kämpfen" werde, so zeigte der Kriegsverlauf im Westen tatsächlich, dass mit einem schnellen Ende der Kämpfe nicht zu rechnen war. Der psychische Zusammenbruch des Generalstabschefs von Moltke und das Fiasko des Schlieffenplans ließen die Gefahren des Mehrfrontenkrieges deutlicher werden. Der Kaiser zog sich aus den militärischen Planungen mehr und mehr zurück. Das Große Hauptquartier bezog abwechselnd in Koblenz, Luxemburg, Charleville, Schloss Pless in Oberschlesien, Berlin und Spa seinen Sitz.

Wilhelm hat sich lange dem Plan der Militärs widersetzt, gegen die britische Fernblockade einen massiven U-Boot-Krieg zu führen. Als im Mai 1915 ein britischer Passagierdampfer, die „Lusitania", durch ein deutsches U-Boot versenkt wurde und dabei unter anderem auch 125 amerikanische Staatsbürger starben, kam es zu scharfen internen deutschen Auseinandersetzungen. Die von Wilhelm Ende August 1916 eingesetzte dritte Oberste Heeresleitung (OHL) mit Paul von Hindenburg als Generalstabschef und Erich Ludendorff als dessen Stellvertreter und Erstem Generalquartiermeister erzwang im Januar 1917 gegen den anfänglichen Widerstand des Kaisers den unbeschränkten U-Boot-Krieg. Gegen die Vorstellungen des Kaisers setzte die OHL am 14. Juli 1917 auch die Entlassung des Reichskanzlers von Bethmann Hollweg durch. Der neue Reichskanzler Georg Michaelis übte sein Amt nur drei Monate aus und wurde schon am 1. November durch Georg Graf von Hertling ersetzt.

Seit dem Kriegseintritt der USA am 6. April 1917 verschlechterte sich die strategische Lage der Mittelmächte. Aber trotz einer Friedensresolution des Reichstags (19. Juli) und einer Friedensnote Papst Benedikts XV. (1. August) an die Krieg führenden Mächte kam es doch zu keiner friedlichen Einigung. Die erfolgreichen Abwehrschlachten der OHL in Flandern (Juli bis November 1917), die deutsch-österreichischen Siege am Isonzo Ende Oktober 1917 und der nach der russischen Oktoberrevolution schließlich am 9. Februar zu Stande gekommene Friede von Brest-Litowsk, dem sich am 3. März 1918 der endgültige Friedensvertrag anschloss, ließen noch einmal auf deutscher Seite die Hoffnung aufkommen, das Blatt auch im Westen noch wenden zu können. Aber die am 21. März 1918 begonnene deutsche Frühjahrsoffensive lief sich trotz erheblicher Geländegewinne im Juli 1918 fest. Die nun einsetzende Gegenoffensive der Alliierten und ein schwerer Einbruch der deutschen Front am 8. August in der Schlacht bei Amiens, dann Mitte September auch der Zusammenbruch der Front in Mazedonien, bewogen die OHL – zu spät –, die Regierung des Grafen Hertling zu einem sofortigen Waffenstillstandsangebot an die Alliierten aufzufordern. Unter dem außenpolitischen Druck des amerikanischen Präsidenten Wilson forderte die OHL zugleich eine Verfassungsreform, die sie bis dahin abgelehnt hatte. Sie war ein Gegner der so genannten Osterbotschaft Wilhelms II. vom 7. April 1917 gewesen, in der er die Beseitigung des Dreiklassenwahlrechts in Preußen angekündigt hatte.

Der Kaiser ernannte in dieser Situation den Prinzen Max von Baden am 3. Oktober 1918 zum neuen Reichskanzler und erklärte sich schließlich mit dem Übergang zur parlamentarischen Monarchie einverstanden, nachdem deutlich geworden war, dass Österreich-Ungarn einen Sonderfrieden mit den Alliierten anstrebte. Zwei Tage zuvor hatte der Kaiser Ludendorff, der kaum noch Verantwortung übernehmen wollte, entlassen. Während sich die Habsburgermonarchie schon in der Auflösung befand, begann am 4. November der Aufstand der Kieler Matrosen, die sich weigerten, in einer aussichtslosen Lage noch mit der Hochseeflotte zum Kampf gegen die Grand Fleet auszulaufen. Wilhelm selbst hätte während des gesamten Krieges die Flotte immer als letzte Waffe zu schonen gesucht – gleichsam um nachträglich noch zu beweisen, dass sie von ihm nicht als Waffe gegen Großbritannien verstanden worden war.

In dieser späten Kriegsphase hoffte der Kaiser auf eine Vermittlung durch die niederländische Königin Wilhelmina. Eine solche königliche Vermittlung hätte seinem dynastischen Denken entsprochen. Vier Jahre zuvor, im Herbst 1914, hatte er einen Vermittlungsversuch des amerikanischen Präsidenten Wilson aus ebensolchen Erwägungen heraus abgelehnt. Dagegen hatte er zwischen März und April 1915 die Hoffnung gehegt, König Christian X. von Dänemark werde eine Vermittlung mit Zar Nikolaus II. zu Stande bringen. Erst nach einigem Hin und Her war dieser Versuch im August 1915 an der Ablehnung des Zaren gescheitert. Obwohl im Herbst 1918 die militärische Lage erheblich schlechter für Deutschland war, stand Wilhelm einem neuen Vermittlungsversuch des amerikanischen Präsidenten sehr reserviert gegenüber, zumal Wilson schließlich auch vor der Forderung nach einer Abdankung des Kaisers nicht zurückgeschreckt war. Aber selbst unter für Deutschland etwas günstigeren Bedingungen wären in dieser Situation die alliierten und assoziierten Mächte wohl nicht mehr bereit gewesen, von ihrem Ziel einer bedingungslosen Unterwerfung des Deutschen Reiches abzugehen.

Hinzu kamen die inneren Auflösungserscheinungen des Reichs. Ausgehend vom Aufstand der Kieler Matrosen beschleunigte sich die Umsturzbewegung in ganz Deutschland. Fast überall wurden Arbeiter- und Soldatenräte gebildet. Am 7. November wurde in München die Absetzung der Wittelsbacher und die Gründung des Freistaats Bayern verkündet. Der Kaiser, der sich im Großen Hauptquartier in Spa befand, weigerte sich abzudanken, wie es ihm Max von Baden vorgeschlagen hatte, um die Monarchie zu retten. General Groener, der Nachfolger Ludendorffs, machte Wilhelm aber am 9. November klar, dass Abdankung und Exil die einzigen Mittel seien, um die Monarchie zu erhalten. Hindenburg glaubte sogar, dass nicht einmal die

Sicherheit des Kaisers zu garantieren sei, wenn er sich nicht schnell entschlösse, in den Niederlanden Zuflucht zu suchen. Königin Wilhelmina schien bereit, ihm Exil zu gewähren.

Inzwischen hatte in Berlin Prinz Max unter dem Druck des Volkes die Abdankung des Kaisers verkündet und als seinen eigenen Nachfolger im Amt des Reichskanzlers Friedrich Ebert „ernannt" – eine staatsrechtlich sehr anfechtbare Handlung. Ebert hat sich auch nur einen Tag lang als Reichskanzler bezeichnet und ist dann nur noch als Mitglied des Rats der Volksbeauftragten aufgetreten. So entschloss sich Wilhelm II., nachdem er unter dem Druck der Berliner Ereignisse am 9. November um 17 Uhr als Kaiser, nicht aber als König von Preußen, abgedankt hatte, den Weg ins Exil zu gehen. Am 10. November, morgens kurz nach 7 Uhr, erreichten er und seine Begleitung niederländisches Gebiet. Erst am 28. November unterzeichnete er die Abdankungsurkunde. Damit hatte nach über 30 Jahren eine Herrscherlaufbahn geendet, deren schließliches Scheitern durch Gründe bestimmt war, die zum großen Teil schon in den ersten beiden Jahren nach der Thronbesteigung zu finden sind. Als Wilhelms Hauptfehler erscheinen aus der Rückschau besonders die voreilige Entlassung Bismarcks und die Nichtverlängerung des Rückversicherungsvertrags mit Russland 1890, die beide zu innen- und außenpolitischen Komplikationen führten und besonders die Annäherung Russlands an Frankreich zur Folge hatten. Die missverständliche Flottenpolitik seit den 90er-Jahren hatte zusätzlich auch das Verhältnis zu England stark belastet, sodass die „Einkreisung" des Reichs nach 1907 auch als Folge einer zu selbstsicheren, ja provozierenden Machtpolitik gesehen werden muss, deren äußeres Erscheinungsbild gerade durch den Kaiser und einige seiner aufreizenden öffentlichen Reden und Handlungen geprägt worden war. In der Julikrise von 1914, die nur der letzte Anlass in einer Kette weit zurückreichender Spannungen war, hätte Wilhelm wohl noch stärker seinen Einfluss geltend machen müssen, um die Forderungen Wiens an Belgrad im Rahmen erfüllbarer Bedingungen zu halten. Nur so wäre der Konflikt noch lokalisierbar gewesen, vorausgesetzt, dass auch England auf Russland mäßigend eingewirkt hätte.

Insgesamt ergibt sich so das Bild einer recht orientierungslosen Außenpolitik, die durch einen Mangel an Stetigkeit und Geduld, ja geradezu durch Sprunghaftigkeit und fehlende Besonnenheit gekennzeichnet schien. In der europäischen Mittellage Deutschlands wirkte sich dies schließlich lebensgefährlich aus.

Andererseits besaß die Persönlichkeit Wilhelms II. zweifellos auch eine innenpolitisch längere Zeit integrierende Kraft, die ihn zeitweise durchaus zu einer sehr populären Figur machte. Hier lagen also Talente, die neben den Mängeln in der „Hauptsache" doch noch mit zu nennen sind und dem Charakterbild, wenn auch nur in zweiter Linie, etwas mildere Züge geben.

Wilhelms II. „partielle Modernität"

„War alles falsch?" So lautete der Titel eines Buches über Wilhelm II. aus den 50er-Jahren. Natürlich war nicht alles falsch. In der Innenpolitik hat der Kaiser sehr wohl einige wesentliche Dinge richtig gesehen, zum Beispiel die Notwendigkeit, eine Lösung der sozialen Frage zu suchen. Sein Eintreten gegen eine Verlängerung des Sozialistengesetzes 1890 und seine Befürwortung einer neuen Arbeiterschutzgesetzgebung haben ihn zweifellos der deutschen Arbeiterschaft näher gebracht. Andererseits verleitete ihn sein impulsives Temperament in der Situation der großen Streiks von 1889 und 1905 zu einigen bramarbasierenden Äußerungen, die, wenn er selbst sie auch meist schon bald wieder vergaß, die Sozialdemokratie gegen ihn aufbringen mussten. Dennoch hat die SPD im Sommer 1914 die Kriegskredite im Reichstag mit bewilligt und den vom Kaiser verkündeten „Burgfrieden" bis 1917 gehalten. Diese nationale Kooperationsbereitschaft der SPD war zum Teil auf Wilhelms Integrationskraft zurückzuführen, die dann freilich im letzten Kriegsjahr mehr und mehr verloren ging.

Dass von der Persönlichkeit des Kaisers nicht nur auf die Massen, sondern auch auf kritischere Beobachter eine eigentümliche Anziehungskraft ausging, hat kein Geringerer als Winston Churchill bezeugt, der im September 1906 – gerade mit knapp 32 Jahren zum Unterstaatssekretär für die britischen Kolonien avanciert – als Gast an den deutschen Herbstmanövern in Schlesien teilnahm. Churchill, der mit dem Kaiser ein persönliches Gespräch führen konnte, schilderte ihn später als „eine überaus faszinierende Persönlichkeit". Einen geradezu enthusiastischen Bericht über die Persönlichkeit Wilhelms gab wenig später in Boston der Harvard-Professor Francis G. Peabody, ein Theologe, der als erster amerikanischer Professor das Austauschprogramm zwischen der Universität Berlin und der Harvard-Universität 1905 eröffnet hatte und dem die Ehre widerfahren war, dass der Kaiser persönlich zu seiner Antrittsvorlesung am 30. Oktober 1905 in der Berliner Universität erschien. Peabody, der auch in der Hofgesellschaft eingeladen worden war, gab nach seiner Rückkehr in Boston einen eindrucksvollen Bericht über seine Berliner Erfahrungen. Er schilderte Wilhelm II. als einen außerordentlich gebildeten und faszinierenden Monarchen, den man nicht als „Säbelrassler" betrachten dürfe.

Das Programm des deutsch-amerikanischen Professorenaustauschs von 1905 wurde bis 1915 fortgesetzt und kann in gewisser Weise als eines der ersten internationalen Kulturabkommen überhaupt angesehen werden. Der Kaiser hatte es, beraten durch den Ministerialdirektor Friedrich Althoff und dessen Mitarbeiter Friedrich Schmidt-Ott im preußischen Kultusministerium, als eine neue Möglichkeit zur Pflege internationaler Beziehungen gefördert. Dass diese Kontakte gerade zum amerikanischen Wissenschafts- und Hochschulwesen geknüpft wurden, bewies nicht nur einen wachen Sinn des Kaisers für die wachsende Bedeutung der USA in der internationalen Politik, sondern auch die frühzeitige Erkenntnis, dass die Vereinigten Staaten, wie sich schon auf den Weltausstellungen in Philadelphia (1876), Chicago (1894) und St. Louis (1904) gezeigt hatte, in ihrer gesamten Wissenschaftsorganisation in den letzten 30 Jahren erhebliche Fortschritte gemacht hatten. Der 1905 beginnende, fest organisierte deutsch-amerikanische Professorenaustausch, der auch vom amerikanischen Präsidenten Theodore Roosevelt unterstützt wurde, hat auf bis dahin nicht üblichen Wegen auch das Ansehen der deutschen Wissenschaft in den USA sehr gehoben. Das Verdienst Wilhelms bestand darin, dass er Althoffs ungewöhnliche Pläne zur Entsendung so profilierter deutscher Wissenschaftler wie des Chemikers Wilhelm Ostwald, des Literaturwissenschaftlers Eugen Kühnemann, des Kunsthistorikers Paul Clemen, des Althistorikers Eduard Meyer, des Philosophen Rudolf Eucken und des Nationalökonomen Hermann Schumacher, um nur einige herausragende Namen zu nennen, voll unterstützte und auch die amerikanischen Partner des Austauschs in Berlin mit großer gesellschaftlicher Anerkennung auszeichnete.

Es handelte sich hierbei gewissermaßen um neue Wege der Diplomatie, wobei die Wissenschaftler selbst sozusagen als „Botschafter" ihrer Länder in einen offiziellen Austausch traten. Dass der Kaiser die hier liegenden Möglichkeiten erkennen konnte, hing mit seinem Interesse an der Wissenschaftsförderung zusammen. Vor allem hat er sich um die Hebung und verstärkte Anerkennung des natur- und ingenieurwissenschaftlichen Schul- und Hochschulwesens in Deutschland große Verdienste erworben. Auf den großen preußischen Schulkonferenzen der Jahre 1890 und 1900 führte die Reform des höheren Schulwesens zu einer Emanzipation des Realgymnasiums, des Reformrealgymnasiums und der Oberrealschule gegenüber dem bis dahin dominanten klassischen neuhumanistischen Gymnasium – damit wurde eine Forderung der Zeit erfüllt, die mit dem schnellen Aufstieg Deutschlands als Industriestaat eng zusammenhing. Wilhelm verfolgte diese nun allerdings auch sehr deutliche Entwicklung von Anfang an stärker als sein Großvater und sein Vater. Eine Aufgeschlossenheit insbesondere gegenüber den Natur- und den Ingenieurwissenschaften führte ihn dazu, die rechtliche und akademische Gleichstellung der Technischen Hochschulen mit den Universitäten zu bewirken. Diese, gemessen an den Erfordernissen der modernen Industrie, notwendige Reform machte er sich ganz zu Eigen. In dieser Auffassung wurde er vor allem von zwei herausragenden Wissenschaftlern der TH Charlottenburg bestärkt: von Alois Riedler, Professor für Maschinenbau, und von Adolf Slaby, Professor für Elektrotechnik, der seit 1897 das funktechnische System Marconis zu einem neuen System drahtloser Telegrafie weiterentwickelte. Riedler hatte im Auftrag des preußischen Kultusministers 1894 die Weltausstellung in Chicago besucht und einen detaillierten Bericht über das amerikanische technische Schul- und Hochschulwesen vorgelegt. Er wies die preußische Hochschulverwaltung darauf hin, dass der Ausbau der deutschen Technischen Hochschulen durch moderne Laboratorien und messtechnische Institute nach amerikanischem Muster eine Notwendigkeit sei, wenn die Qualität der deutschen technologischen Forschung erhalten werden solle. Der Kaiser ging solchen Hinweisen aufmerksam nach, und sein bald darauf deutlich werdendes Interesse an der Förderung des deutsch-amerikanischen Professorenaustausches hing u. a. mit der Erkenntnis zusammen, dass sich jenseits des Atlantik ein hoch entwickeltes Wissenschaftssystem herausgebildet hatte, von dem selbst die bis dahin führende deutsche Wissenschaft noch lernen könne.

Wilhelm besuchte die Lehrveranstaltungen der TH Charlottenburg häufiger als die der Berliner Universität. Er ließ sich von Riedler und Slaby über die neusten technologischen Forschungen Vorträge halten. Slabys Arbeiten über drahtlose Telegrafie faszinierten ihn sehr, und als dieser 1897 zusammen mit Georg von Arco begann, von Potsdam aus mithilfe neuartiger Antennenanlagen weit reichende funktechnische Nachrichtenverbindungen zu entwickeln, begriff Wilhelm sofort, dass dies auch für seine Flottenpläne von unmittelbarer nachrichtentechnischer Bedeutung war. Mit dieser Begeisterung für die moderne Technik war Wilhelm durchaus ein Kind seiner Zeit, in der die populären Bücher von Ingenieur-Schriftstellern wie Max Eyth und Heinrich Samters „Reich der Erfindungen“ Massenauflagen erlebten. Technik als Faszinosum war zum Teil auch das Motiv für seine Flottenpläne. Die Gründung der neuen TH Danzig (1904) wurde fast ausschließlich unter zwei Aspekten betrieben: dass die neue Technische Hochschule vor allem die wissenschaftlichen Grundlagen des modernen Schiffbaues entwickeln soll und dass sie zur industriellen Erschließung des deutschen Ostens beizutragen habe. Letzteres Motiv lag auch der 1909 gegründeten TH Breslau mit zu Grunde.

Die industrielle Modernisierung Deutschlands hat der Kaiser schon früh als eine Aufgabe auch der Bildungsreform erkannt. Er sah, dass dies zugleich auch eine gesellschaftspolitische Aufgabe bildete. Er setzte sich daher, wie bereits angedeutet, für eine stärkere gesellschaftliche Anerkennung der Ingenieure ein und entschied gegen den Willen des preußischen Kultusministers und der Universitäten, dass den Technischen Hochschulen das Recht zur Verleihung des Dr.-Ingenieur-Titels gegeben werde. Als die TH Charlottenburg

1899 ihr 100-jähriges Bestehen feierte, erhielten mit ihr zusammen alle preußischen Technischen Hochschulen dieses Promotionsrecht, und in der Folge schlossen sich die anderen deutschen Länder diesem preußischen Schritt an. Der Dr.-Ing.-Titel erwies sich als ein wichtiger Schritt auf dem Weg der Ingenieure zu ihrer vollen gesellschaftlichen Emanzipation, der ohne die Entscheidung des Kaisers damals wohl kaum möglich gewesen wäre. In einer Rede, die Wilhelm bei dieser Gelegenheit in der TH Charlottenburg gehalten hat, wurde aber noch ein weiterer Gedanke deutlich, den der Kaiser um die Jahrhundertwende mit dieser akademischen Rangerhöhung verband. Er meinte nämlich, dass er die deutschen Ingenieure brauchen werde, um die „soziale Frage" zu lösen. Der deutsche Ingenieur, so sagte er, kenne den deutschen Arbeiter durch den täglichen Umgang mit ihm in der Fabrik, und er sei daher prädestiniert, ihn für den nationalen Staat zu gewinnen. „Sie, die Ingenieure, müssen mir dabei helfen!" Die besten Familien des Landes würden in Zukunft ihre Söhne der Technik zuführen, es werde an gesellschaftlicher Anerkennung nicht fehlen.

Mochten diesen Äußerungen auch zu hoch gesteckte Erwartungen als Motiv zu Grunde liegen, so entbehrte der Ansatz doch nicht einer gewissen Originalität. Aber Wilhelms Modernisierungskonzept blieb letzten Endes im Wesentlichen auf den natur- und ingenieurwissenschaftlichen Bereich beschränkt und erreichte kaum die von ihm beabsichtigte sozialpolitische Wirkung. Für die technologische und wirtschaftliche Infrastruktur des Reiches erwies sich sein Interesse an moderner natur- und ingenieurwissenschaftlicher Forschung immerhin als sehr förderlich. Der Ausbau der Technischen Hochschule Charlottenburg zur besten und größten Deutschlands, ihre Vorbildwirkung selbst bei der Gründung des „Imperial College of Technology" in London (1907), die Gründung neuer Technischer Hochschulen in Danzig und Breslau und überhaupt die Ausstrahlung des deutschen Technischen Schul- und Hochschulwesens auf das Ausland bis ins Osmanische Reich und nach China waren Indikatoren für die Bedeutung, die der technischen Intelligenz im nationalen und internationalen Maßstab mehr und mehr zuerkannt wurde. Wilhelm hat die hier liegenden Möglichkeiten deutscher Wissenschaft, Technik und Wirtschaft klar gesehen und nach Kräften zu för-

Kaiser Wilhelm II.

„Ein weiser Rat: Nicht zu nahe der Sonne, nicht zu tief am Boden, immer in der Mitte.“ Karikatur auf Bismarck und Wilhelm II. als Dädalus und Ikarus (aus: Punch, London, 6. Oktober 1888).

Besuch Wilhelms II. in Friedrichsruh am 30. Oktoer 1888 bei Otto von Bismarck.
(Foto: Mi. Zieseler, Berlin)

Kaiser Wilhelm II. – Staatsporträt mit der preußischen Königskrone. (Gemälde von Max Koner, 1890)

Wilhelm II. mit Familie.
Von links nach rechts: (stehend) Kronprinz Wilhelm, Prinzessin Viktoria Luise, Kaiserin Auguste, Prinz Adalbert, (sitzend) Kaiser Wilhem II., Prinz Eitel Friedrich, (auf dem Boden) Prinz August Wilhelm, Joachim und Oskar. (Foto: 1896)

Kaiser Wilhelm II. (1. von links) mit seinen sechs Söhnen auf dem Weg zur Paroleausgabe im Zeughaus (unmittelbar neben ihm der Kronprinz). (Foto: 1913)

Wilhelm II. mit seiner zweiten Frau Hermine auf der Terrasse von Schloss Doorn.
(Foto: 1930)

dern gesucht. Seine Kontakte zu den führenden Persönlichkeiten der deutschen Industrie und Wirtschaft – zum Beispiel zu Albert Ballin, dem Generaldirektor der HAPAG, und anderen Reedern, zu Bankiers wie Gerson und Hans von Bleichröder, Carl Fürstenberg, Arthur von Gwinner, Adolph von Hansemann, Ernst von Mendelssohn-Bartholdy und Georg von Siemens, zu Industriellen wie Eduard Arnhold, Friedrich Alfred Krupp, Emil Rathenau – suchte er auch in den Dienst großer wirtschaftlicher und wissenschaftlicher Projekte zu stellen. So wurde zum Beispiel die wirtschaftliche Infrastruktur Deutschlands durch große, vom Kaiser befürwortete Kanalbauten wie den Mittellandkanal zwischen Rhein und Elbe und durch die Havelkanalisierung seit den 90er-Jahren sowie für den Seeverkehr durch den Bau des Nord-Ostsee-Kanals (Kaiser-Wilhelm-Kanal, 1895 in seiner ersten Auslegung fertig gestellt, bis 1913 erweitert) beträchtlich verbessert. Die Errichtung einer schiffbautechnischen Abteilung an der TH Charlottenburg und die Anlage eines Versuchsbeckens für Schiffskonstruktionen auf der Schleuseninsel im Berliner Tiergarten gingen auf seine Wünsche zurück. Er nahm dabei also auch an der Förderung der Binnenschifffahrt und an ihren ingenieurtechnischen Verbesserungen regen Anteil.

Die Hebung des preußischen Volksschullehrerstandes durch die Besoldungsreform von 1906, die Neugestaltung des höheren Schulwesens, die Wiederbegründung der im Kulturkampf geschlossenen Universität Münster (1902), die Gründung einer Akademie in Posen (1903) und der Handelshochschulen in Frankfurt/M., Köln (beide 1901) und Berlin (1906), die neuen medizinischen Akademien in Köln (1904) und Düsseldorf (1907) und nicht zuletzt die Gründung der „Stiftungsuniversität“ Frankfurt/M. (1914) zeigten, dass Preußen auf allen diesen Gebieten häufig voranschritt und die übrigen Staaten des Reichs folgten. Besonders große innovatorische Leistungen des Kaisers und des Ministerialdirektors Friedrich Althoff im preußischen Kultusministerium bedeutete in diesem Zusammenhang die Einrichtung der „Göttinger Vereinigung für angewandte Mathematik und Physik“ (1898) und vor allem die Gründung der nach Wilhelm I. benannten „Kaiser-Wilhelm-Gesellschaft zur Förderung der Wissenschaften“ (1911). In beiden Fällen gelang es der preußischen Kultusbürokratie, in großem Umfang private Stifter für die

Wissenschaftsförderung zu gewinnen. Und da der Kaiser sich kaum jemals von antijüdischen Ressentiments beeinflussen ließ, lag meist bei solchen Stiftungsprojekten der Anteil jüdischer Mäzene außerordentlich hoch.

So entstanden in Berlin und Dahlem auf dem Boden der von Wilhelm II. zur Verfügung gestellten königlichen Domäne die ersten Forschungsinstitute – und das war neu – außerhalb des Hochschulbereichs, also reine Forschungseinrichtungen, deren Direktoren von Lehraufgaben grundsätzlich freigestellt waren. Viele Nobelpreisträger sind aus diesen Kaiser-Wilhelm-Instituten (nach dem Zweiten Weltkrieg umbenannt in Max-Planck-Institute) hervorgegangen.

Diese neuen Formen der Wissenschaftsförderung lassen Wilhelm II. als einen partiell modernen Monarchen erscheinen. Allerdings standen solchen kulturpolitischen Leistungen des Kaisers auch weniger geglückte Unternehmungen, insbesondere in der Kunstpolitik, gegenüber. Dies äußerte sich vor allem darin, dass der Kaiser für die moderne zeitgenössische Kunst eines Max Liebermann und einer Käthe Kollwitz kaum Verständnis aufbrachte. Die Dramen des jungen Gerhart Hauptmann hat er ganz abgelehnt, wegen der Aufführung der „Weber" im Deutschen Schauspielhaus seine Loge gekündigt. Seine eher rückwärts gewandte Kunstauffassung fand an schwülstig-pathetischen Darstellungen im Stil des Hofmalers Knackfuß und an den endlosen Reihen marmorner Prunkstatuen der Siegesallee im Berliner Tiergarten von 1901 Gefallen. Arg war auch der peremptorische Anspruch, mit dem Wilhelm seinen persönlichen Kunstgeschmack zum Maßstab der staatlichen Kunstpolitik machen wollte. Das führte zum Beispiel dazu, dass Hugo von Tschudi, seit 1896 Direktor der Berliner Nationalgalerie, 1909 seine Stelle aufgab und zu den Staatlichen Sammlungen in München überwechselte, weil der Kaiser zu oft in die Erwerbspolitik der Nationalgalerie eingriff. Die bedeutenden neuen Kunstrichtungen der Berliner Sezession und des frühen Expressionismus haben sich geradezu als eine Gegenbewegung zur „höfischen" Geschmacksrichtung entwickelt. Hier zeigten sich zweifellos die Grenzen der Modernität des Kaisers. Und die meisten Künstler und Schriftsteller haben es daher als eine Befreiung empfunden, als 1918/19 die immer noch bestehende Zensur endlich abgeschafft wurde.

Exil im Alter

Wilhelm II. hat nach seinem Übertritt auf niederländisches Gebiet am Morgen des 10. November 1918 noch fast 23 Jahre im Exil gelebt. Die Forderung der Siegermächte nach Auslieferung des Kaisers, der vor ein Gericht gestellt und als Kriegsverbrecher verurteilt werden sollte, wurde von der niederländischen Regierung abgelehnt. Anfangs zusammen mit der Kaiserin noch Gast des Grafen Bentinck in Amerongen, konnte Wilhelm im Frühjahr 1920 „Huis Doorn", etwa 10 km südlich von Amersfoort, erwerben – ein kleines Palais mit einem etwa 45 ha großen Park, fast auf der geografischen Breite Potsdams gelegen. Wilhelms Gemahlin Auguste Viktoria starb dort schon im April 1921.

Im November 1922 heiratete Wilhelm in zweiter Ehe, er war jetzt 64 Jahre alt, die fast 30 Jahre jüngere Prinzessin Hermine von Reuß (ältere Linie), verwitwete Prinzessin Schönaich-Carolath.

Während der Jahre im Exil hat Wilhelm zunächst versucht, die gegen ihn von den Kriegsgegnern noch eine Zeit lang erhobenen Vorwürfe zu entkräften. Die in Deutschland 1922 begonnene Aktenedition der „Großen Politik der europäischen Kabinette" hat darüber hinaus manches von dem, was Wilhelm in seinen „Ereignissen und Gestalten" (1922) veröffentlichte, aus anderen Quellen bestätigt. Der Kaiser musste sich aber jeder politischen Aktivität enthalten, da ihm nur unter dieser Bedingung Exil gewährt worden war. Außerdem wurde von deutscher Seite 1922 durch das Gesetz zum Schutz der Republik verfügt, dass die Reichsregierung den Mitgliedern vormals „ landesherrlicher Familien", die ihren Wohnsitz im Ausland hatten, das Betreten des Reichsgebiets untersagen konnte, „falls die Besorgnis gerechtfertigt ist, dass andernfalls das Wohl der Republik gefährdet wird", wie es hieß. Im Fall der Zuwiderhandlung" konnten solche Personen durch Beschluss der Reichsregierung aus dem Reichsgebiet ausgewiesen werden. Diese Bestimmung hat den früheren Kaiser sehr verletzt und zu der testamentarischen Verfügung veranlasst, dass er in Doorn bestattet werden wolle, solange Deutschland eine Republik sei. Wie die Aufzeichnungen seines Adjutanten Sigurd von Ilsemann („Der Kaiser in Holland") zeigen, geriet Wilhelm vielfach durch die ihm auferlegte politische Untätigkeit in Wut und Zorn und verstieg sich dabei zuweilen zu recht unrealistischen Urteilen. Insgesamt trug er aber seine „Verbannung" mit Würde.

Er hat in diesen Jahren des Exils versucht, seine schon früh aufgenommenen archäologischen Studien, die ihn vor 1914 öfter nach Korfu geführt hatten, fortzusetzen. In Holland befasste er sich dabei zunehmend mit der Geschichte der vorderasiatischen Frühkulturen und sammelte zu diesem Zweck um sich die „Doorner Arbeitsgemeinschaft", der hervorragende Archäologen wie Wilhelm Dörpfeld und Frobenius sowie auch einige führende holländische Wissenschaftler angehörten. Ein von Wilhelm errichteter Bau am Ende seines Parks, eine Art Torburg, diente dabei als Gästehaus. Er schloss damit im Alter noch einmal an den Professoren-Austausch in seinen glücklicheren Jahren an.

Doch solche erlesenen Nebenbeschäftigungen – zu ihnen gehörte auch die gärtnerische Gestaltung seines Parks – konnten Wilhelm nicht davon ablenken, die politischen Vorgänge in Deutschland mit Aufmerksamkeit zu verfolgen. Bis zuletzt hat er auf eine Wiederherstellung der Monarchie in Deutschland gehofft, wobei Hindenburg die Rolle eines Regenten für einen Kaiserwechsel zugedacht war. Brüning hat in seinen „Memoiren" von 1970 seine Bereitschaft, als Reichskanzler diesem Ziel zu dienen, offen zugegeben, ja sogar von einer „konstitutionellen Monarchie", also nicht einmal von einer parlamentarischen, gesprochen – so sehr war inzwischen in Deutschland der Parlamentarismus diskreditiert. Auch der Nationalsozialist Hermann Göring hat dem Kaiser vor 1933 anscheinend solche Versprechungen gemacht. Aber mit der Machtübertragung auf Hitler 1933 schwanden die Hoffnungen Wilhelms dahin. Seine Distanz zum Nationalsozialismus wurzelte in seiner christlichen Bindung. Aus dieser Werthaltung hat Wilhelm auch verfügt, dass bei seiner Bestattung keine Hakenkreuzfahne gezeigt werden dürfte. An dieser Bestimmung hat er auch festgehalten, als die Niederlande 1940 von deutschen Truppen überfallen wurden. Wilhelm starb am 4. Juni 1941 in „Haus Doorn" und ist dort in einem Mausoleum im Park bestattet. Eine Einladung der Königin Wilhelmina, mit ihrer Regierung ins Exil nach England zu gehen, hatte er abgelehnt.

Prof. Dr. Kurt Düwell

Krankheiten und Gesundheitspolitik im Leben der drei deutschen Kaiser

Kaum in einem anderen Land und kaum in einer solchen Dichte haben Krankheiten und gesundheitliche Probleme das persönliche Leben der Herrscher so beeinflusst wie im deutschen Kaiserreich, in dem sich in dieser Zeit grundlegende Änderungen in der ärztlichen Versorgung breitester Schichten durch die Sozialgesetzgebung, zentrale medizinische Forschung und bevölkerungspolitische Aktivitäten unter direkter Beteiligung der Kaiser und ihrer Frauen vollzogen. Sicher haben beide Aspekte nicht direkt miteinander zu tun, die bemerkenswerte Tatsache bleibt jedoch, dass gerade in einem Land, dessen Herrscher und Kronprinzen von Krankheit gezeichnet waren, solches geschah.

Die Geisteskrankheit Friedrich Wilhelms IV. hatte sich in der Mitte der 50er-Jahre rapide verschlimmert, dazu waren ein Schlaganfall und wenig später eine Gesichtsrose getreten, sodass sein jüngerer Bruder Wilhelm 1857 die Stellvertretung und ein Jahr später die Regentschaft übernehmen musste. Der damals 61-Jährige war zwar nicht von bester Gesundheit, überstand aber alle Krisen, auch die auf ihn ausgeübten Attentate, bei denen er einmal erheblich verletzt wurde, ohne dauerhafte Schäden. Es ist erstaunlich, wie sich der 81-Jährige von den schweren Verletzungen und dem erheblichen Blutverlust innerhalb kürzester Frist erholte. Im hohen Alter wurde er vor allen Dingen von Beschwerden der Nieren und der Blase geplagt, die von seinem Leibarzt von Lauer mit den damals üblichen Morphinpräparaten bekämpft wurden.

Im Januar 1887 machte sich beim Kronprinzen eine starke Heiserkeit bemerkbar, die der behandelnde Leibarzt Wegner zunächst auf eine im Jahr davor durchgemachte Masernerkrankung zurückführte. Als die angenommene Kehlkopfentzündung auf die Einnahme der üblichen Erkältungsmittel hin sich nicht besserte und der Zustand des Patienten unverändert blieb, zog Wegner den Internisten der Charité Karl Gerhardt zu Rate, der als erfahren in der Behandlung von Kehlkopferkrankungen galt. Das Fachgebiet der Laryngologie, der Lehre von den Erkrankungen des Kehlkopfes, war in den 80er-Jahren in Deutschland noch wenig entwickelt. Gerhardt stellte bei seiner ersten Untersuchung am 6. März Wucherungen im Bereich des Kehlkopfes fest, die er mit dem Messer und der Drahtschlinge abzutragen suchte. Als dies misslang, griff er zum Thermokauter, das heißt, er brannte die Wucherungen mit einem glühenden Draht aus. Obwohl die „Granula" durch diese Behandlung zum Verschwinden gebracht wurden, besserte sich die Heiserkeit des Kronprinzen nicht, auch die Schmerzen blieben weiter bestehen. Eine Kur in Bad Ems im April brachte keine Besserung. Gerhardt sah sich nach der Rückkehr des Kronprinzen nach Berlin genötigt, einen chirurgischen Konsiliarius zu Rate zu ziehen, als er feststellte, dass das Gewächs in der Zwischenzeit sich nicht nur neu gebildet, sondern sogar erheblich vergrößert hatte.

Am 15. Mai untersuchte der Chirurg Ernst von Bergmann, der Direktor der bedeutendsten deutschen chirurgischen Universitätsklinik in der Berliner Ziegelstraße, den Patienten, stellte ohne Zögern die Diagnose Krebs und schlug als einzig mögliche Therapie die Radikaloperation von außen vor. Dem Patienten wurde die Diagnose zunächst verheimlicht, der Kronprinzessin der Ernst der Situation aber klar vor Augen geführt.

Welche Operation von Bergmann vorschwebte, ist nicht mehr festzustellen, aus seinen Bemerkungen ist jedoch zu schließen, dass zunächst der Kehlkopf gespalten werden sollte, um so an die Geschwulst heranzukommen, und dass die völlige Entfernung des Kehlkopfes je nach Diagnose nicht auszuschließen war.

Nun traten zwei Ereignisse ein, die den deutschen Ärzten das Heft des Handelns aus der Hand nahmen. Bismarck, der wahrscheinlich noch am 16. Mai unterrichtet worden war, erhob Einspruch gegen die Operation. Er verlangte nicht nur die Einwilligung des Kaisers, sondern auch die des Kronprinzen und setzte ein weiteres ärztliches Konsilium durch, das am 18. Mai stattfand und an dem außer den Genannten die Ärzte Lauer, der Leibarzt des Kaisers, Schrader, Wegners Assistent, und Professor Tobold, der sich als Spezialist der Laryngoskopie einen Namen gemacht hatte, teilnahmen. Dieses Konsilium stimmte der Ansicht von Bergmanns zu, dass es sich bei der Wucherung im Kehlkopf des Kronprinzen „um ein bösartiges Epitheliom am linken Stimmband handele". Die Operation wurde für den 21. Mai angesetzt.

Da erschien am 20. Mai der englische Kehlkopfspezialist Morell Mackenzie in Berlin, der zwar als Fachmann durchaus ausgewiesen war, dem jedoch auch der Ruf eines geldgierigen intriganten Außenseiters anhaftete. Niemand weiß heute mehr, wer zuerst auf die Idee kam, Mackenzie nach Berlin zu holen.

Drei Möglichkeiten kommen in Betracht:

1. Die deutschen Ärzte, oder zumindest ein Teil von ihnen, wollten sich durch die Hinzuziehung des englischen Spezialisten absichern und erhofften von ihm eine Bestätigung ihrer Diagnose und des Operationsplanes,
2. die Kronprinzessin suchte nach einem Weg, die Operation zu vermeiden, und kam dabei auf die Idee, einen englischen Spezialisten zu Rate zu ziehen, wobei sie zunächst Mackenzie nicht kannte,
3. die Berufung Mackenzies wurde durch Bismarck veranlasst.

Während sich für die letzte Möglichkeit nur vage Anhaltspunkte ergeben, dürfte die Wahrheit sowohl in der ersten wie in der zweiten Möglichkeit zu suchen sein. Sicher ist, dass Wegner zuerst offiziell die Hinzuziehung des englischen Spezialisten empfahl, ungeklärt ist, ob er dies auf Drängen der Kronprinzessin tat, die am Tage zuvor in der englischen Botschaft sich nach dem besten englischen Spezialisten erkundigt hatte. Sicher ist, dass Bismarck der englischen Botschaft noch am gleichen Tag die Information gab, man habe Mackenzie zur Konsultation gebeten. Sicher ist auch, dass die Kronprinzessin ihre

Mutter in London drängte, auf Mackenzie Druck auszuüben. Offiziell dementierte die englische Botschaft in Berlin freilich diese Bemühungen, über die schon bald in der Presse berichtet worden war, aber ein Schreiben Wegners an von Bergmann bestätigt den Einfluss der englischen Königin: „Der von Ihrer Majestät der Königin von England abgesandte Dr. Morell Mackenzie trifft heute hier ein.

Mackenzie traf am 20. Mai in Berlin ein, ließ sich von den behandelnden Ärzten den Fall berichten, untersuchte den Patienten und bemängelte, dass bislang keine histologische Diagnose gestellt worden sei. Solange dies nicht der Fall sei, rate er von einer Operation dringend ab, einer Operation, die Bergmann gerade noch an der Leiche ausgeführt hatte, um ganz sicher vorgehen zu können. Am 21. entnahm Mackenzie ein Stück der Wucherung, das zur Beurteilung ins Pathologische Institut zu Rudolf Virchow geschickt wurde, sich aber als zu klein erwies, um eine sichere Diagnose zu stellen, sodass am 23. ein zweites Stück Gewebe entnommen werden sollte, was Mackenzie freilich misslang.

Obwohl weiterhin Ungewissheit über die Natur der Erkrankung bestand, reiste Mackenzie ab und kehrte erst am 7. Juni nach Potsdam zurück. Inzwischen teilte er in einem Brief an die „Deutsche Revue“ mit, er sei sicher, dass die Krankheit kein Krebs sei und dass die nicht bösartige Wucherung auf den Stimmbändern durch örtliche Maßnahmen zu beheben sei.

Am 8. Juni entnahm Mackenzie erneut zwei Gewebestücke, die abermals Virchow zur Begutachtung geschickt wurden. Wie groß inzwischen das Interesse an dem Fall war, erhellt auch aus der Tatsache, dass das Gutachten nicht nur in der „Berliner Klinischen Wochenschrift“ und der „Deutschen Medizinischen Wochenschrift“, sondern auch in England in der führenden medizinischen Zeitschrift „The Lancet“ erschien. Die entscheidenden Sätze aus Virchows Gutachten lauten: „Beide Schnitte haben in ausgiebiger Weise in die Schleimhaut und durch dieselbe in die Submucosa eingegriffen … Obwohl dadurch bewiesen wird, dass der operative Eingriff tiefe, unterhalb der Schleimhaut gelegene Teile erreicht hat, so ist trotz genauster Durchmusterung dieser tieferen Teile, insbesondere an der Schnittfläche, keine einzige in nennenswerter Weise veränderte Stelle aufgefunden worden. Alle wesentlichen Veränderungen gehören der Oberfläche an." Virchows Diagnose, Pachydermia verrucosa (= warzige Schleimhautverdickung), gab Mackenzie Recht. Krebsartige Wucherungen waren in den Exzidaten nicht nachzuweisen, und so lautet die Schlussfolgerung: „So ergibt doch die gesunde Beschaffenheit der Gewebe an der Schnittfläche ein prognostisch sehr günstiges Urteil." Freilich hob Virchow sein positives Urteil mit der Bemerkung geradezu auf: „Ob ein solches Urteil in Bezug auf die gesamte Erkrankung berechtigt wäre, lässt sich aus den beiden exstirpierten Stücken mit Sicherheit nicht ersehen."

Diese Beurteilung durch Virchow hat schon bald zu scharfen Reaktionen geführt. Gerhardt warf Mackenzie vor, bewusst neben dem Tumor exzidiert zu haben, auch englische Kollegen distanzierten sich von dem Vorgehen Mackenzies und dem der englischen Presse.

Der Kronprinz und die Kronprinzessin begaben sich nach England, um dort das 50-jährige Regierungsjubiläum Königin Viktorias mitzufeiern, obwohl ihr Sohn Wilhelm als offizieller Vertreter des deutschen Kaisers bereits bestellt worden war. Die Behandlung der Krankheit Friedrichs war nun ganz in die Hände Mackenzies übergegangen. Dem Leibarzt Wegner in Berlin übermittelte er günstige Befunde und hoffnungsvolle Prognosen, die freilich durch den mitreisenden Assistenten Wegners nicht bestätigt werden konnten. Eine erneute Probeexzision, die durch Virchow wieder als nicht negativ beurteilt wurde, stützte Mackenzies Meinung. Auch die Presse wurde mit ähnlich lautenden Kommunikees versorgt, alles schien Mackenzie Recht zu geben, denn die Stimme des Kronprinzen kehrte zurück. Einem Urlaub auf der Insel Wright schlossen sich Reisen nach Schottland und Italien an. Am 5. November wurde Mackenzie dringend nach San Remo gerufen und musste zugestehen, dass die Geschwulst am Stimmband krebsartig entartet sei. Dennoch ließ er dem „Reichsanzeiger" eine Nachricht zukommen, dass das allgemeine Befinden des Kronprinzen vorzüglich sei, lediglich im Lokalbefund habe sich eine ungünstige Wendung ergeben. Nun erfuhr Friedrich zum ersten Mal, dass er an Krebs erkrankt sei. Professor Schrötter aus Wien und Dr. Krause aus Berlin bestätigten die Diagnose. Der alte Kaiser schickte seinen Enkel Wilhelm nach San Remo, damit der sich selbst ein Bild mache und ihm berichten könne. Ob er den kranken Kronprinzen zur Rückkehr nach Berlin bewegen sollte, ist nicht sicher. Viktoria hat dies zumindest vermutet und ihrem Sohn öffentlich vorgeworfen, er wolle den Vater nur nach Berlin holen, damit die deutschen Ärzte ihn mit einer Operation ums Leben brächten und Wilhelm schneller an die Regierung käme.

Mackenzie verließ am 12. November San Remo, um zu einem anderen Patienten nach Barcelona zu fahren. Am 15. November erschien im „Reichsanzeiger" ein Kommunikee, das ganz klar von einer Krebserkrankung sprach.

Am 13. November fand in Berlin eine Konferenz der behandelnden deutschen Ärzte statt, auf der heftige Vorwürfe gegen Mackenzie erhoben wurden, dem man vorwarf, die Entwicklung der Wucherung nicht gesehen oder aber missdeutet zu haben. Da man ernsthafte Komplikationen befürchtete, wenn es zu einem plötzlichen Ödem im Kehlkopf komme, wurde von Bergmanns erster Assistent Bramann nach San Remo geschickt, um im Notfall einen Luftröhrenschnitt durchführen zu können.

Am 17. November setzte Wilhelm I. seinen Enkel Wilhelm als Stellvertreter ein.

Im Januar 1888 verschlechterte sich der Zustand Friedrichs zusehends; Fieber, Kopfschmerzen und Atemnot stellten sich ein. Der Patient hustete ein abgestorbenes Knorpelstück aus, bei dessen Untersuchung Virchow abermals keine krebsartige Entartung feststellen konnte. Aber der Zustand Friedrichs verschlechterte sich weiter. Bramann drängte auf die Hinzuziehung von Bergmanns, aber Mackenzie wehrte ab. Erst am 8. Februar wurde von Bergmann telegrafisch nach San Remo beordert, kam dort jedoch erst an, als Bramann die Tracheotomie bereits durchgeführt hatte. Nun trat Mackenzie die Behandlung an von Bergmann ab, der eine erneute pathologische Beurteilung, diesmal durch Wilhelm Waldeyer, veranlasste. Dieses Mal lautete der eindeutige Befund: „krebsige Neubildung".

Aber noch immer ging der Streit zwischen Mackenzie und den deutschen Ärzten weiter, er sollte bis weit über den Tod Friedrichs hinaus anhalten.

Am 9. März 1888 starb Kaiser Wilhelm I., Friedrich musste nach Deutschland zurückkehren. Eine seiner ersten Amtshandlungen war die Ernennung Mackenzies zum kaiserlichen Leibarzt.

Bismarck hingegen befragte von Bergmann nach den Überlebenschancen des neuen Kaisers. Bergmann äußerte, der Kaiser werde den Sommer nicht überleben. Dennoch knüpften nicht nur die Liberalen große Hoffnungen an den Thronwechsel.

Im April wurde von Bergmann als behandelnder Arzt durch den Charitéchirurgen Bardeleben ersetzt, die eigentliche Verantwortung aber trug noch immer Mackenzie. Die Verschlechterung des Zustandes des Kaisers setzte sich rapide fort. Vom 12. Juni an konnte er keine feste Nahrung mehr zu sich nehmen und musste künstlich ernährt werden. Am 15. Juni starb er auf Schloss Friedrichskron. Die Sektion bestätigte den Befund: Kehlkopfkrebs.

Nach dem Tod des Kaisers hat Mackenzie in einem Interview zu verstehen gegeben, auch er sei von Anfang an der Überzeugung gewesen, dass es sich bei der Erkrankung Friedrichs um Krebs handele, er habe aber aus politischen Gründen dieser Diagnose widersprochen, um, wenn auch nur kurzfristig, Friedrich auf den deutschen Thron zu bringen. Bei nüchterner Betrachtung aller vorliegenden Zeugnisse ergeben sich indes keine Hinweise auf eine solche Strategie von Beginn an. Weit eher dürfte folgender Gedankengang Mackenzie beherrscht haben, der vor allen Dingen auch in seinen Büchern nachzuvollziehen ist: Aufgabe des Arztes, auch bei ungünstiger Prognose, muss es sein, dem Patienten das Leben so angenehm wie möglich zu machen und unter Umständen zu verlängern. Zur Lebensverlängerung aber wird nach seiner Ansicht eine Operation auf keinen Fall beitragen. Das Verschweigen der wahren Diagnose kann also in seiner Sicht im Interesse des Patienten sein, wenn so die letzten Monate und Tage erleichtert werden und der Patient zu einem sanften Ende geführt werden kann. Das von Mackenzie in diesem Zusammenhang gebrauchte Wort Euthanasie steht noch ganz in der Tradition des frühen 19. Jahrhunderts.

Der Nachfolger Friedrichs, der ungeliebte Sohn Wilhelm, war von Geburt an gesundheitlich gehandikapt. Viele Charakterzüge gewinnen auf dem Hintergrund dieser körperlichen Behinderung ein besonderes Gewicht.

„Wilhelm erklärt jedem, der es hören will: ‚Ein englischer Doktor tötete meinen Vater und ein ebensolcher verkrüppelte meinen

Arm. Und das verdanken wir meiner Mutter, die keinen Deutschen um sich sehen wollte.' Du weißt, liebe Mama, wäre ich unter der Obhut eines aufgeklärten englischen Arztes gewesen, wäre Wilhelms Arm bei der Geburt unbeschädigt geblieben und hätte ich nicht solche Qualen erlitten", so schrieb die Kaiserinwitwe Viktoria 1889 an ihre Mutter in London.

Dieser Brief kennzeichnet nicht nur das gespannte Verhältnis zwischen Mutter und Sohn, er wirft auch ein Licht auf Wilhelms Einstellung Mackenzie gegenüber und unterstreicht auch die Auffassung Viktorias, dass die Behinderung Wilhelms durch den deutschen Geburtshelfer verschuldet worden sei. Freilich beantwortet er nicht die Frage, wodurch die Lähmung des linken Armes des Prinzen hervorgerufen wurde.

Am 27. Januar 1859 wurde der gerade an die Charité berufene Gynäkologe Eduard Martin vom deutschen Kronprinzen brieflich aufgefordert, sich für eine Konsultation bereitzuhalten, obwohl der Berliner Professor bislang nicht zur Betreuung der Schwangerschaft der Kronprinzessin hinzugezogen worden war. Zunächst schien auch keine Eile geboten zu sein, dann jedoch wurde Martin plötzlich durch einen königlichen Lakaien eiligst in das Kronprinzenpalais geholt. Dort traf er mit Johann Lukas Schönlein, dem alten Internisten der Charité, zusammen, der ebenfalls als Konsiliarius gerufen worden war. Der Leibarzt des Kronprinzen, Wegner, weihte die Herren in die Vorgeschichte ein: Die 18-jährige Kronprinzessin hatte in der Nacht die ersten Wehen verspürt, und die eigens aus London herbeigekommene königliche Hebamme, Mrs. Innocent, hatte die Leitung der Geburt übernommen. Zudem war James Clark, der Leibarzt der Queen, inkognito nach Berlin geeilt. Sir James hatte sich durch die Initiierung der Chloroformnarkose bei der Geburt einen Namen gemacht, auch wenn er selbst kein ausgebildeter Geburtshelfer war.

Als die Geburt nach dem Blasensprung nicht recht voranging, hatte Wegner nach einer Untersuchung der Gebärenden eine Steißlage des Kindes diagnostiziert. Die Diagnose bestätigte sich auch bei Martins Untersuchung. Die Hofetikette schrieb vor, dass auch der Geburtshelfer nur unter einem Flanellrock die Gebärende untersuchen durfte, so mussten sich die Ärzte ganz auf ihren Tastsinn verlassen. Martin ertastete nicht nur die Steißlage, sondern auch, dass die Beine nicht wie üblich abgewinkelt vor dem Bauch lagen, sondern gestreckt bis vor die Schultern hochgeschlagen waren. Damit war ein schwer wiegendes Geburtshindernis gegeben. Dazu kam, dass die Wehen nun in Krampfwehen übergingen, die für die Austreibung der Frucht keinerlei Erfolg hatten. In dieser Situation entschloss sich Martin zur Chloroformnarkose und dem Versuch einer äußeren Wendung des Kindes, der freilich fehlschlug. So wurde das Kind in Steißlage geboren unter kräftiger Assistenz des Geburtshelfers. Eine besondere Komplikation stellte sich noch dadurch ein, dass nicht nur die Beine, sondern auch die Arme hochgeschlagen waren. Dies stellte ein absolutes Geburtshindernis dar, und Martin musste versuchen, die Arme herunterzuholen und vor die Brust zu bringen. Er hat dies zuerst mit dem linken, dann auch mit dem rechten Arm getan. Das danach geborene Kind gab zunächst keinerlei Lebenszeichen von sich und konnte erst durch die vereinten Bemühungen von Geburtshelfer und Hebamme zum Atmen angeregt werden.

Es ist kein Wunder, dass in dieser Situation die Lähmung des linken Armes des Kindes nicht bemerkt wurde. Auch die Eltern, glücklich, dass der ersehnte Thronerbe geboren war, bemerkten zunächst offensichtlich nichts. Erst vier Tage nach der Geburt wurde die Lähmung festgestellt.

Keiner der an der Geburt beteiligten Ärzte hat sich zu diesem Fall geäußert, ob sie sich zu diesem Schweigen gegenseitig verpflichtet haben oder ob sie dazu verpflichtet wurden, ist heute nicht mehr festzustellen. Erst viel später, lange nach seinem Tod, wurde Martin der Vorwurf gemacht, er sei für die Lähmung des Armes verantwortlich und die Behinderung des Kaisers sei auf einen ärztlichen Kunstfehler zurückzuführen. Martins Sohn, selbst erfolgreicher Gynäkologe, ist dieser Anschuldigung vehement entgegengetreten. Und in der Tat ist ein Verschulden des Geburtshelfers nicht zweifelsfrei nachzuweisen.

Bei der Lähmung des linken Armes Kaiser Wilhelms II. handelt es sich ohne Zweifel um eine Duchenne-Erbsche Lähmung: Dabei kann der Arm im Schultergelenk nicht seitlich gehoben und im Ellenbogengelenk nicht gebeugt werden, wobei der Handrücken nach innen gedreht ist. Diese motorischen Ausfälle werden durch eine

Verletzung der unteren Halswirbelnerven bzw. des aus ihnen entspringenden Nervengeflechts hervorgerufen. Beschrieben wurden sie zuerst 1855 durch den französischen Neurologen Guillaume Duchenne de Boulogne, dann durch den deutschen Internisten Wilhelm Erb im Jahre 1874.

Die zu Grunde liegende Verletzung kann durch das Herunterholen der Arme, sie kann aber auch durch Druck während der Schwangerschaft, z. B. durch die hochgeschlagenen Arme und Beine geschehen.

Weniger wahrscheinlich als diese sind zwei andere Erklärungen. Die erste spricht von einer Epiphysenlösung im Oberarmknochen, bei der die Wachstumszone des Knochens zerstört wird, die zweite von einer Oberarmfraktur im Alter von zwei Jahren. Vor allem für diese letzte These gibt es keine Belege.

Alle Versuche, die Lähmung zu beheben, schlugen fehl, eine übertrieben harte Erziehung des Knaben versuchte sie zu überspielen und wettzumachen. Am 13. Geburtstag des Prinzen schrieb seine Mutter: „Er besitzt eine sehr starke Gesundheit und wäre ein sehr hübscher Junge, hätte er nicht diesen unglückseligen Arm, der sich mehr und mehr bemerkbar macht, seinen Gesichtsausdruck in Mitleidenschaft zieht (besonders eine Seite), seine Haltung, seinen Gang und seine Figur verändert, alle seine Bewegungen linkisch macht und ihm ein Gefühl der Schüchternheit gibt, da er sich seiner vollkommenen Abhängigkeit bewusst ist, weil er nichts ohne Hilfe tun kann. Dies bedeutet eine große Schwierigkeit für seine Erziehung und ist nicht ohne Einfluss auf seinen Charakter."

In die Regierungszeit Wilhelms II. fällt der Beginn der Neuorientierung des deutschen Gesundheitswesens. Zwei Entscheidungen sind es vor allem, die hier zu einem völlig neuen Ansatz führten. 1876 war das Kaiserliche Gesundheitsamt gegründet worden, und der Leibarzt Bismarcks, Heinrich Struck, war sein erster Präsident geworden. Damit war zum ersten Mal in Deutschland eine zentrale Medizinalbehörde geschaffen worden, die schon in den 40er-Jahren von fortschrittlichen Ärzten als Gesundheitsministerium für alle deutschen Staaten gefordert worden war. Nach 1848 waren diese Forderungen allerdings in den Hintergrund getreten, und Ärzte und wissenschaftliche Gesellschaften hatten sich eher auf kommunale Probleme des Gesundheitswesens konzentriert. Durch das Anwachsen der sozialen Frage, vor allem durch das schnelle Wachstum der großen Städte wurde die Etablierung einer Zentralbehörde jedoch zu einem immer dringender spürbaren Problem. So wurde im Reichstag des Norddeutschen Bundes 1870 die Gründung einer Zentralbehörde diskutiert, Bismarck forderte von der Preußischen Wissenschaftlichen Kommission ein Gutachten zu dieser Frage an, und im Herbst 1875 wurden bescheidene Mittel in Höhe von 48 440 Mark als laufende Kosten für die zu errichtende Behörde aus dem Etat des Reichskanzleramtes zur Verfügung gestellt.

Gegen das Projekt gab es nicht nur erheblichen parlamentarischen Widerstand, auch die Ärzteschaft stand der Einrichtung der Behörde und vor allem deren erstem Präsidenten sehr skeptisch gegenüber.

Wie improvisiert die Gründung des Gesundheitsamtes war, geht auch aus der Tatsache hervor, dass zunächst nicht einmal Diensträume für die neue Behörde vorhanden waren. Nach der wenig befriedigenden Aufbauphase gelang es dem ersten Präsidenten Struck jedoch, Robert Koch als Mitglied an das Kaiserliche Gesundheitsamt zu holen und damit eine Periode einzuleiten, die zur Begründung einer neuen Wissenschaft, der Bakteriologie, führte und nicht wenig dazu beitrug, Berlin zu einem medizinischen Weltzentrum zu machen. Neben Robert Koch waren es Emil von Behring, Paul Ehrlich, Friedrich Löffler, Paul Wassermann, die zum Ruhm des Kaiserlichen Gesundheitsamtes beitrugen, das längst anerkannt und weit über die ihm einst zugewiesenen statistischen Aufgaben hinausgewachsen war.

Während das Kaiserliche Gesundheitsamt so zu einer Zentralbehörde für Grundlagenforschung geworden war, konnte es zur konkreten Lösung der sozialen Fragen nur wenig beitragen.

Ab etwa 1830 waren in Deutschland die ersten Hilfskassen zur Unterstützung im Krankheitsfall gegründet worden, ab 1845 waren Fabrikkrankenkassen als Selbsthilfeeinrichtungen der Arbeiter auf genossenschaftlicher Basis entstanden, deren bedeutendste der Berliner Gesundheitspflegeverein der Deutschen Arbeiterverbrüderung war, obwohl er bereits 1850 als der „socialistischen und kommunistischen Propaganda verdächtiges Institut" aufgelöst wurde. Schon zu dieser Zeit bemerkte Bismarck, dass die beste Antwort auf sozialistische Umtriebe die soziale Sicherung der Arbeiterschaft sei. Die Lösung der sozialen Frage sei gleichzeitig auch eine Lösung der Sozialistenfrage.

Ein breit angelegter Versuch in dieser Richtung wurde allerdings erst zehn Jahre nach der Reichsgründung initiiert.

Die Thronrede Wilhelms I. vom 17. November 1881 ist als „Kaiserliche Botschaft" in die Geschichte der Sozialmedizin eingegangen: „Schon im Februar dieses Jahres haben Wir Unsere Überzeugung aussprechen lassen, dass die Heilung der sozialen Schäden nicht ausschließlich im Wege der Repression sozialdemokratischer Ausschreitungen, sondern gleichmäßig auf dem der positiven Förderung des Wohles der Arbeiter zu suchen sein werde. Wir halten es für unsere Kaiserliche Pflicht, dem Reichstag diese Aufgabe von neuem ans Herz zu legen, und würden Wir mit umso größerer Befriedigung auf alle Erfolge, mit denen Gott unsere Regierung sichtlich gesegnet hat, zurückblicken, wenn es uns gelänge, dereinst das Bewusstsein mitzunehmen, dem Vaterlande neue und dauernde Bürgschaften seines inneren Friedens und den Hilfsbedürftigen größere Sicherheit und Ergiebigkeit des Beistandes, auf den sie Anspruch haben, zu hinterlassen.

In Unseren darauf gerichteten Bestrebungen sind wir der Zustimmung aller verbündeten Regierungen gewiss und vertrauen auf die Unterstützung des Reichstages ohne Unterschied der Parteistellung.

In diesem Sinne wird zunächst der von den verbündeten Regierungen der vorigen Session vorgelegte Entwurf eines Gesetzes über die Versicherungen der Arbeiter gegen Betriebsunfälle mit Rücksicht auf die im Reichstage stattgehabten Verhandlungen über denselben einer Umarbeitung unterzogen, um die erneute Beratung desselben vorzubereiten. Ergänzend wird ihm eine Vorlage zur Seite treten, welche sich eine gleichmäßige Organisation des gewerblichen Krankenkassenwesens zur Aufgabe stellt. Aber auch diejenigen, welche durch Alter oder durch Invalidität erwerbsunfähig werden, haben der Gesamtheit gegenüber einen begründeten Anspruch auf ein höheres Maß staatlicher Fürsorge, als ihnen bisher hat zuteil werden können.

Für diese Fürsorge die rechten Mittel und Wege zu finden, ist eine schwierige, aber auch eine der höchsten Aufgaben jedes Gemeinwesens, welches auf den sittlichen Fundamenten des christlichen Volkslebens steht. Der engere Anschluss an die realen Kräfte dieses Volkslebens und das Zusammenfassen der Letzteren in der Form korporativer Genossenschaften unter staatlichem Schutz und staatlicher Förderung werden, wie Wir hoffen, die Lösung auch von Aufgaben möglich machen, denen die Staatsgewalt allein im gleichen Umfange nicht gewachsen sein würde. Immerhin wird auch auf diesem Wege das Ziel nicht ohne die Aufwendung erheblicher Mittel zu erreichen sein."

Diese Forderungen nach sozialen Reformen musste der Kaiser zwei Jahre später in dringender Form wiederholen, ehe es zur Verabschiedung des Krankenversicherungsgesetzes am 15. Mai 1883 kam. Ein Jahr später sollte das Unfallversicherungsgesetz folgen, und erst 1889 schloss sich das Invaliditäts- und Altersversicherungsgesetz an. Seit der kaiserlichen Botschaft von 1881 hatte es nicht an Stimmen gefehlt, die für eine Einheitsversicherung eintraten, für ein Zusammenfassen aller Risiken in einer einzigen Versicherung. Die geschichtlich gewachsene Entwicklung – Hilfskassen, Gemeindeversicherungen, Haftpflichtgesetze – zwang indes zur Dreiteilung.

Schon seit 1876 hatte es das Hilfskassengesetz gegeben, das reichseinheitlich die staatliche Kontrolle der Hilfskassen regelte und das in beschränktem Umfang auch eine Zwangsversicherung in einzelnen Gemeinden und staatlichen Betrieben vorsah. 1880 waren jedoch etwa nur 5 % der Bevölkerung in einer Hilfskasse versichert.

Entgegen Bismarcks Vorstellungen, nach denen Arbeitgeber und Staat anteilig die Kosten der Versicherung tragen sollten, setzte sich das Sozialversicherungsprinzip durch, das folgende Leistungen vorsah:

- Rechtsanspruch auf ärztliche Leistung ohne Prüfung der Bedürftigkeit,
- Bemessung der Beitragshöhe am Verdienst und nicht am Risiko,
- Schaffung einer Trägerinstitution des öffentlichen Rechts.

Gegen die Annahme des Gesetzes im Reichstag stimmten nur das Zentrum und die Sozialdemokraten; Letztere sahen in ihm nicht ohne Grund ein Instrument zur Vernichtung der sozialdemokratisch geführten Hilfskassen. Gegen eine Unternehmerbeteiligung an den Kosten waren sie, weil dadurch ein Mitspracherecht der Arbeitgeber eingeführt werden würde.

Versichert waren zunächst nur Arbeiter in Bergwerken und Hütten, in Steinbrüchen und Fabriken und im Transportgewerbe, daneben auch Angestellte in Handel und Gewerbe. Die Leistungen der Krankenhilfe, der Wochenhilfe und des Sterbegeldes kamen zunächst nur den Versicherten, nicht deren Familienangehörigen zugute, die Beiträge wurden zu einem Drittel von den Arbeitgebern und zu zwei Dritteln von Arbeitnehmern aufgebracht.

Wenn auch zunächst nur ein kleiner Teil der Bevölkerung in den Genuss der Krankenversicherung kam, so wurde hier doch zum ersten Mal das bis dahin bestehende Prinzip der Armenfürsorge durch das Prinzip der Solidarversicherung abgelöst.

Während Bismarck in seiner Politik, auch in seiner Sozialpolitik, auf den alten Kaiser rechnen durfte, hatte sich das Verhältnis zum Kronprinzen und vor allem zu dessen Frau in zunehmendem Maße abgekühlt. Die Frage, ob die begonnene Gesundheitspolitik unter Friedrich fortgesetzt worden wäre, stellte sich indes aufgrund der kurzen Regierungszeit des Kaisers nicht.

Wilhelm II. setzte die unter Bismarck und seinem Großvater begonnene Sozialgesetzgebung fort. Von 1892 bis 1911 wurde der Kreis der Versicherten wesentlich erweitert, von 1903 an erfolgte eine Ausweitung der Leistungen, vor allem durch die Gewährung der Hauspflege an Stelle der Krankenpflege. Auch die Unfallversicherung wurde wesentlich erweitert, die Invaliden- und Altersversicherung wurde geschaffen, die Angestelltenversicherung wurde 1913 eingeführt.

Über diese Fortführung der Sozialgesetzgebung hinaus haben sich Kaiser und Kaiserin ganz besonders für die Bekämpfung der Säuglingssterblichkeit eingesetzt. Die Gründung des „Kaiserin Auguste Viktoria Hauses zur Bekämpfung der Säuglingssterblichkeit im Deutschen Reich" im Jahre 1909 ging auf das persönliche Engagement der kaiserlichen Familie zurück.

So viel also Wilhelm II. menschlich und politisch von Bismarck trennte – in einigen Bereichen der Sozial- und Gesundheitspolitik hat der letzte Kaiser fortgesetzt, was der erste Kanzler begonnen hatte. Allerdings gab es bei beiden ganz verschiedene Voraussetzungen und Ziele. Bismarck erkannte die gesellschaftspolitische Zuspitzung durch das Anwachsen der Sozialdemokratie und hoffte, durch sozialpolitische Maßnahmen das „Proletariat", die Industriearbeiterschaft, und die sozialistische Bewegung in Deutschland schwächen zu können.

Wilhelm II. hatte sowohl die Ergebnislosigkeit solcher Versuche als auch die Berechtigung der Forderungen der Arbeiterschaft in Bezug nicht nur auf eine Erleichterung der Arbeitsbedingungen und eine Erhöhung der Löhne, letztlich auch die Notwendigkeit ernsthafter Bemühungen um die Eingliederung der Industriearbeiterschaft und der neuen Gruppe der Technologen in die traditionale bürgerlich-feudale Gesellschaft erkannt. Allerdings wurden seine Bestrebungen in dieser Hinsicht seit der Jahrhundertwende mehr und mehr durch sein Interesse an der Außenpolitik und an der Marinerüstung überlagert.

Prof. Dr. Dr. Rolf Winau

Die wilhelminischen Flottengesetze – Realität und Illusion

Mit dem „Naval Defence Act“ vom 7. März 1889 wurde von Großbritannien das überhaupt erste „Flottengesetz“ einem Parlament vorgelegt. Es bildete den Ausgangspunkt für einen systematischen, sich über mehrere Jahrzehnte hinziehenden Bau einheitlicher Flotten, der das Zeitalter heterogen zusammengesetzter, zumeist im Zuge der raschen technischen Entwicklung schnell veraltender Linienschiffs- und Kreuzerflotten ablösen sollte. Im Verlauf der nächsten 25 Jahre folgten die meisten europäischen und viele überseeische Mächte dem englischen Beispiel. Flottengesetze und -novellen wurden überall zur Grundlage eines verstetigten, von jährlichen und oft zufälligen Bewilligungen durch nationale Parlamente unabhängigen Flottenbaues. Die in den verschiedenen Ländern unterschiedlichen verfassungs- und gesellschaftspolitischen Verhältnisse haben an diesem Prinzip nichts Grundsätzliches geändert. Der Flottenbau gehorchte seit dem ausgehenden 19. Jahrhundert bis zum Ausbruch des Ersten Weltkrieges unabweisbaren strukturellen, rüstungspolitischen, ökonomischen, finanziellen, strategischen, logistischen, taktischen und technischen Gegebenheiten, die durch bloße parlamentarische Willensakte (über das Budgetrecht) kurzfristig ebenso wenig zu verändern waren wie durch die Machtsprüche der jeweiligen Regierungen, wobei die Staatsform und die Verteilung der Macht im Staat nirgendwo von ausschlaggebender Bedeutung waren. Der Flottenbau auf gesetzlicher Grundlage gehört historisch betrachtet zum säkularen Prozess der Industrialisierung, kann seine Verwandtschaft mit zeitgenössischen landmilitärischen Konzepten aber auch nicht verleugnen: die geografischen, demografischen, ökonomischen und technologischen Zwangsläufigkeiten führten zur Entwicklung realer oder vermeintlicher „Automatismen" – wie etwa dem „Schlieffenplan"–, die entscheidend zur Verkrustung der bestehenden innen- und außenpolitischen Konfigurationen beitrugen und das politische Gesamtsystem deswegen besonders anfällig für unerwartete äußere Krisen und wenig flexibel im Angesicht sozialer Herausforderungen machten.

Die vom Staatssekretär des Reichsmarineamtes, dem nachmaligen Großadmiral Alfred von Tirpitz (1849–1930) entworfenen, vom deutschen Reichstag und Kaiser Wilhelm II. gebilligten fünf deutschen Flottengesetze und -novellen fügten sich in den Rahmen der weltweiten Entwicklung ein, waren jedoch durch eine besondere Folgerichtigkeit gekennzeichnet, die nicht zuletzt Konsequenz des Umstandes war, dass Tirpitz für die Formulierung und Begründung aller Vorlagen von 1898 bis 1912 zuständig blieb. Hingegen konnte in anderen Staaten durch häufigeren Wechsel im Amt des verantwortlichen Marineministers die innere Geschlossenheit des Flottenbausystems immer wieder infrage gestellt werden. Dennoch macht ein Vergleich der durch die Flottengesetze geschaffenen Marinen deutlich, dass die internationale Entwicklung bis zum Beginn des Ersten Weltkrieges erstaunlich synchron verlief (siehe Grafik). Als deutsche „Sonderentwicklung" kann nur gewertet werden, dass es Tirpitz im Laufe dieser Jahre gelang, ungeachtet aller Schwierigkeiten die deutsche Flotte (seit 1907: „Hochseeflotte") zur zweitstärksten (nach der englischen) zu machen.

Die Tirpitzschen Flottengesetze, an denen der Kaiser persönlich den lebhaftesten Anteil nahm, sind aber auch nicht ohne preußische Vorbilder entstanden: Bereits in den Jahren 1867 und 1872 hatte es Flottengründungspläne gegeben, die freilich einer unangreifbaren Begründung ebenso entbehrten wie einer abgesicherten Finanzierung, sodass es in der Praxis, insbesondere unter Admiral Hollmann, dem Vorgänger von Tirpitz im Amt des Staatssekretärs des Reichsmarineamts, zu einer nicht abreißenden Kette von Friktionen zwischen Regierung und Parlament kam, das den angeblich „uferlosen" Plänen des Kaisers nicht zustimmen wollte. Der tiefere Grund für diese Unzuträglichkeiten lag in der Unsicherheit der Marineführung selbst: Der Admiralstab wusste nicht recht, für bzw. gegen wen die Flotte wo und wie eingesetzt werden sollte. Demgegenüber hatten die Befürworter einer großen, imponierenden Auslandskreuzerflotte ständig an Einfluss gewonnen; noch kurz vor Amtsantritt von Tirpitz' hatte der junge Kaiser den Plänen Hollmanns zum Aufbau einer bedeutenden Kreuzerflotte zugestimmt.

Als Tirpitz im Juni 1897 zum Nachfolger Hollmanns berufen wurde, war die kaiserliche Entscheidung aber bereits zu Gunsten des Schlachtflottenbaues gefallen, und zwar auf der Grundlage mehrerer Denkschriften von Tirpitz, von denen die „Dienstschrift IX" als eine Art „Grundgesetz" des Flottenbaues am bekanntesten geworden ist. Ausgehend von taktischen und operativen Erwägungen schlug sie den Bau einer aus zwei „Geschwadern" zu je acht Linienschiffen bestehenden Flotte vor, die durch den Hinzutritt von Flottenflaggschiffen, Aufklärungsschiffen und einer Materialreserve einen einheitlichen „Schlachtkörper" in der Nordsee bilden sollte. Diese Flotte sollte in der Lage sein, sich im Falle eines Angriffs einer anderen Seemacht so zu verteidigen, dass dem Gegner, gleichgültig wie die Schlacht am Ende ausgehen mochte, untragbar hohe Verluste entstünden; ein solches Risiko, so die Tirpitzsche Argumentation, werde aber der potenzielle Gegner nicht eingehen, die Flotte gewönne daher eine politische Abschreckungsfunktion. Deplacement, Bewaffnung, Geschwindigkeit, Aktionsradius und Standfestigkeit der deutschen Schlachtschiffe waren so aufeinander bezogen, dass sie diesem Zweck optimal entsprechen konnten: Es kam nicht darauf an, den englischen möglichst in allen Punkten überlegene Schiffe zu bauen, sondern solche, die diesen „Risikogedanken" am besten verwirklichen konnten. Auf diese Weise aber konnte Tirpitz die Hochseeflotte in der deutschen Öffentlichkeit ohne weiteres als „defensives" Kriegsmittel propagieren, was zweifellos dazu beitrug, dass der Reichstag, die frei gewählte demokratische Vertretung der Nation, den Flottengesetzen mit oft überwältigender Mehrheit zustimmte. Die Flotte war also keineswegs das „Riesenspielzeug" des Kaisers und eines machtbesessenen Admirals, sondern wurde vom deutschen Volk als Unterpfand der Freiheit und Ehre begriffen, als „schirmende Wehr" und Verheißung einer glanzvollen Zukunft, die nach dem bekannten Wort des Kaisers „auf dem Wasser" liegen sollte.

Die jüngere Forschung (u.a. Berghahn, Deist, Kennedy) hat deutlich gemacht, dass der politische Ehrgeiz von Tirpitz freilich weit über diese Vision hinausreichte: Inzwischen herrscht Übereinstimmung darin, dass Tirpitz die Flotte von Anfang an als „gegen England" gerichtet aufbauen wollte und zwar durchaus mit einer realen Siegesoption etwa ab dem Jahr 1920. Nicht geklärt ist die Frage, ob Tirpitz mit der im Endzustand ihres Ausbaues aus mindestens sechzig Großkampfschiffen bestehenden Flotte den Krieg mit England bewusst herbeiführen wollte oder ob er davon ausging, dass der politische „Druckansatz" ausreichen würde, um England den deutschen Wünschen gefügig zu machen. Desgleichen bleibt zu fragen, ob der Kaiser und die jeweiligen Kanzler des Reiches diesen Vorstellungen von Tirpitz entsprochen hätten; das Scheitern des „Tirpitzplanes" (Berghahn) spätestens im Jahr 1912 macht diese Annahme unwahrscheinlich. Sicher ist, dass bereits mit der Einbringung des Zweiten Flottengesetzes im Jahr 1900 die für das Erste Flottengesetz von 1898 gelieferte Begründung hinfällig wurde.

Das Erste Flottengesetz vom 10. April 1898 sah die Indiensthaltung einer „heimischen Schlachtflotte" vor, die aus einem Flottenflaggschiff und sechzehn Linienschiffen in zwei Geschwadern sowie acht Küstenpanzerschiffen in zwei Divisionen bestehen sollte. Die der Schlachtflotte zugeordneten Aufklärungsmittel sollten aus sechs Großen und sechzehn Kiemen Kreuzern bestehen. Drei Große und zehn Kleine Kreuzer sollten den Auslandsdienst der Kaiserlichen Marine versehen. Die „Materialreserve" bestand aus zwei Linienschiffen, drei Großen und vier Kleinen Kreuzern. Unter Anrechnung bereits vorhandener Einheiten blieben demnach zu bauen: sieben Linienschiffe, zwei Große Kreuzer, siebzehn Kleine Kreuzer. Als Ersatzzeiten wurden für die Linien- und Küstenpanzerschiffe fünfundzwanzig Jahre festgelegt, für die Großen Kreuzer zwanzig, für die Kiemen Kreuzer fünfzehn Jahre. Die Gesamtkosten des Programms, das innerhalb von sechs Jahren erfüllt werden sollte, beliefen sich auf 409 Millionen Mark. Der Reichstag war nicht verpflichtet, eventuell darüber hinausgehenden Finanzforderungen seitens des Reichsmarineamts automatisch zu entsprechen. Das Erste Flottengesetz war in sich schlüssig, galt in seinen Ausmaßen als bescheiden und finanziell abgesichert, war, wie sich Tirpitz ausdrückte, „gegen niemanden" gerichtet und stellte dennoch den Auftakt zu einem jahrelangen Gesetzgebungsprozess dar, der in einer politischen, finanziellen und wohl auch moralischen Katastrophe enden sollte.

Die im Ersten Flottengesetz festgelegten Bau- und Ersatzzeiten sowie die zur „Anrechnung" gekommenen alten Küstenpanzerschiffe ließen keinen Zweifel daran, dass das Reichsmarineamt bei erster sich bietender Gelegenheit versuchen würde, das Gesetz zu verbessern und „aufzupfropfen". Eben dies waren auch die Befürchtungen der Sozialdemokratie unter Bebel und der Freisinnigen Volkspartei unter Eugen Richter. Die von Tirpitz erhoffte Chance kam schneller als er selbst wohl angenommen hatte: Der Ausbruch des Burenkrieges und die in Zusammenhang mit der Beschlagnahme eines deutschen Postdampfers durch englische Seestreitkräfte gegen England hochgeputschte öffentliche Meinung ließen das Kaiserwort vom 18. Oktober 1899: „Bitter Not ist uns eine starke deutsche Flotte" als Parole für das kommende Jahrhundert erscheinen. Bereits am 28. September 1899 hatte Wilhelm II. die Beibehaltung des „Dreiertempos" – also des Baus von jährlich drei Linienschiffen – und damit eine Flotte von fünfundvierzig Linienschiffen und fünfzehn Kreuzern bis zum Jahr 1920 zugestanden. Dem politischen und parlamentarischen Geschick von Tirpitz war es zu verdanken, dass der Reichstag das Zweite Flottengesetz vom 14. Juni 1900 mit 201 : 103 von insgesamt 397 Stimmen billigte. Weil die Küstenpanzerschiffe in die Klasse der Linienschiffe übernommen wurden, sah dieses Gesetz optisch wie eine glatte Verdoppelung der deutschen Flotte aus: An Stelle von zwei Geschwadern sollten fortan vier Geschwader und zwei Flottenflaggschiffe die Linie bilden. Die Auslandsflotte wurde auf einen Sollbestand von drei Großen und zehn Kleinen Kreuzern festgeschrieben. Bei der Schlachtflotte sollten als Aufklärungsflotte acht Große und vierundzwanzig Kleine Kreuzer Dienst tun. Obwohl die 1898 festgelegte Budgetlinie nicht mehr ausreichte, hoffte Tirpitz durch Einsparungen an anderer Stelle des Marineetats sowie durch eine mäßige Anhebung einiger Verbrauchs- und Dienstleistungssteuern diese vergrößerte Flotte finanzieren zu können, zumal er zu diesem Zeitpunkt noch davon überzeugt war, dass die technische Entwicklung im Linienschiffbau so weit abgeschlossen war, dass die finanziellen Perspektiven für die Zukunft berechenbar blieben.

Mit dem Entschluss der britischen Admiralty zum Bau eines „all big gun ships" im Jahr 1904 wurde die finanzielle Basis des Tirpitzschen Flottenbaues und längerfristig die ökonomische Basis des Reiches überhaupt aufs heftigste erschüttert: Die neuen Schlachtschiffe und Schlachtkreuzer (Capital Ships, „Dreadnoughts") kosteten rund dreimal so viel wie die bisherigen Standardlinienschiffe. Das maritime Wettrüsten mit England begann also auf dem Feld der Ökonomie. Rein militärisch betrachtet hat England etwa bis zum Jahr 1904 in der Tirpitzschen Bauplanung keine akute Gefährdung der maritimen Suprematie gesehen. Das unverhüllte Wettrüsten begann erst im Jahr 1908 und war auf der deutschen Seite, wie Berghahn nachgewiesen hat, von Anfang an verloren. Es erforderte zudem eine starke Konzentration auf die fristgerechte Verwirklichung der Flottengesetze zulasten einer Stärkung der infrastrukturellen Verteidigungsfähigkeit der Kaiserlichen Marine, die noch bis 1912 von der Furcht vor einem zweiten „Kopenhagen" geplagt wurde. Die Radikalität, mit der Tirpitz sein Werk zu vollenden suchte, stieß auf die Gegnerschaft jener, die ernsthaft mit der Möglichkeit eines deutsch-englischen Krieges in näherer Zukunft rechneten. Zu ihnen gehörte auch der deutsche Botschafter in London, Graf Wolf Metternich, der in dem Tirpitzplan zunehmend ein Verhängnis für die deutsch-englischen Beziehungen sah.

Verhängnisvoller freilich waren die gesamtmilitärischen Konsequenzen aus dem forcierten Aufbau der Hochseeflotte: Der Anteil des Marineetats hatte sich von 1901 bis 1911 kontinuierlich bis auf 54,8 % der Ausgaben für das Heer gesteigert. Mehr als die Hälfte des für die Verteidigung verfügbaren Etats wurde im Schlachtschiffbau festgelegt, der lediglich eine politische, nicht aber eine reale strategische und sicherheitspolitische Funktion besaß. Diese Mittel fehlten bei der Vergrößerung des Heeres, die zu spät und nur unzureichend erfolgte, sie fehlten bei der Entwicklung neuer Waffensysteme wie Unterseeboot, Panzer und Flugzeug, sie fehlten bei der Verstärkung der Artillerie des Heeres. Erst nach dem Zusammenbruch des Tirpitzplans im Jahr 1912 wurden die Weichen zu Gunsten der Landrüstung umgelegt. Da war es zu spät.

Das gesamte Denksystem des Großadmirals, dem der Kaiser folgte und das auch vom Reichskanzler Bülow bis 1909 mitgetragen wurde, basierte auf einigen außenpolitischen Grundannahmen, die ähnlich unveränderlich und statisch begriffen wurden wie das strategische Konzept der deutschen militärischen Führung insgesamt: England sei gezwungen, zur Behauptung seines Weltreiches sich auf einen starken Verbündeten zu stützen. Da Großbritannien aber mit Frankreich und Russland in überseeischer Kolonialkonkurrenz stand, bliebe als „Wunschpartner" nur Deutschland übrig. Wenn das Reich zur See nun so stark würde, dass England infolge seines weltweiten Engagements nicht mehr in der Lage sein würde, alle maritimen Machtmittel gegen eine mögliche deutsche maritime Bedrohung zu konzentrieren, würde es mit Angeboten „kommen", die Deutschland als gleichberechtigtem Partner im weltpolitischen Spiel den heiß ersehnten „Platz an der Sonne" verschaffen konnten. Bis zu diesem Zeitpunkt, so die These von Tirpitz, gelte die Parole: „Mund halten und Schiffe bauen", um möglichst rasch die „Gefahrenzone" zu durchlaufen: Deswegen sei es richtig, die Flottengesetze nicht nur ohne allen Verzug zu realisieren, sondern durch weitere „Novellen" auszubauen.

In der außenpolitischen Wirklichkeit stürzte dieser Begründungszusammenhang spätestens im Jahr 1902 in sich zusammen: Mit dem Abschluss des Englisch-Japanischen Vertrages entfielen die maritimen Schutzaufgaben Englands im Fernen Osten. Die „Entente Cordiale" mit Frankreich im Jahr 1904 besiegelte eine Entwicklung, die bereits 1898 – also parallel zum Ersten Flottengesetz – in der Faschodakrise eingeleitet worden war: den kolonialen Interessenausgleich zwischen den einstigen maritimen Rivalen Frankreich und England. Seit 1904 konnte England auch sein Engagement im Mittelmeer zu Gunsten einer Verstärkung seiner Nordseeposition verringern. Die 1. Marokkokrise machte ein Jahr später zum ersten Mal das neue Bündnissystem sichtbar, das fortan von der deutschen Außenpolitik als „Einkreisungssyndrom" wahrgenommen wurde. Als es 1907 dann auch noch zum englisch-russischen Ausgleich kam, während gleichzeitig die deutsche Hoffnung auf dauernde russische maritime Impotenz in der Ostsee schwand, war es endgültig nicht mehr England, das „kommen" musste, sondern Deutschland, wollte es den „Einkreisungsring" an einer entscheidenden Stelle durchbrechen.

Tatsächlich jedoch verfocht Tirpitz unbeirrt eine, wie man es heute nennen könnte, „Politik der Stärke" einem Staat gegenüber, der sich seit 1904 konsequent auf die deutsche Herausforderung einzustellen begann, und zwar in exakt spiegelbildlicher Weise: forcierte maritime Rüstung, Modernisierung der bestehenden Flotte, Suche nach Bündnispartnern, Scheinverhandlungen mit dem potenziellen Gegner, Inszenierung eines „Navy-Scare", der Angst vor einer angeblichen Bedrohung durch die deutsche Flotte zum Zwecke der Mobilisierung der britischen Öffentlichkeit. Churchill, der Erste Lord, und der Erste Seelord, John Fisher, wurden in gemeinsamem Wirken das, was für das Reich Tirpitz sein wollte.

Tatsächlich begann dessen Stern schon seit 1906 zu sinken. Der Übergang zum Dreadnoughtbau wurde zwar offiziell als „schwerer Fehler" der Briten ausgegeben, in Wahrheit begriff Tirpitz die Herausforderung durchaus – und nahm sie an: Die gesamte Flottengesetzgebung wurde auf die qualitativ neuen Rüstungsprinzipien umgestellt, was unabsehbare finanzielle Folgen mit sich brachte. Als der Reichstag am 19. Mai 1906, wieder mit großer Mehrheit, die Erste Flottennovelle annahm, da war dies nicht allein die Aufstockung des Gesamtprogramms um sechs Große Kreuzer, sondern in Wirklichkeit der Versuch, die Schlachtflotte um weitere sechs Großkampfschiffe zu vergrößern, denn die neuen Kreuzer sollten in der Lage sein, an der Schlacht teilzunehmen. In Wirklichkeit forderte Tirpitz also sechs Schlachtkreuzer vom Typ „Invincible". Es kann keine Rede davon sein, dass das Parlament überrumpelt wurde. Die Mehrheit der deutschen Abgeordneten war davon überzeugt, dass der englische „Fehdehandschuh" aufgenommen werden müsse. Die Größenordnungen waren ebenfalls bekannt: Allein der Geldmehrbedarf belief sich im Jahr 1906 auf 940 Millionen Mark – das war mehr als das Doppelte der Gesamtkosten des Ersten Flottengesetzes! Die exorbitante Etatsteigerung ging aber nicht allein auf die Schiffsbauten zurück, sondern war Folge zahlreicher nunmehr unabweislicher infrastruktureller Maßnahmen: So musste zum Beispiel der Nord-Ostsee-Kanal erweitert, mit neuen Schleusen versehen werden, in Wilhelmshaven mussten neue Einfahrten, Arsenal- und Dockanlagen gebaut werden, die gesamte Ausbildung in der Marine war auf eine neue, dem vergrößerten Personalumfang entsprechende Grundlage zu stellen.

In den Berechnungen des Reichsmarineamts eröffnete der Dreadnoughtsprung die Möglichkeit, den in den Flottengesetzen und in der Novelle von 1906 festgelegten Bestand an Großen Kreuzern nunmehr zu einem dritten Doppelgeschwader zu formieren. Nutzte man alle Baumöglichkeiten, so konnte die Hochseeflotte nunmehr aus 58 Großkampfschiffen bestehen. Es erwies sich, dass fortan nicht mehr die in den Gesetzen festgelegten Höchstzahlen dem Ausbau der Flotte Zügel anlegten, sondern einzig und allein die finanziellen Ressourcen des Reiches. Der qualitative Rüstungssprung hatte den Charakter der Flottengesetze dramatisch verändert: wenn die Schiffe dreimal mehr kosteten als 1898, so waren sie militärisch doch auch doppelt so viel „wert“, und nachdem die Deplacements- und Kampfkraftsteigerung aus dem alten Großen Kreuzer einen Schlachtkreuzer, also ein linienfähiges Großkampfschiff gemacht hatte, musste notwendigerweise aus dem Kleinen Kreuzer ein Großer werden, während an die Stelle des Kleinen Kreuzers der Zerstörer trat. Die „unterste“ Schiffsklasse, das Torpedoboot, übernahm die Funktion des Zerstörers. Tirpitz hatte durch die festliegenden gesetzlichen Grundlagen praktisch rüstungspolitische ‚Generalvollmacht‘ gewonnen: unverhofft und unverdient glaubte er zum mächtigsten Mann in der politischen Hierarchie des Reiches aufgerückt zu sein – es entbehrt nicht der Ironie, dass er diese Erhöhung just seinem erbittertsten Gegner, dem Ersten Seelord der Admiralität, Sir John Fisher, verdankte.

Es war von Anfang an das Ziel von Tirpitz gewesen, den Flottenbau zu „äternisieren“, d. h. zeitlich so zu planen, dass ein kontinuierlicher Schlachtschiffbau möglich wurde. Um dies zu erreichen, gab es zwei Möglichkeiten: Entweder man musste die Gesamtzahl der Schiffe so bemessen, dass bei einer jährlichen Baurate von zwei bzw. drei Schiffen ein möglichst langer Zeitraum abgedeckt wurde, oder aber man musste die „Lebenszeit“ der Schiffe so festsetzen, dass die Ersatzbauten fugenlos an die Neubauten anschließen konnten. Tirpitz schwebte anfangs ein äternisiertes Dreiertempo vor, später schwankten die Möglichkeiten zwischen einem Zweier- und einem

Vierertempo, ein äternisiertes Vierertempo hätte seinen Wünschen wohl am ehesten entsprochen, war jedoch finanziell nicht machbar. Mit der Zweiten Flottennovelle vom 27. März 1908 stimmte der Reichstag einem Kompromiss zu, der folgenschwer sein sollte, da er unmittelbar das direkte deutsch-englische Flottenwettrüsten einläutete.

Dabei sah alles ganz harmlos aus: Die Novelle setzte lediglich das Lebensalter der Linienschiffe von fünfundzwanzig auf zwanzig Jahre herab. Kombiniert mit den Implikationen aus der Novelle von 1906 ergab sich hieraus aber für die Jahre von 1908 bis 1912 tatsächlich das Vierertempo – und hierbei, so mutmaßte Tirpitz, würde England auf die Dauer nicht mithalten können. Da das Vierertempo aber 1912, wenn nichts geschah, auf ein Zweiertempo herabgebremst werden musste, lag es auf der Hand, bis zu diesem Zeitpunkt eine Entscheidung herbeizuführen: Entweder durch Einbringung einer neuen Novelle mit dem Ziel der „Äternisierung“ des Dreier- oder gar (?) Vierertempos – oder aber durch Verhandlungen mit England, wobei die „theoretische“ Novelle von 1912 zum Verhandlungsobjekt gemacht werden konnte. Tirpitz war davon überzeugt, dass England der „vernünftigeren“ Lösung zustimmen würde, er verkannte jedoch, dass gerade das nun beschlossene Vierertempo von England nicht nur als unfreundlicher Akt, sondern als reale Bedrohung empfunden wurde.

Dass sich die politische Lage zuspitzte, war Tirpitz wahrscheinlich weniger bewusst als dem deutschen Kanzler Bülow, der 1909 zum ersten Mal ernsthafte Zweifel an dem gesamten Tirpitzschen Gedankengebäude anmeldete, nachdem der Kaiser im Gefolge der unseligen Daily-Telegraph-Affäre seinen marinepolitischen Einfluss zum Großteil verloren hatte. Sein Wort von der „dunklen Wolke“, die über der Nordsee schwebe, gewann umso mehr an Gewicht, als England, offensichtlich zur Überraschung von Tirpitz, im Jahr 1909 nicht nur vier, sondern sage und schreibe neun Capital Ships auf einmal in Auftrag gab und in den nachfolgenden Jahren ein Fünfertempo anschlug. Es konnte nicht zweifelhaft sein: die Tirpitzrechnung ging nicht auf. England schien entschlossen, das maritime Wettrennen um jeden Preis zu gewinnen; wollte das Reich auf die Dauer mithalten, so hätte dies fraglos zu einer tief greifenden ökonomischen und damit gesellschaftlichen Erschütterung geführt, an der gerade Tirpitz nicht gelegen sein konnte, weil sie die parlamentarischen und innenpolitischen Grundlagen seines Werkes zerstört hätte.

Von dem sich hieraus ergebenden Dilemma ausgehend, hat Volker R. Berghahn das Scheitern des Tirpitzplans auf den Zeitpunkt seines äußeren größten Erfolges datiert, nämlich das Jahr 1908. Walther Hubatsch und andere Historiker vertreten demgegenüber die Auffassung, dass der endgültige Zusammenbruch des Tirpitzplans erst 1912 erfolgte. Dabei stützen sie sich auf die Geschichte der dritten und letzten Flottennovelle, die in untrennbarem Zusammenhang mit dem endgültigen Scheitern der deutsch-englischen Ausgleichs- und Bündnisverhandlungen stand – und mit der 2. Marokkokrise", die das europäische Staatensystem zum ersten Mal ernsthaft an den Abgrund des Krieges trieb.

Der Mechanismus wahr wohl bekannt – schon das Zweite Flottengesetz war im Schatten einer außenpolitischen Krise entstanden, und auch die Novelle von 1906 lässt sich nicht von der Konferenz von Algeciras trennen. Diesmal war die Lage freilich heikler und verworrener: Die Einbringung einer „starken Novelle", wie das Reichsmarineamt es wollte, konnte durchaus krisenfördernd und nicht krisendämpfend wirken, denn die internationale Lage Englands war deutlich besser, die Deutschlands deutlich schlechter geworden. Tatsächlich stand Tirpitz mit seinem Wunsch nach trotzigem Auftrumpfen allein; weder der Reichstag noch der vorsichtige und nachdenkliche Kanzler Theobald von Bethmann Hollweg waren bereit, das von Tirpitz gewünschte Risiko einzugehen. Dieser sah, wie sich aus seinen eigenen Äußerungen ergibt, sein Lebenswerk damit fast schon scheitern, hoffte jedoch immer noch, dass die geplante Novelle bei dem angekündigten Besuch des englischen Kriegsministers Haldane eine entscheidende Hebelfunktion zu deutschen Gunsten ausüben konnte.

Das aber war nicht der Fall. Nachdem Reichstag und Regierung die Vorlage so weit „verstümmelt" hatten, dass insgesamt nur eine Verstärkung der Flotte um drei Capital ships und zwei Kleine Kreuzer bewilligt wurde, wohingegen Abstriche bei der Reserveschlachtflotte vorgenommen wurden, entbehrte die Novelle, die der Reichstag am 21. Mai 1912 annahm, jeglichen Verhandlungswertes und musste eher als Eingeständnis eines „*ultraposse nemo obligatur*" erscheinen. Wie dem aber auch sein mochte: Neuere Forschungen (Gustav Schmidt) haben erwiesen, dass Haldane von Anfang an nur Scheinverhandlungen führte. England war zu diesem Zeitpunkt nicht mehr bereit, mit Deutschland ein politisches „do ut des-Abkommen" zu schließen. Die politischen Grundannahmen des Tirpitzplanes hatten sich endgültig als verfehlt herausgestellt. Seit 1911 galt dies auch für das strategische Szenario: Mit der englischen Entscheidung, im Falle eines Krieges nicht mehr die enge, sondern die weite Blockade zu wählen, wurde die Idee der „Risikoschlacht" gegenstandslos. Wenn es dennoch am 31. Mai 1916 zur Skagerrakschlacht kommen sollte, so war dieses Zusammentreffen rein zufälliger Natur, und obwohl sich die Hochseeflotte achtbar schlug, änderte sich an der strategischen Lage nichts, und für die Kriegsentscheidung war die Schlacht bedeutungslos. Von 1912 an rückte, in abrupter Kehrtwendung, erneut, aber viel zu spät, das deutsche Heer in den Mittelpunkt des Interesses und der Sorgen der gesetzgebenden Körperschaften und der Regierung. Als der Erste Weltkrieg entgegen aller Annahmen und Versicherungen von Tirpitz ausbrach und die Vision des letzten deutschen Kaisers, als „Friedenskaiser" in die Geschichte einzugehen, in Nichts zerstob, lagen in Wilhelmshaven und auf Schillig Reede die schönen grauen Kolosse der „schimmernden Wehr" untätig, während in der Marne-Schlacht das deutsche Schicksal besiegelt wurde.

Prof. Dr. Michael Salewski

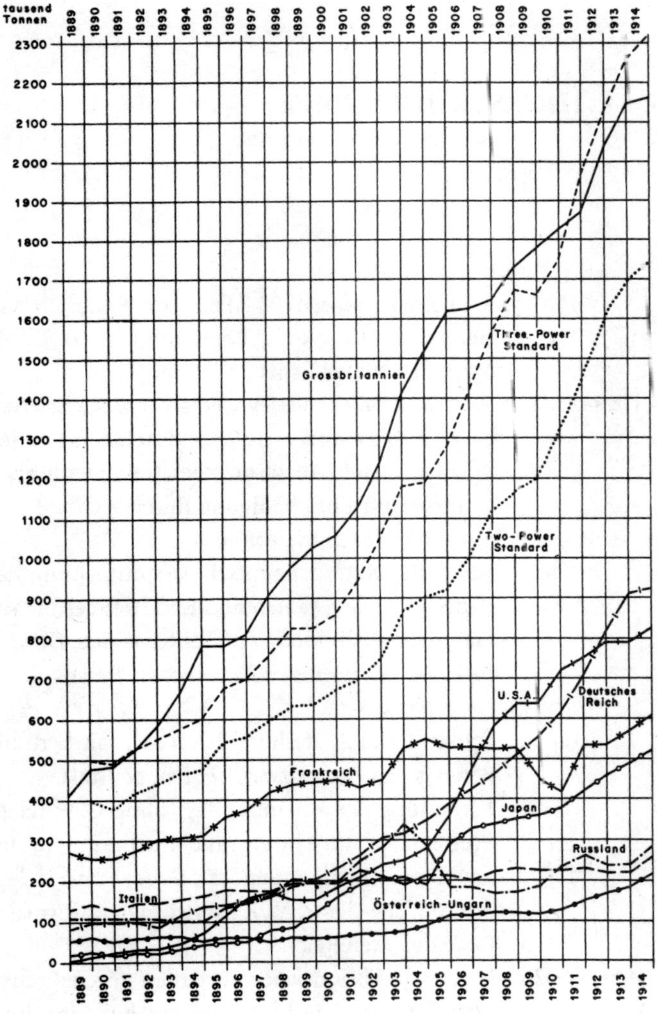

Tonnage der Flotten der Großmächte 1. 1. 1889 – 1. 8. 1914 (Schlachtschiffe und Panzerschiffe jünger als 25 Jahre, Panzerkreuzer und geschützte Kreuzer jünger als 20 Jahre).

Aus: Potter/Nimitz/Rohwer, Seemacht. Eine Seekriegsgeschichte von der Antike bis zur Gegenwart, Bernhard & Graefe Verlag, München 1974, S. 314.

Chronik der Zeit

1797	Wilhelm I. geboren (23. März), Tod Friedrich Wilhelms II. (16. Nov.), Regierungsantritt König Friedrich Wilhelms III.
1799–1802	Zweiter Koalitionskrieg gegen Frankreich; Preußen bleibt neutral, wird aber durch den Frieden von Lunéville (Abtretung der linksrheinischen Gebiete und Entschädigung durch rechtsrheinische Gebiete) mitbetroffen.
1803	Reichsdeputationshauptschluss: Aufhebung der deutschen Kleinstaaten und Ende der geistlichen Herrschaften, Bildung von Mittelstaaten, De-facto-Ende des Heiligen Römischen Reichs deutscher Nation.
1805	Schlacht von Austerlitz (Österreich mit Verbündeten gegen Frankreich; Preußen neutral).
1806	Errichtung des Rheinbundes (ohne Österreich, Preußen, Braunschweig und Kurhessen) unter napoleonischem Protektorat; Kaiser Franz II. legt die römisch-deutsche Kaiserwürde ab: formales Ende des alten Reiches.
1806–1807	Vierter Koalitionskrieg (Preußen gegen Frankreich), vernichtende Niederlage bei Jena und Auerstedt, Flucht der königlichen Familie nach Memel.
7.–9. Juli 1807	Tilsiter Friede: Preußen verliert sämtliche westelbischen und polnischen Gebiete und wird

	auf seine Kernprovinzen beschränkt. Beginn der Reformära.
1810	Tod der Königin Luise.
1811	Geburt Augustas von Sachsen-Weimar (30. Sept.).
1813	Preußische Generäle organisieren über den Kopf des Königs hinweg die Erhebung in Ostpreußen.
17. März	Aus Breslau Aufruf Friedrich Wilhelms III. „An mein Volk". Beginn der Befreiungskriege. Teilnahme Wilhelms an den Feldzügen 1813/14.
16.–19. Okt.	Völkerschlacht bei Leipzig: Ende der napoleonischen Herrschaft.
Nov. 1814 – 9. Juni 1915	Wiener Kongress: Neuordnung Europas und Deutschlands. An die Stelle des Heiligen Römischen Reichs deutscher Nation tritt der Deutsche Bund unter Vorherrschaft Österreichs. Das preußische Territorium wird um Gebiete im Westen (Rheinland, Westfalen, Saargebiet) vergrößert und verliert polnische Gebiete (Westverlagerung). Heilige Allianz zwischen Russland, Österreich und Preußen zur Wahrung der Monarchie und des Christentums.
22. Mai	Verfassungsversprechen des preußischen Königs („Verordnung über die zu bildende Repräsentation des Volkes"), das in der Folgezeit nicht eingelöst wird.
1817	Wilhelms erste Russlandreise anlässlich der Heirat seiner Schwester Charlotte mit dem Großfürsten Nikolaus (1825/55 Zar Nikolaus I.).
1819	Karlsbader Beschlüsse des Deutschen Bundes zur „Demagogenverfolgung".
15. Mai 1820	Wiener Schlussakte über die Verfassung des Deutschen Bundes bestätigt erneut das monarchische Prinzip.
1820/26	Freundschaft Wilhelms mit Prinzessin Elisa Radziwill.
1823	Einrichtung von Provinziallandtagen in Preußen als ständische Vertretungen, die Adel und Groß-

	grundbesitz gegenüber dem Bürgertum bevorzugen.
1825	Wilhelm wird zum Kommandierenden General ernannt.
1826/28	Preußisch-Hessischer Zollvertrag.
1829	Wilhelms Heirat mit Augusta Prinzessin von Sachsen-Weimar (11. Juni).
1831	Geburt des Prinzen Friedrich Wilhelm, des späteren Kaisers Friedrich III. (18. Okt.).
1833/34	Wirtschaftlicher Zusammenschluss deutscher Staaten im Deutschen Zollverein unter Führung Preußens (unter Ausschluss Österreichs).
1837	Prinz Wilhelm bezieht das neue Palais „Unter den Linden".
1838	Geburt der Tochter Luise (1856 Großherzogin von Baden).
	Eröffnung der ersten Eisenbahnstrecke in Preußen (Berlin-Potsdam).
1839	Gesetzliches Verbot der Kinderarbeit (für Kinder unter 9 Jahren).
1840	Tod Friedrich Wilhelms III. (7. Juni). Friedrich Wilhelm IV., Wilhelms älterer Bruder, wird König von Preußen. Beginn der preußischen Verfassungsbewegung.
1844	Weberaufstand in Schlesien.
3. Febr. 1847	Einberufung des ersten Vereinigten Landtags, der aus den Mitgliedern der acht preußischen Provinziallandtage besteht und nur unzureichende politische Rechte besitzt. Kritik der Liberalen an der mangelnden Repräsentation des Bürgertums im Landtag. Schließung des Vereinigten Landtags.
6. März 1848	Friedrich Wilhelm IV. bewilligt eine vierjährige Periodizität des Vereinigten Landtags, doch weckt der Erfolg der Revolution in Wien (Rücktritt Metternichs am 13. März) auch in Preußen Hoffnungen.
18. März	Ausbruch der Märzrevolution in Berlin.

21. März	Aufruf des preußischen Königs „An mein Volk und die deutsche Nation“ und Rückzug der königlichen Truppen aus der Berliner Innenstadt. Wilhelm flieht nach England.
22. März	Bestattung der Märzgefallenen, denen der König die letzte Ehre erweist.
27. März	Wilhelms Ankunft in London.
22. Mai	Zusammentritt der preußischen Nationalversammlung, die über den gemäßigten Verfassungsentwurf der Regierung diskutiert.
8. Juni	Wilhelm aus England zurück; Ansprache als Abgeordneter der Berliner Nationalversammlung.
	Erneute Unruhen in Berlin. Scheitern der Kompromissbemühungen um die Verfassung. Vertagung der preußischen Nationalversammlung.
	Rückkehr der Truppen nach Berlin unter General Friedrich von Wrangel. Auflösung der Nationalversammlung.
5. Dez.	Der preußische König erlässt eine Verfassung („Oktroyierung“), die in revidierter Form am 31. Januar 1850 in Kraft tritt.
28. März 1849	Friedrich Wilhelm IV. wird von den Abgeordneten der Deutschen Nationalversammlung in der Frankfurter Paulskirche (Eröffnung 18. Mai 1848) zum Kaiser der Deutschen gewählt. Anerkennung der Reichsverfassung durch die Mehrheit der deutschen Staaten.
28. Apr.	Friedrich Wilhelm IV. lehnt die Kaiserkrone ab und erkennt die Reichsverfassung nicht an.
Mai–Juli	Aufstände in Sachsen, Baden und der Pfalz.
8. Juni	Prinz Wilhelm wird zum Oberkommandierenden der Okupationsarmee in Baden ernannt. Niederwerfung der Aufständischen.
März 1850	Prinz Wilhelm wird Militärgouverneur für die Rheinprovinz und Westfalen, Übersiedlung nach Koblenz. Annäherung an die liberale „Wochenblattpartei“.

20. März – 19. April	Auf Initiative des preußischen Königs (Mai 1849) kommt eine Union deutscher Staaten zu Stande, dessen Unionsparlament in Erfurt zusammentritt. Die unter preußischem Druck das monarchische Prinzip betonende Unionsverfassung stößt auf Widerspruch der Unionsstaaten.
2. Sept.	Im Gegenzug zur preußischen Initiative eröffnet Österreich den Frankfurter Bundestag ohne Teilnahme der Unionsstaaten. Konflikt zwischen Preußen und Österreich über die Frage der kurhessischen Verfassung und der Schleswig-Holstein-Frage.
29. Nov.	Olmützer Punktation: Preußen verzichtet unter russischer Vermittlung auf seine Unionspolitik. Offizieller Wiedereintritt der Unionsstaaten in den Bundestag.
1851	Weltausstellung in London.
1851/1858	Politische Reaktion und Restauration unter der Regierung Otto von Manteuffel.
19. Febr. 1853	Preußisch-österreichischer Handelsvertrag, der den Beitritt Österreichs zum Deutschen Zollverein verhindert.
1853/1856	Krimkrieg (preußische Neutralität).
1854	Konflikt zwischen Kronprinz und König wegen der Entlassung des Kriegsministers von Bonin.
1857	Fünfzigjähriges Militärdienstjubiläum Wilhelms. Erkrankung Friedrich Wilhelms IV.
23. Okt.	Wilhelm wird mit der Stellvertretung beauftragt.
1858	Heirat Friedrichs mit Prinzessin Viktoria von England (25. Jan.).
7. Okt.	Übernahme der Regentschaft durch Wilhelm.
8. Nov.	Regierungsprogramm der „Neuen Ära“ und Einsetzung einer liberal-konservativen Regierung unter Fürst Karl Anton von Hohenzollern-Sigmaringen (bis 1862).
1859	Geburt Wilhelms, des späteren Kaisers Wilhelm II. (27. Jan.)

Italienischer Krieg. Mobilmachung in Preußen und Heeresreformvorschläge durch Kriegsminister Albrecht von Roon.
Gründung des „Deutschen Nationalvereins".

1860	Denkschriften des Prinzregenten zur Bundesreform.
1861	Tod Friedrich Wilhelms IV. (2. Januar). Wilhelm wird König von Preußen.
Juni	Gründung der „Deutschen Fortschrittspartei".
14. Juli	Attentat auf König Wilhelm I.
18. Okt.	Krönungsfeiern in Königsberg. Beginn des Heereskonflikts. Dezemberwahlen: Vernichtende Niederlage der Konservativen.
22. Sept. 1862	Unterredung des preußischen Königs mit Bismarck in Babelsberg.
8. Okt.	Ernennung Bismarcks zum preußischen Ministerpräsidenten und Außenminister. Durchsetzung der Heeresreform gegen die Verfassung: Beginn des Verfassungskonflikts („Lückentheorie").
1863	Konvention Alvensleben: Bündnis Preußens und Russlands gegen polnische Nationalbewegung.
3. Juni	Neues Pressegesetz, verschärfte Zensurmaßnahmen der Regierung. Opposition des Kronprinzen. Gründung des „Allgemeinen Deutschen Arbeitervereins" unter Führung von Ferdinand Lassalle.
1864	Krieg Österreichs und Preußens gegen Dänemark.
18. April	Erstürmung der „Düppeler Schanzen" durch preußische Truppen.
30. Okt.	Friede von Wien: Dänemark tritt Schleswig-Holstein an Preußen und Österreich ab.
1865	Preußisch-österreichischer Handelsvertrag (11. April) und Verlängerung der Zollvereinsverträge (16. Mai).
14. Aug.	Vertrag von Gastein: österreichische Verwaltung Holsteins, preußische Verwaltung Schleswigs.

1866	Konflikt mit Österreich.
7. Juni	Preußische Truppen besetzen Holstein. Bundesexekution gegen Preußen, das aus dem deutschen Bund austritt.
21. Juni	„Deutscher Krieg“: Einmarsch preußischer Truppen in Böhmen.
3. Juli	Sieg bei Königgrätz.
26. Juli	Konflikt Bismarcks mit dem König über die Friedensbedingungen. Vorfriede von Nikolsburg: Preußen erhält Schleswig-Holstein und die Zustimmung Österreichs zur Bildung eines Staatenbundes nördlich der Mainlinie sowie zur „Gestaltung Deutschlands ohne Beteiligung des österreichischen Kaiserstaates“ (kleindeutsche Lösung). Geheime Schutz- und Trutzbündnisse Preußens mit den süddeutschen Staaten.
23. Aug.	Friede von Prag zwischen Preußen und Österreich: Beschluss der endgültigen Auflösung des Deutschen Bundes.
3. Sept.	Wahlen zum preußischen Abgeordnetenhaus, Niederlage der Liberalen. Annahme des Indemnitätsgesetzes.
1866/67	Gründung des Norddeutschen Bundes unter Preußens Führung (Gründungsvertrag 18. August 1866). Wahlen zum ersten Norddeutschen Reichstag; nationalliberale und freikonservative Mehrheit.
1. Juli	Die Verfassung des Norddeutschen Bundes tritt in Kraft (Bundespräsidium für den König von Preußen). Ein Beitritt der süddeutschen Staaten wird von Bismarck abgelehnt. Erneuerung des Zollvereins (Zusammenschluss des Norddeutschen Bundes und der süddeutschen Staaten).
13. Juli 1870	Beginnender Konflikt mit Frankreich über die spanische Thronkandidatur. „Emser Depesche“.

19. Juli	Kriegserklärung Frankreichs eröffnet den Deutsch-Französischen Krieg. Teilnahme der süddeutschen Staaten.
1. Sept.	Schlacht bei Sedan. Napoleon III. dankt ab, Frankreich wird Republik. Beginn der Belagerung und Beschießung von Paris.
18. Jan. 1871	Gründung des Deutschen Reiches: Kaiserproklamation im Spiegelsaal von Versailles. Eröffnung des ersten Deutschen Reichstages.
10. Mai	Frankfurter Friede: Abtretung des Elsasses und Lothringens an das Deutsche Reich.
1871/1878	Zusammenarbeit Bismarcks mit den bürgerlich-nationalen Parteien des Reichstags. Beginn des Kulturkampfs: Auseinandersetzung mit der katholischen Kirche über das Verhältnis zwischen Kirche und Staat.
1873	„Gründerkrach“: Beginn einer wirtschaftlichen Depressionsphase.
22. Okt.	Dreikaiserabkommen zwischen Österreich-Ungarn, Russland und dem Deutschen Reich.
1874	Gesetz über die obligatorische Zivilehe.
1875	Gothaer Kongress: Vereinigung des „Allgemeinen Deutschen Arbeitervereins“ und der „Sozialdemokratischen Arbeiterpartei“ zur „Sozialistischen Arbeiterpartei Deutschlands“ (seit 1890 Sozialdemokratische Partei Deutschlands).
April/Mai	Krieg-in-Sicht-Krise zwischen dem Deutschen Reich auf der einen, England, Frankreich und Russland auf der anderen Seite.
1876	Höhepunkt des preußischen Kulturkampfes. Gründung der „Deutschkonservativen Partei“, die ein Bündnis von landwirtschaftlichen und schwerindustriellen Interessen anstrebt. Beginnende Agitation für Schutzzollpolitik.
1877	Die Sozialdemokraten erhalten bei der Reichstagswahl annähernd 9 % der abgegebenen Stimmen.

1878	Attentate auf Wilhelm 1. (11. Mai und 2. Juni). Reichstagsauflösung, Wahlniederlage der Liberalen.
13. Juni – 13. Juli	Berliner Kongress: Bismarck vermittelt zwischen Großbritannien und Österreich-Ungarn einerseits und Russlands andererseits. Außenpolitischer Prestigezuwachs des Deutschen Reichs.
19. Okt.	Sozialistengesetz: Verbot sozialistischer Vereine, Versammlungen und Zeitungen.
1879	Innenpolitischer Kurswechsel: Bismarck stützt sich fortan auf die neue konservative Reichstagsmehrheit. Aufnahme von Verhandlungen mit Papst Leo XIII. zur Beendigung des Kulturkampfes. Abwendung vom wirtschaftlichen Liberalismus und Beginn der Schutzzollpolitik.
7. Okt.	Abschluss des Zweibundes mit Österreich (geheimes Verteidigungsbündnis).
1881	Heirat Wilhelms mit Prinzessin Auguste von Holstein-Augustenburg.
18. Juni	Dreikaiserabkommen zwischen Deutschland, Österreich und Russland erneuert (geheimes Neutralitätsabkommen, verlängert 1884).
1882	Geburt des ersten Sohnes Wilhelm (6. Mai).
20. Mai	Dreibund (geheimes Verteidigungsbündnis) zwischen dem Deutschen Reich, Österreich-Ungarn und Italien.
1883	Krankenversicherungsgesetz.
1884	Unfallversicherungsgesetz.
1884/1885	In Afrika und im Pazifik werden Deutsche „Schutzgebiete" (Kolonien) gebildet.
1887	Beendigung des Kulturkampfes. Gründung der Deutschen Kolonialgesellschaft, die für eine Ausweitung der Kolonialpolitik des Deutschen Reichs agitiert.
18. Juni	Rückversicherungsvertrag: geheimes Neutralitätsabkommen zwischen Russland und dem Deutschen Reich (auf 3 Jahre begrenzt).

12. Nov.	Erkrankung des Kronprinzen Friedrich an Kehlkopfkrebs wird bekannt gegeben.
1888	„Drei-Kaiser-Jahr“: Tod Wilhelms I. (9. März). Übernahme der Regierungsgeschäfte durch Kaiser Friedrich III. (12. März).
21. März	Beauftragung des Kronprinzen Wilhelm mit der Stellvertretung.
8. Juni	Entlassung des konservativen preußischen Ministers Puttkamer.
15. Juni	Tod Friedrichs III.
	Regierungsantritt Kaiser Wilhelms II.
1889	Alters- und Invaliditätsversicherung. Bergarbeiterstreik im Ruhrgebiet.
1890	Tod der Kaiserin Augusta (7. Jan.).
20. März	Entlassung Bismarcks als Reichskanzler. „Neuer Kurs“ unter Reichskanzler Leo Graf Caprivi (bis 1894): Nichtverlängerung des Rückversicherungsvertrags mit Russland. Nichterneuerung des Sozialistengesetzes. Beratungen der Ersten Internationalen Arbeiterschutzkonferenz in Berlin unter dem Protektorat Wilhelms II.
1890/92	Arbeiterschutzgesetzgebung.
1891	Erfurter Parteiprogramm der SPD.
1891/1893	Handelsverträge mit Österreich-Ungarn, Italien, Belgien, der Schweiz und Rumänien.
1892	Französisch-russische Militärkonvention.
1893	Gründung des „Bundes der Landwirte“ (BDL) als Interessenvertretung agrarischer Kreise.
1894	Deutsch-russischer Handelsvertrag gegen den Widerstand des BDL abgeschlossen.
1. Juli	Gründung des „Alldeutschen Verbandes“, einer nationalistischen und imperialistischen Vereinigung (erst 1939 aufgelöst).
	Rücktritt Caprivis, Nachfolger Chlodwig Fürst zu Hohenlohe-Schillingsfürst (bis 1900).
	Ermordung des Zaren Alexander II. Regierungsantritt Nikolaus’ II. Französisch-russischer Zweibund.

1895	Eröffnung des Kaiser-Wilhelm-Kanals (heute Nord-Ostsee-Kanal). Stiftung des Nobelpreises.
3. Jan. 1896	„Krügerdepesche“: Wilhelm II. gratuliert dem Präsidenten der Südafrikanischen Republik Krüger zur Abwehr des Jameson Raid; in Großbritannien starke Verstimmung.
1898	Deutschland erwirbt durch Pachtvertrag mit China auf 99 Jahre Kiautschou. Beginn der deutschen Flottenpolitik. Staatssekretär des Reichsmarineamts wird Alfred von Tirpitz (1897–1916). Erstes Flottengesetz.
10. Apr.	Gründung des deutschen Flottenvereins (bald über eine Mio. Mitglieder). Scheitern britisch-deutscher Bündnisversuche.
30. Juli	Tod Bismarcks. Faschodakrise zwischen England und Frankreich über die Verteilung der Interessengebiete in Ägypten. Anfänge britisch-deutscher Bündnissondierungen (bis 1901): äußerlich Einigung über koloniale Fragen (Angolavertrag).
1899	Neue deutsche Stützpunkte im Pazifik: die Karolinen, Marianen und Teile von Samoa. Burenkrieg in Südafrika (Deutschland neutral). „Zuchthausvorlage“ (Verschärfung des Streikrechts) wird vom Reichstag abgelehnt. Erste Haager Friedenskonferenz (28. Mai – 29. Juli).
1900	Ermordung des deutschen Gesandten von Ketteler in Peking. Boxeraufstand in China, der von den europäischen Mächten und den USA niedergeworfen wird. „Hunnenrede“ Wilhelms II. Reichskanzler Graf Bernhard von Bülow (bis 1909). Ausbau der Sozialgesetzgebung. Das Bürgerliche Gesetzbuch (BGB) tritt in Kraft.
14. Juni	Zweites Flottengesetz. Max Planck entwickelt die Quantentheorie.

1901	Tod der Königin Viktoria von Großbritannien. Regierungsantritt Eduards VII. (bis 1910).
5. Aug.	Tod der Kaiserin Viktoria („Kaiserin Friedrich"). Wilhelm Conrad Röntgen erhält den Nobelpreis für Physik.
30. Jan. 1902	Britisch-Japanisches Bündnis gegen russische Expansion in Ostasien.
1. Nov.	Italienisch-Französisches Neutralitätsabkommen.
1903	Herero-Aufstand in Deutsch-Südwestafrika (Krieg bis 1906).
	Parteitag der SPD in Dresden: Ablehnung des von Eduard Bernstein verfochtenen Revisionismus als Parteiprogramm, doch Beibehaltung der reformistischen Praxis im Reichstag.
8. Apr. 1904	Ausbruch des Russisch-Japanischen Krieges. Britisch französische Entente Cordiale (kolonialer Interessenausgleich: Ägypten unter britischer, Marokko unter französischer Vorherrschaft).
1905	Erste russische Revolution. Russische Niederlage im Russisch-Japanischen Krieg.
31. März	Besuch des deutschen Kaisers in Tanger führt zur 1. Marokkokrise.
24. Juli	Begegnung Wilhelms II. mit Nikolaus in Björkö: Versuch der Umkehrung der Bündnisse.
	Schlieffenplan des deutschen Generalstabs.
Jan.–Apr. 1906	Konferenz von Algeciras: „Politik der offenen Tür" in Marokko, außenpolitische Isolierung des Deutschen Reiches.
	Deutsch-britische Flottenrivalität: Übergang zum Bau von Großkampfschiffen (britische „Dreadnought" seit 19. Mai 1904; deutsche Flottengesetznovelle).
1906–1909	Bülow-Block: Reichstagsmehrheit der Konservativen und Liberalen unter Ausschluss der Zentrumspartei und der SPD, die beide an Bülows Kolonialpolitik Kritik üben.

1907	Zweite Haager Friedenskonferenz. Britisch-russisches Abkommen über Asien.
1908	Österreichisch-russische Übereinkunft über den Balkan und den Bosporus. Annexion von Bosnien und der Herzegowina durch Österreich-Ungarn (seit 1878 okkupiert). Der Balkan wird zum Krisenherd.
27. März	Zweite Flottengesetznovelle zur Beschleunigung des Rüstungstempos.
28. Okt.	„Daily-Telegraph-Affäre": Kritik am „persönlichen Regiment des Kaisers".
1909	Entlassung Bülows. Reichskanzler Theobald von Bethmann Hollweg (bis 1917).
	Reichsfinanzreform. Gründung des Hansabundes für Gewerbe, Handel und Industrie.
1910	Tod Eduards VII. von Großbritannien. Regierungsantritt Georges V.
	Zusammenschluss der linksliberalen Parteien zur Fortschrittlichen Volkspartei, die mit der SPD für allmähliche Parlamentarisierung eintritt.
1. Juli 1911	„Panthersprung nach Agadir": 2. Marokkokrise, die durch deutsch-französisches Abkommen beigelegt wird.
Sept.	Italienisch-Türkischer Krieg (bis 1912).
	Tirpitz wird Großadmiral. Churchill Erster Lord der Admiralität (bis 1915).
	Gründung der „Kaiser-Wilhelm-Gesellschaft zur Förderung der Wissenschaften" (seit 1946 Max-Planck-Gesellschaft).
1912	Reichstagswahlen: SPD wird stärkste Fraktion (110 Jan. von 397 Mandaten).
12. März	Balkanbund zwischen Serbien und Bulgarien unter russischer Patronage. Beitritt Griechenlands und Montenegros.
21. Mai	Dritte Flottengesetznovelle des Deutschen Reichs.
Juli	Französisch-russische Marinekonvention.
17. Okt.	Kriegserklärung des Balkanbundes an die Türkei: Erster Balkankrieg. Niederlage der Türkei.

Nov.	Kriegsgefahr in Europa aufgrund des österreichisch-russischen Gegensatzes.
22./23. Nov.	Britisch-französischer Notenaustausch über militärische Zusammenarbeit.
1913	Deutsche Heeresverstärkung.
30. Mai	Frieden von London: Abtretung eines Teils der europäischen Gebiete der Türkei.
26. Juni	Zweiter Balkankrieg: Bulgarien gegen Serbien und Griechenland, Rumänien und die Türkei. Niederlage Bulgariens.
10. Aug.	Frieden von Bukarest: Abtretung fast aller europäischen Gebiete der Türkei. Balkan bleibt Konfliktherd.
Nov./Dez.	Zabern-Affäre wegen Übergriffen des Militärs führen zur Verschlechterung der Beziehungen zum Elsass.
Juni 1914	Deutsch-britische Verständigung über die Fortsetzung des Baus der Bagdadbahn.
28. Juni	Ermordung des österreichischen Thronfolgerpaares durch serbische Nationalisten in Sarajewo.
6. Juli	Das Deutsche Reich sichert Österreich-Ungarn unbedingte Bündnistreue zu. Der Kaiser bricht zu seiner Nordlandfahrt auf.
20.–23. Juli	Zusicherung der französischen Bündnistreue bei einem Besuch der französischen Regierung in St. Petersburg (Leningrad).
23. Juli	Österreichisches Ultimatum an Serbien (befristet auf 48 Stunden).
25. Juli	Russland sagt Serbien Unterstützung zu, daraufhin ausweichende Antwort Serbiens an Österreich. Abbruch der diplomatischen Beziehungen, beiderseitige Mobilmachung.
26.–31. Juli	Britisch-deutsche Vermittlungsversuche scheitern.
28. Juli	Österreichische Kriegserklärung an Serbien.
29. Juli	Teilmobilmachung in Russland.
30. Juli	Russische Generalmobilmachung.

31. Juli	Generalmobilmachung in Österreich-Ungarn. „Zustand drohender Kriegsgefahr" im Deutschen Reich. Deutsches Ultimatum an Russland und Anfrage in Paris, ob Frankreich neutral bliebe.
1. Aug.	Deutsche Mobilmachung, Kriegserklärung an Russland.
2. Aug.	Deutsche Kriegserklärung an Frankreich. Deutscher Einmarsch in Belgien.
4. Aug.	Britisches Ultimatum an das Deutsche Reich und Abbruch der diplomatischen Beziehungen: De-facto-Kriegserklärung. Einstimmige Annahme der Kriegskredite im deutschen Reichstag. Ausrufung des innenpolitischen „Burgfriedens" (Wilhelm II.: „Ich kenne keine Parteien mehr!").
6. Aug.	Kriegserklärung Serbiens an Deutschland, Österreich-Ungarns an Russland.
11. Aug.	Kriegserklärung Frankreichs an Österreich-Ungarn.
12. Aug.	Kriegserklärung Großbritanniens an Österreich-Ungarn. Italien bleibt vorerst neutral.
26–30. Aug.	Schlacht bei Tannenberg/Ostpreußen: deutscher Sieg. Bis Ende des Jahres Festigung der Ostfront in Polen.
5.–12. Sept.	Schlacht an der Marne: Ende des deutschen Vormarsches im Westen, Übergang zum Stellungskrieg (Materialschlachten).
2. Nov.	Britische Fernblockade und Erklärung der Nordsee als Kriegsgebiet.
7. Mai 1915	Uneingeschränkter deutscher U-Boot-Krieg wird befohlen (22. Febr.). Versenkung des britischen Passagier- und Transportdampfers „Lusitania". Protestnote der USA. Daraufhin Einschränkung des U-Boot-Krieges.
23. Mai	Kriegseintritt Italiens. Schlacht am Isonzo (bis 1916).

21. Febr.– Juli 1916	Offensive im Westen: Kampf um Verdun. Hohe Verluste auf beiden Seiten.
31. Mai–1. Juni	Seeschlacht vor dem Skagerrak: deutscher Erfolg, kein eindeutiger Sieg.
24. Juni–1. Juli	Schlacht an der Somme: kein entscheidender Durchbruch.
26. Aug.	Übernahme der Obersten Heeresleitung durch Generalfeldmarschall Paul von Hindenburg und General Erich Ludendorff (3. OHL). Verschärfung der Kriegswirtschaft (Vaterländischer Hilfsdienst).
1. Febr. 1917	Rückkehr zum uneingeschränkten U-Boot-Krieg trotz Warnung der politischen Führung des Deutschen Reiches, um die fortdauernde britische Blockade zu brechen.
12. März	„Februarrevolution" (nach altem Kalender) in Russland.
15./16. März	Rücktritt des Zaren.
März	Lenin kehrt mit deutscher Hilfe aus seinem Schweizer Exil nach Petrograd zurück.
6. April	Kriegseintritt der USA.
7. April	„Osterbotschaft" Wilhelms II. als König von Preußen verspricht die Aufhebung des Dreiklassenwahlrechts.
9.–11. April	Gothaer Konferenz: Spaltung der SPD. Gründung der „Unabhängigen Sozialdemokratischen Partei Deutschlands" (USPD). Streiks in mehreren Städten.
14. Juli	Entlassung des Reichskanzlers Bethmann Hollweg auf Druck der OHL. Nachfolger Georg Michaelis (bis 1. Nov.).
19. Juli	Friedensresolution der Reichstagsmehrheit.
1. Aug.	Friedensinitiative von Papst Benedikt XV.
1. Nov.	„Oktoberrevolution" in Russland. Sieg der Bolschewiken unter Lenin.
15. Dez.	Waffenstillstand zwischen Russland und dem Deutschen Reich.

8. Jan. 1918	Friedensprogramm des amerikanischen Präsidenten Wilson („Vierzehn Punkte"). Erfolglose Massenstreiks in deutschen Städten.
3. März	Friede von Brest-Litowsk zwischen dem Deutschen Reich und Russland.
8–11. Aug.	Schlacht bei Amiens: britischer Panzerdurchbruch.
14. Aug. 29. Sept.	Die OHL erklärt im Kaiserlichen Hauptquartier erstmals die Fortsetzung des Krieges für aussichtslos und fordert Waffenstillstandsangebot durch eine parlamentarische Regierung.
30. Sept.	Entlassung Hertlings.
3. Okt.	Nachfolger Prinz Max von Baden (bis 9. Nov.). Bildung einer parlamentarischen Regierung unter Beteiligung der Mehrheitsparteien. Waffenstillstandsangebot an Präsident Wilson.
24.–28. Okt.	Verfassungsreform.
26. Okt.	Entlassung Ludendorffs.
28. Okt.	Meuterei auf der im Auslaufen begriffenen Hochseeflotte.
3./4. Nov.	Matrosenaufstand in Kiel.
7. Nov.	Übergreifen auf das Reich, Revolution in München.
8. Nov.	Proklamation des Freistaats Bayern und Einsetzung einer Räteregierung.
9. Nov.	Reichskanzler Max von Baden verkündet unter Druck des Volks die Abdankung des Kaisers und überträgt die laufenden Geschäfte dem SPD-Vorsitzenden Friedrich Ebert. Gleichzeitig Ausrufung der Deutschen Republik durch Philipp Scheidemann/SPD. „Rat der Volksbeauftragten" (SPD und USPD) als provisorische Regierung.
10. Nov.	Wilhelm II. geht auf Anraten Hindenburgs in die neutralen Niederlande.
11. Nov.	Waffenstillstand von Compiègne. Ankunft des Kaisers in Schloss Amerongen.

25. Nov.	Entscheidung der Regierungsvertreter der Länder für eine parlamentarische Demokratie als zukünftige Regierungsform Deutschlands unter Wahrung der Reichseinheit. Die Mehrheit der Arbeiter- und Soldatenräte schließen sich im Dezember der Forderung nach Wahlen zur Nationalversammlung an. Daraufhin Austritt der USPD aus dem Rat der Volksbeauftragten und Gründung der „Revolutionären Kommunistischen Arbeiterpartei".
28. Nov.	Ankunft der Kaiserin in Amerongen. Der Kaiser unterzeichnet seine Abdankungserklärung.
13. Febr. 1919	Wahlen zur Nationalversammlung (19. Jan.) und Bildung einer Koalitionsregierung unter Ministerpräsident Scheidemann.
Apr./Mai	Unruhen in Bayern und im Ruhrgebiet. Ausrufung der Räterepublik Bayern in München und Niederwerfung durch Freikorps.
28. Juni	Unterzeichnung des Versailler Friedensvertrags. Art. 27 beschuldigt Wilhelm II. „schwerster Verletzung der internationalen Moral und der Heiligkeit der Verträge". Die deutsche Regierung soll alle „Kriegsverbrecher" ausliefern.
Jan. 1920	Die niederländische Regierung lehnt die Auslieferung Wilhelms II. ab. Zusage Wilhelms II., sich nicht politisch zu betätigen.
Frühjahr	Kauf von Haus Doorn.
1921	Tod der Kaiserin Auguste Viktoria (11. Apr.).
1922	Zweite Heirat Wilhelms II. mit Hermine Prinzessin Schönaich-Carolath (3. Nov.). Publikation seiner Erinnerungen „Ereignisse und Gestalten, 1878–1918", gefolgt von weiteren Bänden (u. a. „Aus meinem Leben, 1859–1888").
26. April 1925	Generalfeldmarschall a. D. von Hindenburg wird deutscher Reichspräsident.
10. April 1932	Wiederwahl Hindenburgs im zweiten Wahlgang gegen Ernst Thälmann (KPD) und Adolf Hitler

Die Herrscher des Hauses Hohenzollern

Friedrich I. (VI.)
* 1371, † 1440
(Regent 1411–1415/17,
Kfst. 1417–1440)

Johann
* 1406, † 1464
(Regent 1426–1437)

Friedrich II., d. Eiserne
* 1413, † 1471
(Regent 1437–1440,
Kfst. 1440–1470)

Albrecht Achilles
* 1414, † 1486
(Kfst. 1470–1486)

Johann Cicero
*1455, † 1499
(Regent 1470–1486,
Kfst. 1486–1499)

Friedrich (IV.)
* 1460, † 1536
Mkgf. V. Ansbach

Joachim I. Nestor
*1484, † 1535
(Kfst. 1499–1535)

Albrecht
*1490, † 1545
Ebf. v. Magdeburg
und Mainz

Albrecht
*1490, † 1568
Hm. d. Dt. Ordens
Hzg. in Preußen

Joachim II Hektor
* 1505, † 1571
(Kfst. 1535–1571)

Johann
* 1513, † 1571
Mkgf. d. Neumark

Albrecht Friedrich
* 1553, † 1618
Hzg. in Preußen

Johann Georg
* 1525, † 1598
(Kfst. 1571–1598)

Anna
* 1576, † 1625
Erbin v. Jülich-Kleve

Joachim Friedrich
* 1546, † 1608
(Kfst. 1598–1608)

Johann Sigismund
* 1572, † 1619
(Kfst. 1608–1619)

1594
∞

Georg Wilhelm
* 1595, † 1640
(Kfst. 1619–1640)

Georg Wilhelm
* 1595, † 1640
(Kfst. 1619–1640)

Friedrich Wilhelm,
der Große Kurfürst
* 1620, † 1688
(Kfst. 1640–1688)

Friedrich III. (I.)
* 1657, † 1713
(Kfst. ab 1688,
Kg. 1701–1713)

Friedrich Wilhelm I.
* 1688, † 1740
(Kg. 1713–1740)

Friedrich II., d. Große
* 1712, † 1786
(Kg. 1740–1786)

August Wilhelm
* 1722, † 1758

Friedrich Wilhelm II.
* 1744, † 1797
(Kg. 1786–1797)

Friedrich Wilhelm III.
* 1770, † 1840
(Kg. 1797–1840)

Friedrich Wilhelm IV.
* 1795, † 1861
(Kg. 1840–1861)

Wilhelm I.
* 1797, † 1888
(Regent 1858–1861, Kg.
1861–1888, Dt. Kaiser
1871–1888)

Friedrich III.
* 1831, † 1888
(Kg. u. Ks. 1888)

Wilhelm II.
* 1859, † 1941
(Kg. u. Ks. 1888–1918)

	(NSDAP). Dem ehemaligen Kronprinzen hatte Wilhelm II. die Kandidatur untersagt.
30. Jan. 1933	Reichspräsident von Hindenburg ernennt Adolf Hitler zum Reichskanzler.
Febr. 1935	Die vom Kronprinzen an Hitler gerichtete Bitte um Bewilligung der Rückkehr Wilhelms II. nach Deutschland wird abgeschlagen.
9. Nov. 1938	Die Judenverfolgung in der Kristallnacht stößt auf Empörung Wilhelms II.
1. Sept. 1939	Deutscher Angriff auf Polen: Beginn des Zweiten Weltkrieges.
1940	Beginn der deutschen Offensive im Westen.
Juni	Zur Einnahme von Paris schickt Wilhelm II. ein Glückwunschtelegramm an Hitler.
4. Juni 1941	Tod Wilhelms II. in Doorn. Aufgrund seiner letztwilligen Verfügung wird er in Doorn beigesetzt. Als Vertreter der deutschen Regierung ist der Reichskommissar in Holland, Seyß-Inquart, anwesend.

Schluss

Im Jahre 1888 regierten in Preussen drei Könige, im Deutschen Reich drei Kaiser, die bei ihrem Regierungsantritt 1858/61 und im Frühjahr bzw. im Sommer 1888 eine „Neue Ära" hatten beginnen wollen. 30 Jahre später beseitigte eine Revolution in ganz Deutschland die Monarchie.

Die drei Biografien, die der vorliegende Band enthält, zeigen die Ähnlichkeiten und Unterschiede der drei Kaiser – Vater, Sohn und Enkel. Wilhelm I. hat, abgesehen von Fragen militärischer Stärke und Organisation, in der Existenz des deutschen Volkes kaum etwas verändern wollen. Die Wendung zum Schutzzoll, deren Ursachen und Folgen er wie alles Wirtschaftliche und Technische nicht zu durchschauen versuchte, und die grundlegenden Tendenzen auf dem Gebiet der Sozialpolitik waren ebenso Bismarcks Werk wie das Sozialistengesetz und der antiliberale Schritt zurück zum Staatsdirigismus.

Dass Friedrich III. als Kronprinz gemeinsam mit seiner Frau und einigen Beratern viele „Reform"-Überlegungen angestellt und -Pläne diskutiert hat, steht außer Frage. Was er – auf einer schmalen personellen Basis –, von seiner Frau zum Parlamentarismus englischer Art gedrängt, selbst aber zu anspruchsvollem persönlichem Regiment neigend, in einer längeren Regierungszeit mit oder ohne Bismarck wirklich getan hätte, kann nicht einmal vermutet werden. Gewiss ist, dass ihm spätestens seit 1870 ein karolingisches Kaisertum, ein unitarisches Reich unter möglichst weitgehender Ausschaltung der Bundesfürsten vorschwebte – ähnlich, wie Karl der Große im Jahre 788 Herzog Tassilo III. abgesetzt hatte.

Die meisten Historiker haben Wilhelm II. als geltungsbedürftig und sein Streben nach „persönlichem Regiment" als Hauptursache für den Bruch mit Bismarck bezeichnet. Kann man anderes von einem 30-jährigen Fürsten erwarten, der, in militärischer Atmosphäre von Befehl und Gehorsam aufgewachsen, seit vielen Jahren von seinen Großeltern als Träger der Zukunft Preußens, des Reiches und der Hohenzollern verwöhnt, gegen seine Eltern eingenommen worden war und sich von einem alten, seit fast drei Jahrzehnten nahezu absolut regierenden Mann bevormundet sah?

Bereits Wilhelms II. Verhalten gegenüber dem Streik von etwa 90 000 Bergleuten an der Ruhr für Lohnerhöhung und Arbeitszeitverkürzung im Mai 1889 zeigte, dass „persönliches Regiment" im Endeffekt nicht unbedingt einen verwerflichen Rückfall in eine überholte Regierungsform bedeuten musste. Während Bismarck in die Auseinandersetzung zwischen Arbeitgebern und Arbeitnehmern zunächst nicht eingreifen, sondern nur „Ruhe und Ordnung" aufrechterhalten wollte, setzte der Kaiser die Arbeitgeber unter Druck und erklärte darüber hinaus, in Lohnkonflikten solchen Ausmaßes müsse der Staat ein gesetzlich gesichertes Recht der „Oberleitung des Bergwesens" und damit die Möglichkeit nicht nur der Schlichtung von Lohnkonflikten, sondern geradezu der dirigistischen Lenkung des Bergbaues erhalten.

In diesem Gegensatz von Kaiser und Kanzler lag die äußere Ursache für den Konflikt, der zehn Monate später zu Bismarcks Entlassung führte.

Naturgemäß fühlte Wilhelm II. sich durch den Erfolg seiner Intervention in der Streikfrage in seinen sozialpolitischen Vorstellungen bestärkt. Diese hatten für die Zukunft des deutschen Volkes größere Bedeutung als die Liberalisierungsüberlegungen seiner Eltern. Von der Beilegung des Streiks ging der Kaiser, erneut gegen den heftigen Widerstand des Kanzlers, zu wirklichen sozialpolitischen Neuerungen über. Am 24. Januar 1890 entwickelte er auf der Grundlage von zwei eigenen, am 21. und 22. angefertigten Niederschriften über die „Arbeiterlage" im Kronrat ein umfassendes sozialpolitisches Programm mit dem „Arbeiterschutz" als Hauptprojekt. Am 26. erklärte Bismarck, eine solche Politik nicht vertreten zu können, am 27. bat er um die Entlassung aus dem Amt des für die Sozialpolitik zuständigen preußischen Handelsministers, die er am Tage darauf erhielt. Am 1. Februar übernahm Hans H. Freiherr von Berlepsch, der seit 1881 im Rheinland vom Regierungsvizepräsidenten zum Oberpräsidenten aufgestiegen war, dieses Amt. „Mit diesem Tage begann eine neue Phase der deutschen Sozialpolitik“ (Huber). Sie brachte den Ausbau der Sozialverfassung und dauerte bis 1896.

Es kam hinzu, dass nach deutlich erkennbaren Verzögerungsversuchen Bismarcks, die der Kaiser als „offene Felonie“ bezeichnete, am 15. März 1890 in Berlin eine internationale Sozialkonferenz unter Beteiligung auch von Frankreich, England, Belgien und der Schweiz zusammentrat, auf der die deutschen Vorschläge allgemein Beifall fanden. Wilhelm II. konnte also internationales Interesse für seine sozialpolitischen Vorstellungen konstatieren.

Vor diesem Hintergrund sind die sozialpolitischen Maßnahmen zu sehen, die Berlepsch unter voller Zustimmung des Kaisers vom Bundesrat aus ergriff. Das Gesetz über Gewerbegerichte vom 29. Juli 1890 führte für größere Gemeinden obligatorisch, für kleinere fakultativ die Bildung paritätisch besetzter gemeindlicher Gewerbegerichte ein, die für die Entscheidung bei Streitigkeiten zwischen Arbeitgebern und gewerblichen Arbeitnehmern zuständig waren. Die moderne Arbeitsgerichtsbarkeit nahm mit diesem Gesetz ihren Anfang.

Am 7. Mai 1890 brachte Berlepsch eine preußische Novelle zur Gewerbeordnung im Reichstag ein, die dort als „Lex Berlepsch“ am 1. Januar 1891 die Zustimmung einer großen Mehrheit fand. Dieses „Arbeiterschutz-Gesetz“ führte das Verbot der Sonntagsarbeit ein, enthielt Vorschriften über die Verbesserung der Betriebssicherheit und über weitere Maßnahmen zum Schutz der Arbeiter gegen Gefahren für Leben, Gesundheit und Sittlichkeit, schrieb für Fabrikunternehmen eine Arbeitsordnung vor, brachte das Verbot der Kinderarbeit, Schutz für arbeitende Jugendliche und Frauen (10 bzw. 11 Stunden Arbeitszeit) und gab dem Bundesrat die Ermächtigung, Höchstarbeitszeiten für gesundheitsgefährdende Arbeiten vorzuschreiben. Das Gesetz bildete einen bedeutenden Schritt auf dem Wege zur modernen Sozialpolitik: Aus der Arbeitsordnung ging schließlich die Betriebsordnung hervor, aus den Arbeiterausschüssen entwickelten sich die Betriebsräte.

Als drittes Gesetz erging am 24. Juni 1892 die Novelle zum preußischen Berggesetz. Es schrieb obligatorische Arbeitsordnungen vor, regte die freiwillige Bildung von Bergarbeiterausschüssen an, verbesserte die Position der Arbeitnehmer gegenüber den Bergbehörden, regelte das Kündigungsrecht und ermöglichte die Anordnung eines Maximalarbeitstages.

Alles in allem bildeten die Gesetze vom 1. Juni 1891 und 24. Juni 1892 die ersten Ansätze zu einem sozialstaatlichen Betriebsverfassungsrecht, den Anfang der sozialen „Mitbestimmung" der industriellen Arbeitnehmer. Sie griffen den seit Anfang der 80er-Jahre vom „Verein für Socialpolitik" entwickelten Gedanken der „konstitutionellen Fabrik" auf.

Das geschah aus der Initiative, mindestens unter lebhafter Förderung des Kaisers und gegen den Widerstand eines Kanzlers, der seit 1881 äußerlich ähnliche, jedoch politisch gegen den Sozialismus gerichtete, nicht humanitär für die Verbesserung der Lebensqualität entwickelte Ideen vertreten hatte, dann davon aber unter dem Eindruck wieder abgekommen war, das angestrebte Ziel – Ruhe und Ordnung – sei schließlich doch nur mit Gewalt zu erreichen. Der hauptsächlich unter Stumms und Krupps Führung entwickelte organisierte Widerstand der Schwerindustrie gegen des Kaisers Sozialpolitik und das Beharren der Arbeiterschaft bei der Sozialdemokratie als der politisch bewährten Vertretung ihrer Interessen verursachten auch beim Kaiser Zweifel an der Richtigkeit seiner Politik. Gesetzesentwürfe wie die „Umsturzvorlage" vom 3. Dezember 1894, die auf eine Beschränkung der Versammlungs- und Pressefreiheit, schließlich der Meinungsfreiheit hinauslief und die vom Reichstag abgelehnt wurde, zeigten den erneuten Versuch, politische Gegner zu diskriminieren und zu kriminalisieren.

Aus Protest gegen dieses jahrelange Abweichen von dem 1889 eingeschlagenen sozialpolitischen Kurs erbat Berlepsch im Juni 1895 seine Entlassung mit der Begründung, „dass die Fortführung der sozialen Reform, wie ich sie für notwendig erachte, für absehbare Zeit unmöglich geworden ist". Der Kaiser lehnte die Entlassung ab und erklärte am 31. Juli 1895, er denke nicht an die Preisgabe seiner sozialpolitischen Pläne, sondern müsse nur das Tempo verlangsamen.

Am 4. März 1896 setzte Berlepsch beim Bundesrat die Bäckerei-Verordnung durch, die die Arbeitszeit auf 13 1/2 Stunden verkürzte und bei Liberalen und Konservativen heftige Empörung gegen diese Annäherung an einen allgemeinen normalen Arbeitstag auslöste. Die von Berlepsch in dieser Situation vom Reichskanzler Hohenlohe verlangte Versicherung, die Regierung werde die 1890 begonnene Sozialpolitik fortsetzen, lehnte jener ab. Die von Berlepsch erneut erbetene Entlassung wurde gewährt.

Zu dem Komplex der Sozialpolitik im Sinne einer Gesellschaftsreform gehört schließlich auch die gleichzeitig 1891 bis 1895 vom preußischen Finanzminister von Miquel durchgeführte Steuerreform. Das preußische Einkommensteuergesetz vom 24. Juni 1891 ersetzte die Klassensteuer durch die progressive Einkommensteuer, die niedere Einkommen begünstigte, die Steuer auf große Einkommen erhöhte. Gleichwohl erbrachte die neue Einkommensteuer wesentlich größere Staatseinkünfte. Infolgedessen konnte der preußische Staat die Gemeindefinanzen beträchtlich unterstützen.

All dies geschah zum Teil gegen erheblichen Widerstand der Regierung und industrieller Kreise unter starkem persönlichem Engagement des Kaisers.

Zur Zeit von Berlepschs Rücktritt verlagerte sich Wilhelms II. Interessenschwerpunkt immer stärker von der Sozialpolitik zur Weltmacht- und damit zur Marinepolitik.

Seit der Auseinandersetzung um die Heeresreform, auf deren Höhe Bismarck preußischer Ministerpräsident geworden war, gehörten die in den Parlamenten und in der Presse ausgetragenen Kämpfe um diesen Komplex fast zum Alltag des politischen Lebens in Preußen, seit 1871 in Deutschland.

In den Wochen von Berlepschs Rücktritt hielt Kaiser Wilhelm II. eine Rede, die andeutete, dass demnächst den ihn hauptsächlich interessierenden politischen Bereichen ein neues Element hinzugefügt werden solle: der Aufbau einer großen deutschen Flotte. Diese trat nicht nur neben das Heer, sondern beeinträchtigte schließlich aufs Gefährlichste die quantitative und qualitative Entwicklung der Hauptwaffe Deutschlands, das durch seine geografische Situation immer eine europäische Kontinentalmacht gewesen war und auch nach der Besetzung von Kolonien nur eine Großmacht mit Überseeinteressen, nicht eine Weltmacht werden konnte. Nicht zuletzt durch diesen Aufbau der deutschen Kriegsmarine sind die Schulden des Deutschen Reichs von einer Milliarde Mark Ende der 80er-Jahre auf 4,1 Milliarden Mark im Jahre 1908 und mehr als 5 Milliarden Mark im Jahre 1914 gestiegen. Der ganz überwiegende Teil der Reichsausgaben entfiel auf Rüstungszwecke, und bei diesen standen in der Endphase der Monarchie die für die Marine entschieden im Vordergrund, was nicht wenig zum Untergang des Kaiserreiches beigetragen hat. Am 18. Januar 1896, dem Jahrestag der Reichsgründung, erklärte Wilhelm II. zum ersten Male: „Aus dem Deutschen Reich ist ein Weltreich geworden. An Sie tritt die ernste Pflicht heran, mitzuhelfen, dieses größere deutsche Reich auch fest an unser heimisches zu gliedern." In der Öffentlichkeit verstand man diese Sätze sofort dahin, dass der Kaiser eine Phase maritimer Machtentwicklung beginnen wollte. Am 26. Januar warnte die „Frankfurter Zeitung", ein Versuch, Deutschland zu einer Seemacht aufzubauen, werde durch finanzielle Überlastung die wirtschaftliche Kraft schwächen und dem Landheer „persönliche Kräfte" entziehen.

Einige Historiker vertreten die Auffassung, die „antienglische Haltung der deutschen Öffentlichkeit infolge des Burenkrieges" habe Tirpitz die Möglichkeit geboten, den 1898 begonnenen Aufbau einer großen Flotte „zu forcieren" (Theodor Schieder). Salewski spricht in seinem Beitrag von einer „hochgepeitschten öffentlichen Meinung" – dies geschah durch den 1898 gegründeten Flottenverein, der bald mit mehr als einer Million Mitgliedern eine Art Public-Relations-Abteilung der Marine war, auch durch den viel kleineren Kolonialverein, den Alldeutschen Verband sowie durch die am Flottenbau interessierten Industrie- und Großbank-Chefs wie Fr. A. Krupp und A. von Hansemann. Im Übrigen wurde der Flottenbau eher vom neuen Wirtschaftsbürgertum als vom traditionell mit dem Heer verbundenen Adel begrüßt. Doch darf man über solche Kreise und Personen nicht die letztliche Zustimmung der vom Volk in gleicher und geheimer Wahl ermittelten Mitglieder des Reichstages vergessen, die viele Möglichkeiten besaßen, sich politisch, wirtschaftlich und militärisch zu informieren. Im Reichstag wiederholte sich von 1897 bis 1912 mehrfach der gleiche Vorgang: Tirpitz und der Kaiser betrieben hinter dem Rücken des Reichskanzlers ihre eigene, immer illusionärer werdende Flottenpolitik, der Reichstag murrte – 1897 zum Beispiel, weil der Kaiser kritische Abgeordnete als „vaterlandslose Gesellen" bezeichnete und weil er erkannte, dass ihm die Flottenvorlage vom 27. November 1897 sein Budgetrecht beschnitt –, man erinnerte sich aber offenbar nicht der Geschichte des preußischen Budgetrechts in den jüngsten Jahrzehnten. Die Öffentlichkeit nahm es ohne Empörung hin, dass Prinz Heinrich blasphemisch vom „Evangelium der geheiligten Person des Kaisers" sprach, und niemals hat der Reichstag eines der Flottengesetze (bzw. -novellen) abgelehnt. Er strich gelegentlich mehr ängstlich als selbstbewusst ein paar Kreuzer – wohl wissend, dass diese einige Jahre später nachgefordert und bewilligt werden würden, und gegen seine klare Erkenntnis, dass dieser Flottenbau Gefahren nicht verringerte, sondern vergrößerte, und dass bei einem ernstlichen „Wettrüsten" Englands Reichtum sowohl eine Marine-Infrastruktur (Werften, Häfen, Waffen, Kasernen, Soldaten) wie den Bau und Unterhalt einer Flotte finanzieren konnte, hinter der die deutsche immer weiter zurückbleiben musste. Ende Juni 1914 äußerte Wilhelm II. bei einem privaten Essen mit dem Bankier Max von Warburg in Hamburg die Befürchtung, Deutschland habe zu wenig nach Westen gerichtete Eisenbahnen. Diese persönlichen und zugleich sprunghaften Eingriffe des Kaisers in die Innen- und Außenpolitik schufen zunehmend einen Zustand der Unsicherheit, der nicht nur bei vielen Menschen Bedenken hervorrief, sondern auch Deutschlands Ansehen schadete. Die Politik der Stimmungen und Improvisationen des Plötzlichen und Unberechenbaren führte dazu, dass man seit 1898, vollends nach dem Wechsel von Hohenlohe zu Bülow im Jahre 1900 in der Presse immer wieder über absolutistische Neigungen im Verfassungsstaat, z. B. über die Umgehung der Ministerverantwortlichkeit durch häufigen Ministerwechsel, klagte – besonders wenn der Kaiser die Institutionen des Staates, auch Schule und Universität, als seine Werkzeuge und die Berater seines Großvaters bei der Gründung des Reiches als „Handlanger" bezeichnete. Als Bülow nach der Chinaexpedition von 1900, für die mehr als 150 Millionen Mark ohne Bewilligung durch den Reichstag ausgegeben worden waren, für die Zukunft die Einhaltung der Verfassung zusagte, bildete dies zugleich das Eingeständnis, dass Wilhelm II. sich über diese hinweggesetzt hatte. Was diese Berater und den Kreis, in dem Wilhelm II. lange Zeit am liebsten und meisten verkehrte, anbetrifft, so hat der Bayer Graf Lerchenfeld-Köfering, der ihm jahrzehntelang als Gesandter in Berlin nahe stand, „die meisten Leute dieser Kaste unaufrichtig, geradezu verlogen" genannt.

Während die schließlich kaum noch finanzierbare, strategisch unausgewogene und außenpolitisch schädliche Flottenpolitik ein Dauerthema des Kaisers blieb, schob Wilhelm II. als König von Preußen die Anpassung des seit 1850 in seiner Substanz unveränderten Dreiklassenwahlrechts an die des Deutschen Reiches immer wieder vor sich her, obwohl dessen Rechtfertigung längst in dem gleichen Maße unmöglich geworden war, wie sich die Einkommensverhältnisse und die Bevölkerungsverteilung auf Stadt und Land seit der Jahrhundertmitte verändert hatten.

In einer Thronrede hatte Wilhelm II. unverbindlich eine „organische Fortentwicklung" des preußischen Wahlrechts in Aussicht gestellt, 1910 hatte Bülows Nachfolger Bethmann Hollweg eine Gesetzesinitiative vorgelegt, die an den Konservativen und am Zentrum gescheitert war, 1915 schließlich der Innenminister von Loebell einen Reformentwurf vorgelegt, der sehr komplizierte formelle, aber nicht inhaltliche Verbesserungen enthielt. Am 7. April 1917 stellte nun die Osterbotschaft zwar die Beseitigung des Dreiklassenwahlrechts, nicht aber ein eindeutig „gleiches" Wahlrecht für die Zeit nach der siegreichen Beendigung des Krieges in Aussicht. Bethmann Hollweg hatte nämlich unter dem Druck von Wilhelm II., dessen Umgebung und einer einflussreichen Minderheit im preußischen Kabinett dieses entscheidende Zugeständnis an die langjährigen Forderungen in seinem Entwurf für die Osterbotschaft gestrichen.

Doch so kaiser- und königstreu war man in Deutschland selbst noch im Frühjahr 1917, dass von den Nationalliberalen bis zu den Mehrheitssozialdemokraten der Ostererlass zwar in diesem Punkt als enttäuschend, im Prinzip aber als ein Schritt auf dem richtigen Wege begrüßt wurde. Ludendorff bezeichnete ihn freilich als „Kotau vor der Revolution".

Gab also – wie diese Resonanz der Mehrheit auf die Osterbotschaft nahe zu legen scheint – Wilhelm II. noch 1917 „in vielem als Wortführer der Deutschen nur Stimmungen und Tendenzen Ausdruck, die in weiten Teilen der Bevölkerung verbreitet waren" (G. Heinrich), oder war er schon viel früher, nämlich 1901, wie Rathenau urteilte, „ein Bezauberer und Gezeichneter? Eine zerrissene Natur, die den Riss nicht spürt", die „dem Verhängnis entgegengeht"? Hat mit Wilhelm II. eine anachronistisch gewordene und als solche bereits von seinen Eltern erkannte kleine Führungsschicht in Preußen u. a. durch die engstirnige Behauptung des Dreiklassenwahlrechts ihre Herrschaft bis zum Sturz von außen hinausgezögert? Und warum haben die Bundesfürsten, die die Gefährdung auch ihrer Throne spätestens seit 1916/17 nicht übersehen konnten, dies und die häufigen Beleidigungen ihrer Person durch den taktlosen Hohenzollern fast ohne Widerspruch hingenommen?

Nach dem Erscheinen von Bismarcks „Gedanken und Erinnerungen" im Jahre 1898 schrieb Wilhelm II. an seine Mutter, die Witwe Friedrichs III., Bismarck habe „auf Kosten unserer Dynastie und unseres Hauses" aufsteigen wollen und „die Ehre und Zukunft unseres Hauses" gefährdet. Er selbst aber habe die Krone vor dem „Wüterich" gerettet und werde mit dem neuen Reich das alte fortsetzen: „Für immer und ewig gibt es nur einen wirklichen Kaiser in der Welt, und das ist der Deutsche Kaiser, ohne Ansehen seiner Person und seiner Eigenschaften, einzig durch das Recht einer tausendjährigen Tradition, und sein Kanzler hat zu gehorchen!" Im gleichen Jahre 1898 begann man in Berlin auf Anordnung des Kaisers mit der Anlage der „Siegesallee", an deren Seiten schließlich Statuen von 32 brandenburgisch-preußischen Herrschern von Markgraf Albrecht dem Bären bis zu Kaiser Wilhelm I. aufgestellt wurden.

Nur ein Jahr später erwartete dieser Traditionalist, der Bismarcks Verdienste um seinen Großvater, Preußen, das Reich und um ihn selbst nicht wahrhaben wollte, in seiner Rede anlässlich der

100-Jahrfeier der Technischen Hochschule zu Berlin von den Ingenieuren die Überwindung des Klassenkampfes und nannte die Techniker „die besten Offiziere für den Wettkampf der Nationen um die Weltherrschaft".

Am Vormittag des 9. November 1918 entriss General Groener in Hindenburgs Gegenwart dem Kaiser die Kommandogewalt über das Heer mit den Worten: „Das Heer wird unter seinen Führern und kommandierenden Generalen in Ruhe und Ordnung in die Heimat zurückmarschieren, aber nicht unter dem Befehl Eurer Majestät, denn es steht nicht mehr hinter Eurer Majestät." In einer solchen Situation sei der Fahneneid eine „Fiktion". Das war nicht weniger Meuterei als der Aufstand der Kieler Matrosen.

Fast gleichzeitig gab in Berlin Prinz Max von Baden, ohne autorisiert zu sein, die Abdankung des Kaisers und Königs Wilhelms II. bekannt.

Wenig später „ersuchte" Hindenburg den Kaiser „dringend sofort abzudanken und nach Holland abzureisen". Admiral Scheer, dessen Flotte in Auflösung begriffen war, schloss sich Hindenburgs Drängen an. Ihm gab Wilhelm II. nach: um 17.00 Uhr dankte er als Kaiser ab.

Angesichts dieser Handlungsabfolge von einer „Flucht" des Kaisers zu sprechen, ist schwer zu rechtfertigen. Unter dem Druck der Revolution in Deutschland haben ihn die höchsten Offiziere von Heer und Marine verdrängt, der Reichskanzler hat ihn praktisch abgesetzt. Diese Männer haben den Kaiser nicht nur beiseite geschoben, sondern zugleich auch ein letztes Mal bewiesen, dass Wilhelm II. keine Menschenkenntnis besaß und daher häufiger schlechte als gute Berater gewählt hatte. Erst am 28. November, als Hindenburg schon die Republik gegen Gefahren aus dem Osten schützte, vollzog am 28. November Wilhelm II. die Abdankung als preußischer König, am 1. Dezember der Kronprinz den Thronverzicht. Das bedeutete nun auch von Seiten der Hohenzollern das Ende der preußischen Monarchie. Das staatsrechtliche Ende Preußens als Land des Deutschen Reiches wurde 15 Jahre später herbeigeführt: Die Gleichschaltungsgesetze vom 31. März 1933 und vom 7. April 1933 leiteten die Aufhebung der Staatlichkeit der Länder ein, das

Reichsgesetz vom 30. Januar 1934 über den Neuaufbau des Reiches hob den Staatscharakter der Länder, auch Preußens, endgültig auf und ließ sie nur als Verwaltungsbezirke und Verwaltungskörperschaften bestehen.

Prof. Dr. Dr. h. c. Wilhelm Treue

Quellenangaben

Literaturverzeichnis

Zur Einführung

Ernst-Wolfgang Böckenförde (Hrsg.), Moderne deutsche Verfassungsgeschichte, 1815–1918, Köln 1972.

Helmut Böhme, Deutschlands Weg zur Großmacht. Studien zum Verhältnis von Wirtschaft und Staat während der Reichsgründungszeit 1848–1881, Köln 1974.

ders. (Hrsg.), Probleme der Reichsgründungszeit 1848 bis 1879, Köln 1968.

Karl Erich Born, Von der Reichsgründung bis zum Ersten Weltkrieg (Gebhardt, Handbuch der deutschen Geschichte Bd. 16), München 1975.

Gordon A. Craig, Deutsche Geschichte, 1866–1945, Vom Norddeutschen Bund bis zum Ende des Dritten Reiches, München 1980.

Karl Dietrich Erdmann, Der Erste Weltkrieg (Gebhardt, Handbuch der deutschen Geschichte Bd. 18), München 1973.

Elisabeth Fehrenbach, Wandlungen des deutschen Kaisergedankens 1871–1918, München 1969.

Lothar Gall, Europa auf dem Weg in die Moderne, München 1984.

ders., Bismarck. Der weiße Revolutionär, Berlin–Frankfurt a. M. 1981.

Andreas Hillgruber, Die gescheiterte Großmacht. Eine Skizze des deutschen Reiches 1871–1945, Düsseldorf 1980.

Hajo Holborn, Deutsche Geschichte der Neuzeit, Bd. 2 und 3, München–Wien 1970–71.

Ernst Rudolf Huber, Deutsche Verfassungsgeschichte seit 1789, Band 3, 4, Stuttgart 1963, 1969.

Leo Just (Hrsg.), Handbuch der Deutschen Geschichte Bd. 4: Deutsche Geschichte der neuesten Zeit von Bismarcks Entlassung bis zur Gegenwart, Frankfurt a. M. 1973.

Dieter Langewiesche (Hrsg.), Ploetz – Das deutsche Kaiserreich. 1867/71 bis 1918. Bilanz einer Epoche, Freiburg/Würzburg 1984.

ders., Europa zwischen Restauration und Revolution 1815–1849, München 1985.

Theodor Nipperdey, Deutsche Geschichte 1800–1866, München 1983.

Theodor Schieder, Vom Deutschen Bund zum Deutschen Reich (Gebhardt, Handbuch der deutschen Geschichte Bd. 15), München 1970.

Gregor Schöllgen, Das Zeitalter des Imperialismus, München 1986.

Michael Stürmer, Das kaiserliche Deutschland. Politik und Gesellschaft 1870–1918, Kronberg/Ts. 1977.

ders., Das ruhelose Reich. Deutschland 1866–1918, Berlin 1983.

Hans-Ulrich Wehler, Das Deutsche Kaiserreich 1871–1918, Göttingen 1983.

Wilhelm I.

Kaiser Wilhelms des Großen Briefe, Reden und Schriften, eingeleitet und erläutert von Ernst Berner, 2 Bde., Berlin 1906.

Erich Brandenburg, Briefe Kaiser Wilhelms I., Berlin 1911.

Hermann von Petersdorff, Königin und Kaiserin Augusta, in: Allgemeine Deutsche Biografie, Bd. 46, 1902 (Neudruck Berlin 1971) S. 89 ff.

Karl Heinz Börner, Wilhelm I. 1797 bis 1888. Deutscher Kaiser und König von Preußen. Eine Biografie. Köln 1984.

Franz Herre, Kaiser Wilhelm I. Der letzte Preuße, Köln 1980.

Erich Marcks, Kaiser Wilhelm I., München/Leipzig ([1]1897) 1943.
Paul Wiegler, Wilhelm der Erste. Sein Leben und seine Zeit, Hellerau b. Dresden 1927.

Friedrich III.

Briefe der Kaiserin Friedrich, hrsg. von Sir Frederick Ponsonby, mit einem Nachwort Wilhelms II., Berlin, 1929.
Kaiser Friedrich III., Das Kriegstagebuch von 1870/71, hrsg. von Heinrich Otto Meisner, Berlin 1926.
Kaiser Friedrichs III. Tagebücher 1848–1866, hrsg. von Heinrich Otto Meisner, Leipzig 1929.
Der Preußische Kronprinz im Verfassungskampf 1863, hrsg. von Heinrich Otto Meisner, Berlin 1931.
Gisbert Beyerhaus, Die Krise des deutschen Liberalismus und das Problem der 99 Tage, Preußische Jahrbücher 239/1935 S. 1 ff.
Erich Eyck, Bismarck, 3 Bände, Zürich 1941 ff.
Erich Feder, Bismarcks großes Spiel, Die geheimen Tagebücher Ludwig Bambergers, Berlin 1932.
Michael Freund, Das Drama der 99 Tage, Krankheit und Tod Friedrichs III., Köln 1966.
Walter P. Fuchs, Franz von Roggenbach, Karlsruher Akademiereden, NF Nr. 11/1954, S. 17 ff.
Martin Philippson, Das Leben Kaiser Friedrichs III., Wiesbaden 1900.
Werner Richter, Friedrich II., Berlin 1938, Neudruck mit einem Nachwort von Rüdiger vom Bruch, München 1981.
Andrew Sinclair, Victoria. Kaiserin für 99 Tage. Frankfurt/M. 1983.
Rudolf Vierhaus (Hrsg.), Das Tagebuch der Baronin Spitzemberg, Göttingen 1960.
Hans-Joachim Wolf, Die Krankheit Friedrichs III. und ihre Wirkung auf die deutsche und englische Öffentlichkeit, Berlin 1958.
Ernst Curtius, Ein Lebensbild in Briefen, hrsg. von F. C. Curtius, Berlin 1903.

Gertrud Platz-Horster, Berliner Sammlungen von Gipsabgüssen, in: Deutsches Archäologisches Institut, Berlin und die Antike, Aufsätze, Berlin 1979, S. 283 ff.
Hans Rademacher, Wilhelm Foerster, in Schlesische Lebensbilder, Bd. III., Breslau 1928, S. 343 ff.
Jacob Volhard und Emil Fischer, August Wilhelm von Hofmann, Berlin 1902.
Zur Geschichte der Königlichen Museen in Berlin, Festschrift am 3. August 1880.

Wilhelm II.

Briefe Wilhelms II. an den Zaren 1894–1914, hrsg. von Walter Goetz, Berlin 1920.
Ereignisse und Gestalten, Leipzig 1922.
Aus meinem Leben, 1959–1888, Berlin/Leipzig 1927.
Reden des Kaisers, Ansprachen, Predigten und Trinksprüche, hrsg. von Ernst Johann, München 1977.
Prinz Max von Baden, Erinnerungen und Dokumente, Berlin/Leipzig 1927.
Chlodwig Fürst zu Hohenlohe-Schillingsfürst, Denkwürdigkeiten der Reichskanzlerzeit, Stuttgart/Berlin 1931.
Regierte der Kaiser? Kriegstagebücher, Aufzeichnungen und Briefe des Chefs des Marine-Kabinetts Admiral Georg Alexander von Müller, hrsg. von Walther Görlitz, Göttingen 1959.
Am Hof der Hohenzollern. Aus dem Tagebuch der Baronin Spitzemberg, 1865–1914, hrsg. von Rudolf Vierhaus, Göttingen 1960.
Das wilhelminische Deutschland. Stimmen der Zeitgenossen, hrsg. und kommentiert von Georg Kotowski, 1965.
Sigurd von Itlsemann, Der Kaiser in Holland, 2 Bde. hrsg. von H. von Koenigswald, München 1967 f.
Philipp Fürst zu Eulenburg und Hertefeld, Politische Korrespondenz, hrsg. von John C. G. Röhl, 3 Bde., Boppard 1976.
Michael Balfour, Der Kaiser Wilhelm II. und seine Zeit, Berlin o. J. (1964).

Erich Eyck, Das persönliche Regiment Wilhelms II., Politische Geschichte des deutschen Kaiserreiches von 1890 bis 1914, Erlenbach/Zürich 1948.
Fritz Fischer, Griff nach der Weltmacht, Die Kriegszielpolitik des kaiserlichen Deutschland 1914/18 (1962) Kronberg/Ts. 1977, 3. Aufl. Düsseldorf 1964.
ders., Krieg der Illusionen, Düsseldorf 1969.
Immanuel Geiss (Hrsg.), Julikrise und Kriegsausbruch 1914, 2 Bde., Hannover 1963.
Ernst Jäckh, Kiderlen-Wächter, 2 Bde., Berlin/Leipzig 1924.
Harold Nicolson, Die Verschwörung der Diplomaten, Frankfurt a. M. 1930.
John G. Röhl, Deutschland ohne Bismarck. Die Regierungskrise im zweiten Kaiserreich 1890–1900, Tübingen 1969.
Wilhelm Schüssler, Kaiser Wilhelm II., Göttingen 1962.
Gerhard Masur, Das kaiserliche Berlin, München/Wien 1971.
Hans Kramer, Deutsche Kultur zwischen 1871 und 1918, Frankfurt a. M. 1971(Handbuch der Kulturgeschichte).

Flottenpolitik

Volker R. Berghahn, Der Tirpitz-Plan. Genesis und Verfall einer innenpolitischen Krisenstrategie unter Wilhelm II., Düsseldorf 1971.
Walther Hubatsch, Kaiserliche Marine. Aufgaben und Leistungen, o. O. 1975.
Eckart Kehr, Schlachtflottenbau und Parteipolitik 1894–1901, Berlin 1930.
Michael Salewski, Tirpitz. Aufstieg, Macht, Scheitern, Göttingen 1979.
Alfred von Tirpitz, Erinnerungen, Leipzig 1919.

Bildquellenverzeichnis

Archiv für Kunst und Geschichte, Berlin: S. 70, 71, 72, 174 oben, 175, 177.

Bildarchiv Preußischer Kulturbesitz, Berlin: S. 127, 128, 130, 174 unten.

dpa, Stuttgart: S. 173.

Süddeutscher Verlag, München: S. 69, 73, 74, 129.

Ullstein Bilderdienst, Berlin: S. 176, 178.

Orts- und Namensregister